会计学原理

（第 2 版）

主 编 莫 玲 吴海燕
副主编 钟顺东 刘晓芳

北京理工大学出版社
BEIJING INSTITUTE OF TECHNOLOGY PRESS

内 容 简 介

本书主要依据我国的《会计法》《企业会计准则》和《企业会计准则运用指南》以及《会计工作基础规范》等会计法规的要求，结合我国企业的会计实践编写而成。主要介绍会计学的基本理论、基本方法与基本技术。本书具有实用性、新颖性、明晰性等特点。

本书可以作为高等学校管理类、经济类各专业的会计学课程的教材，也可供广大从事经济管理工作的人员或有志于在将来从事经济管理工作的人员学习会计学的基础知识之用。

版权专有　侵权必究

图书在版编目（CIP）数据

会计学原理/莫玲，吴海燕主编．—2版．—北京：北京理工大学出版社，2020.1（2023.7重印）

ISBN 978－7－5682－8137－9

Ⅰ.①会…　Ⅱ.①莫…②吴…　Ⅲ.①会计学　Ⅳ.①F230

中国版本图书馆 CIP 数据核字（2020）第 013255 号

出版发行／北京理工大学出版社有限责任公司

社　　址／北京市海淀区中关村南大街5号

邮　　编／100081

电　　话／（010）68914775（总编室）

　　　　　（010）82562903（教材售后服务热线）

　　　　　（010）68944723（其他图书服务热线）

网　　址／http：//www.bitpress.com.cn

经　　销／全国各地新华书店

印　　刷／河北盛世彩捷印刷有限公司

开　　本／787毫米×1092毫米　1/16

印　　张／17.5　　　　　　　　　　　　　　　责任编辑／王俊洁

字　　数／412千字　　　　　　　　　　　　　文案编辑／王俊洁

版　　次／2020年1月第2版　2023年7月第6次印刷　责任校对／刘亚男

定　　价／48.00元　　　　　　　　　　　　　责任印制／李志强

图书出现印装质量问题，请拨打售后服务热线，本社负责调换

前言

《会计学原理》自2017年由北京理工大学出版社出版以来，得到了部分院校师生和会计实务工作者的认可。近年财政部对部分会计准则及会计制度在原有基础上做了修订，也出台了一些新的政策。我们结合会计学原理理论研究与会计实务的发展，根据新的法规及政策，在吸收关注和使用本书的师生及实务界人士反馈意见的基础上，对本书进行了修订和完善。

修订后的《会计学原理》体现了会计理论与实务的新的发展变化。本书在阐述会计学的职能、对象、目标、核算组织程序等基本理论，探讨复式记账、填制凭证、登记账簿、编制会计报表等基本方法和基本技能的基础上，借鉴了国内同类教材的先进经验，以培养应用型会计学专业人才为目标而编写。全书以会计核算方法体系的七种会计核算方法为主线，系统深入而又循序渐进地介绍了基本的会计核算技能。为了方便读者了解各章节的主要内容以及让读者带着任务开始每个章节的学习，本书每章开篇都设置了学习目标、章后对各章主要内容做了小结，大部分章节设置了案例导入。为了方便学习者检验自己对各章知识的掌握情况，课后还安排了适量的练习题。本书对于基本知识点尤其是需要动手操作的知识点讲解细致入微，简明透彻。希望帮助会计学初学者尽快掌握会计学的基础知识，并提高学习者的动手操作能力。

本次修订主要涉及如下章节的内容，其一是第四章会计科目表的内容，补充了近年新增的几个会计科目及对一些已经过时的会计科目做了更新。其二是第五章，根据增值税的政策变化更新了例题中增值税的有关内容。其三，依据财政部关于修订一般企业财务报表格式的新政策通知对第八章财务报告的内容做了较大程度的修订。此外，还更新了部分课后练习题以及其他章节的一些局部内容。为了方便教师教学，对PPT电子课件及课后练习题参考答案也做了同步修改。

各章的修订工作分工如下：第一、二章由惠州学院的钟顺东教授负责，第三章由南昌职业大学刘晓芳老师负责，第四、五、六、九章由韶关学院商学院的莫玲副教授负责，第七、八、十、十一章由广东外语外贸大学南国商学院国际工商管理学院吴海燕高级会计师负责。由韶关学院商学院的莫玲副教授负责全书的统筹定稿。

本书在修订过程中，参考吸收了有关专著、教材的观点，也查阅了大量网络文献。在此，我们谨向有关作者表示诚挚的谢意！此外，本书的修订得到了北京理工大学出版社的大力支持，在此一并表示衷心感谢。

本书适用于高等学校会计学、审计学、财务管理学专业以及其他管理类专业的本科及专科学生的教学使用，也可供从事会计工作的人员或对会计学有兴趣的人员作为学习会计学入门知识的参考书。本书有配套的课件、课后习题答案以及模拟试题等教学资源可供本书的使用者查阅。

由于编者水平有限，经验不足，本书难免存在不足甚至疏漏和错误，敬请专家和读者批评指正。

编　者

目 录

第一章 总论 …………………………………………………………………（1）

第一节 会计的含义 …………………………………………………（1）
一、会计的产生与发展 …………………………………………（1）
二、会计的含义与特征 …………………………………………（3）

第二节 会计的职能与目标 …………………………………………（5）
一、会计的职能 …………………………………………………（5）
二、会计的目标 …………………………………………………（6）

第三节 会计核算的基本前提 ………………………………………（6）
一、会计主体 ……………………………………………………（6）
二、持续经营 ……………………………………………………（7）
三、会计分期 ……………………………………………………（8）
四、货币计量 ……………………………………………………（8）

第四节 会计核算的基本程序、基础与原则 ………………………（9）
一、会计核算的基本程序 ………………………………………（9）
二、会计核算的基础 ……………………………………………（11）
三、会计核算应遵循的几个原则 ………………………………（13）

第五节 会计信息的质量特征 ………………………………………（14）
一、可靠性 ………………………………………………………（15）
二、相关性 ………………………………………………………（15）
三、可理解性 ……………………………………………………（15）
四、可比性 ………………………………………………………（15）
五、实质重于形式 ………………………………………………（15）
六、重要性 ………………………………………………………（16）
七、谨慎性 ………………………………………………………（16）

八、及时性 ……………………………………………………………（16）
　第六节　会计方法 …………………………………………………………（16）
　　一、会计方法体系 …………………………………………………………（16）
　　二、会计核算方法 …………………………………………………………（17）

第二章　会计要素与会计等式 …………………………………………（23）
　第一节　会计对象与会计要素 ……………………………………………（23）
　　一、会计对象 ………………………………………………………………（23）
　　二、会计要素 ………………………………………………………………（24）
　第二节　会计等式 …………………………………………………………（29）
　　一、会计等式的表现形式 …………………………………………………（29）
　　二、经济业务对基本会计等式的影响 ……………………………………（31）

第三章　会计科目与会计账户 …………………………………………（38）
　第一节　会计科目 …………………………………………………………（38）
　　一、会计科目的含义 ………………………………………………………（38）
　　二、会计科目的意义 ………………………………………………………（39）
　　三、会计科目的设置原则 …………………………………………………（39）
　　四、会计科目的分类 ………………………………………………………（40）
　　五、会计科目与会计要素的关系 …………………………………………（44）
　　六、本课程要求掌握的基础会计科目 ……………………………………（45）
　第二节　会计账户 …………………………………………………………（46）
　　一、会计账户的概念 ………………………………………………………（46）
　　二、会计账户的分类 ………………………………………………………（47）
　　三、会计账户的结构、内容与金额要素 …………………………………（48）

第四章　复式记账 …………………………………………………………（55）
　第一节　记账方法 …………………………………………………………（55）
　　一、单式记账法 ……………………………………………………………（56）
　　二、复式记账法 ……………………………………………………………（56）
　第二节　借贷记账法 ………………………………………………………（56）
　　一、借贷记账法的概念 ……………………………………………………（56）
　　二、借贷记账法的理论基础 ………………………………………………（57）
　　三、借贷记账法的记账符号和账户结构 …………………………………（57）
　　四、借贷记账法的记账规则 ………………………………………………（60）
　　五、借贷记账法的运用 ……………………………………………………（60）
　　六、借贷记账法下的会计分录 ……………………………………………（63）

七、借贷记账法的试算平衡 (65)

第五章 制造业企业主要经济业务的核算 (71)

第一节 资金筹集业务的核算 (72)
一、资金筹集业务概述 (72)
二、所有者权益资金筹集业务的核算 (72)
三、债务资金筹集业务的核算 (74)

第二节 供应业务的核算 (77)
一、供应过程主要业务概述 (77)
二、购置固定资产业务的核算 (78)
三、采购材料业务的核算 (80)

第三节 生产业务的核算 (83)
一、生产过程主要业务概述 (83)
二、生产过程主要业务的核算 (84)

第四节 销售业务的核算 (93)
一、销售业务概述 (93)
二、主营业务收支的核算 (95)
三、其他业务收支的核算 (99)

第五节 利润形成及分配业务的核算 (100)
一、利润形成及分配业务概述 (100)
二、利润形成业务的核算 (101)
三、利润分配业务的核算 (105)

第六章 账户的分类 (112)

第一节 账户分类概述 (112)
一、账户分类的意义 (112)
二、账户分类的标准 (113)

第二节 账户按经济内容分类 (113)
一、账户按经济内容分类的意义 (113)
二、账户按经济内容分类的内容 (113)

第三节 账户按用途和结构分类 (117)
一、账户按用途和结构分类的意义 (117)
二、账户按用途和结构分类的内容 (117)

第四节 账户按其他标志分类 (129)
一、账户按提供指标的详细程度分类的内容 (129)
二、账户按其与会计报表的关系分类的内容 (129)

第七章　会计凭证 ……………………………………………………………… (132)

第一节　会计凭证的作用与种类 ………………………………………… (133)
一、会计凭证的概念 …………………………………………………… (133)
二、会计凭证的作用 …………………………………………………… (133)
三、会计凭证的种类 …………………………………………………… (134)

第二节　原始凭证 ………………………………………………………… (141)
一、原始凭证的基本要素 ……………………………………………… (141)
二、原始凭证的填制 …………………………………………………… (142)
三、原始凭证的审核 …………………………………………………… (147)

第三节　记账凭证 ………………………………………………………… (148)
一、记账凭证的基本要素 ……………………………………………… (148)
二、记账凭证的填制 …………………………………………………… (150)
三、记账凭证的审核 …………………………………………………… (154)

第四节　会计凭证的传递与保管 ………………………………………… (154)
一、会计凭证的传递 …………………………………………………… (154)
二、会计凭证的保管 …………………………………………………… (155)

第八章　会计账簿 ……………………………………………………………… (162)

第一节　会计账簿的作用与种类 ………………………………………… (162)
一、会计账簿的概念与作用 …………………………………………… (162)
二、会计账簿的种类 …………………………………………………… (163)

第二节　会计账簿的设置和登记 ………………………………………… (167)
一、设置会计账簿的基本原则 ………………………………………… (167)
二、会计账簿的基本构成及内容 ……………………………………… (167)
三、日记账的设置和登记 ……………………………………………… (168)
四、分类账的设置和登记 ……………………………………………… (170)
五、备查账簿的设置和登记 …………………………………………… (173)
六、会计账簿的登记规则 ……………………………………………… (174)

第三节　总账与明细账的平行登记 ……………………………………… (174)
一、总分类账与明细分类账的关系 …………………………………… (174)
二、总分类账与明细分类账的平行登记 ……………………………… (175)

第四节　错账的更正方法 ………………………………………………… (178)
一、划线更正法 ………………………………………………………… (178)
二、补充登记法 ………………………………………………………… (178)
三、红字更正法 ………………………………………………………… (179)

第五节　对账与结账 ……………………………………………………… (181)

一、对账 ……………………………………………………………… (181)
　　二、结账 ……………………………………………………………… (182)
　第六节　会计账簿的更换与保管 ………………………………………… (185)
　　一、会计账簿的更换 ………………………………………………… (185)
　　二、会计账簿的保管 ………………………………………………… (185)

第九章　会计报表编制前的准备工作 ………………………………… (190)
　第一节　编制报表前准备工作的意义和内容 …………………………… (190)
　　一、编制报表前准备工作的意义 …………………………………… (190)
　　二、编制报表前准备工作的内容 …………………………………… (191)
　第二节　期末账项调整 …………………………………………………… (191)
　　一、期末账项调整概述 ……………………………………………… (191)
　　二、期末账项调整的内容 …………………………………………… (192)
　第三节　财产清查 ………………………………………………………… (195)
　　一、财产清查概述 …………………………………………………… (195)
　　二、财产清查的种类 ………………………………………………… (196)
　　三、财产清查前的准备工作 ………………………………………… (197)
　　四、财产物资的盘存制度与发出存货的计价方法 ………………… (197)
　　五、财产清查的方法与内容 ………………………………………… (200)
　　六、财产清查结果的账务处理 ……………………………………… (204)

第十章　财务报告 ………………………………………………………… (209)
　第一节　财务报告概述 …………………………………………………… (209)
　　一、财务报告的定义与种类 ………………………………………… (209)
　　二、财务报告的构成 ………………………………………………… (210)
　　三、财务报告的基本要求 …………………………………………… (210)
　第二节　资产负债表 ……………………………………………………… (211)
　　一、资产负债表概述 ………………………………………………… (211)
　　二、资产负债表的结构 ……………………………………………… (212)
　　三、资产负债表的编制方法 ………………………………………… (214)
　　四、资产负债表的编制举例 ………………………………………… (215)
　第三节　利润表 …………………………………………………………… (218)
　　一、利润表概述 ……………………………………………………… (218)
　　二、利润表的结构 …………………………………………………… (219)
　　三、利润表的编制方法 ……………………………………………… (220)
　　四、利润表的编制举例 ……………………………………………… (222)
　第四节　现金流量表和所有者权益变动表 ……………………………… (224)

一、现金流量表 ………………………………………………………………… (224)
　　二、所有者权益变动表 ………………………………………………………… (227)
　第五节　财务报表附注 …………………………………………………………… (229)
　　一、财务报表附注概述 ………………………………………………………… (229)
　　二、财务报表附注的主要内容 ………………………………………………… (229)

第十一章　会计核算组织程序 …………………………………………………… (238)

　第一节　会计核算组织程序概述 ………………………………………………… (238)
　　一、会计核算组织程序的含义及意义 ………………………………………… (238)
　　二、会计核算组织程序的设计原则 …………………………………………… (240)
　　三、会计核算组织程序的种类 ………………………………………………… (240)
　第二节　记账凭证核算组织程序 ………………………………………………… (241)
　　一、记账凭证核算组织程序的基本内容 ……………………………………… (241)
　　二、记账凭证核算组织程序的特点、优缺点及适用范围 …………………… (242)
　第三节　科目汇总表核算组织程序 ……………………………………………… (243)
　　一、科目汇总表核算组织程序的基本内容 …………………………………… (243)
　　二、科目汇总表核算组织程序的优缺点及适用范围 ………………………… (245)
　　三、科目汇总表核算组织程序实例 …………………………………………… (245)
　第四节　汇总记账凭证核算组织程序 …………………………………………… (254)
　　一、汇总记账凭证核算组织程序的基本内容 ………………………………… (254)
　　二、汇总记账凭证核算组织程序的优缺点及适用范围 ……………………… (261)
　第五节　日记总账核算组织程序 ………………………………………………… (261)
　　一、日记总账核算组织程序的基本内容 ……………………………………… (261)
　　二、日记总账核算组织程序的优缺点及适用范围 …………………………… (262)

主要参考文献 ……………………………………………………………………… (270)

第一章

总 论

★ **学习目标**

通过本章的学习,应了解会计的产生与发展;理解会计的含义、目标、对象,会计核算的具体方法;掌握会计基本职能、会计信息质量特征以及会计核算基础。

★ **案例导入**

在某大学任教的王盈教授暑假期间遇到四位活跃于股市的大学同学,这四位同学中,第一位是代理股票买卖的证券公司经纪人,第二位受国家投资公司委托在某公司任董事,第三位是个人投资者,最后一位是某报经济栏目的记者。

他们一起谈论关于股票投资的话题,当谈到如何在股市中操作时,四位同学都发表了自己的意见。他们的见解分别是:

(1) 经纪人:随大流。
(2) 董事:跟着感觉走。
(3) 个人投资者:关键是获取各种信息,至于财务信息是否重要很难说。
(4) 记者:至关重要的是掌握公司财务信息。

回到学校,王盈教授将他们的见解说给自己的学生听。

思考:假如你是王盈教授的学生,你支持哪种见解?为什么?

第一节 会计的含义

一、会计的产生与发展

(一) 会计的产生

人类要生存,社会要发展,就要进行物质资料的生产。生产活动一方面创造物质财富,取得一定的劳动成果;另一方面发生劳动耗费,包括人力、物力的耗费。在一切社会形态中，人们进行生产活动时，总是力求以尽可能少的劳动耗费，取得尽可能多的劳动成果，做到所得大于所费，提高经济效益。为此，就必须在不断改革生产技术的同时，采用一定方法对劳动耗费和劳动成果进行记录、计算，并加以比较和分析，这就产生了会计。可见，会计的产生与加强经济管理、追求经济效益有着不可分割的天然联系。会计是适应人类生产实践和经营物质资料的生产管理的客观需要产生并发展起来的。会计作为一种社会现象，作为一项记录、计算和汇总工作，它产生于管理的需要，并且一开始就以管理的形式出现。作为一种经济管理活动，会计与社会生产发展有着不可分割的联系，会计的产生和发展离不开人们对生产活动进行管理的客观需要。

会计在我国有着悠久的历史。在原始社会，人们为了计算生产成果和生活需要，逐步产生了计数和计算的需求。在文字产生以前，这种计算是用"结绳记事""刻木记事"来进行的；在文字产生以后，人们对物质资料生产与消耗开始用文字记载，这些原始的简单记录，可以看成会计行为的萌芽。会计行为最初只是作为生产职能的附带部分。随着生产的进一步发展、科技的进步、劳动消耗和劳动成果的种类不断增多，出现了大量剩余产品，会计逐渐从生产职能中分离出来，成为特殊的、专门委托的当事人的独立职能。直到奴隶社会的西周王朝，随着生产力的发展，会计才从生产职能中分离出来，出现"会计"一词，产生"官厅会计"并出现会计职位"司会"。一般认为，西周时期会计职能才成为独立的职能，会计行业有了正式的名称与专门的机构，标志着我国会计史的开端。

（二）会计的发展

随着社会生产的日益发展和科学技术水平的不断进步，会计经历了一个由简单到复杂、由低级到高级的漫长发展过程。它的发展过程大致可以划分为古代会计、近代会计和现代会计三个阶段。

1. 古代会计阶段（1494年以前）

从会计的产生到1494年，这一时期被称为古代会计阶段，在这个阶段，会计在不断地发展进步。东汉时期，我国开始出现了被称为"计簿"或"簿记"的账册，用以登记会计事项。这个阶段的会计记录方法为单式记账法。唐宋时期，出现了"四柱结算法"，即"旧管+新收－开除=见在"，为我国由单式记账发展到复式记账奠定了基础。明末清初，出现了"龙门账"，成为我国复式记账的起源。我国奴隶社会和封建社会的会计主要是用来核算和监督政府开支，为官方服务，被称为"官厅会计"。

古代会计的主要特点：其一，会计记账方法采用单式记账法；其二，会计计量单位以实物计量单位为主。

2. 近代会计阶段（1494年至20世纪50年代）

13—14世纪，随着国际贸易的发展，以威尼斯为中心的地中海贸易区形成，威尼斯开始成为东西方贸易的中介。借贷复式簿记在意大利北部城邦萌芽、产生并获得初步发展，最终促使西式簿记兴起。1494年，被誉为"现代会计之父"的卢卡·帕乔利（Lusa Pacioli）发表了《算术、几何、比及比例概要》一书，其中有一部分篇章系统地论述了复式记账法，这是会计发展的一个里程碑。

在16—17世纪，德国、荷兰、法国等先后继承与发展了意大利的复式簿记实务与理论。18世纪70年代英国的产业革命使英国会计的发展进入创新时期。股份公司的出现，所有权和经营权的分离，对会计的发展产生了重要影响。英国的公共会计师事业及其在审计、复式簿记原理与早期成本会计方面的贡献，使英国很快成为世界会计发展中心，这一历史地位一直保持到19世纪。第一次世界大战以后，美国取代了英国的地位，无论是生产上，还是科学技术的发展上都处于遥遥领先的地位。因此，会计学的发展中心，也从英国转移到了美国。

近代会计的主要特点：其一，复式记账法兴起并在世界各国得到推广，成为世界各国通用的记账方法；其二，会计计量单位以货币单位为主。

3. 现代会计阶段（20世纪50年代至今）

在20世纪20年代和30年代，美国对标准成本会计的研究有了突飞猛进的发展。这一时期，美国第一次讨论会计原则，将会计实践上升到理论，再用来指导实践。为加强内部管理的需要，传统的会计分为财务会计和管理会计两个分支。

进入20世纪之后，在经济活动更加复杂、生产日益社会化、人们的社会关系更加广泛的情况下，会计的地位和作用、会计的目标、会计所应用的原则、会计方法和技术都在不断发展变化并日趋完善，逐步形成自身的理论和方法体系。另外，科学技术水平的提高也对会计的发展起了很大的促进作用。现代数学、现代管理科学与会计的结合，特别是电子计算机在会计数据处理中的应用，使会计工作的效能发生了很大变化，它扩大了会计信息的范围，提高了会计信息的精确性和及时性。这样，到了20世纪中叶，就逐步形成了比较完善的现代会计。一般认为，在成本会计的基础上形成了管理会计，并与财务会计相分离而单独成学科，是现代会计的开端。电子计算机在会计数据处理中的应用则是现代会计的进一步发展。

现代会计的主要特点：其一，会计学科体系逐渐建立起来，逐渐形成财务会计、管理会计以及审计三大学科领域；其二，会计的理论与方法体系逐步完善；其三，会计信息化技术发展日新月异。

人类发展到现在，全球信息化、经济全球化使作为"国际商业公共语言"的会计的内涵及外延不断丰富和发展。现代会计正由注重财务核算的财务会计向注重战略管理的管理会计方向发展，信息技术正由传统的会计电算化软件的应用向网络适时会计、云会计方向发展。会计正随着社会经济环境的发展变化而不断发展、丰富和完善，实践证明，"经济越发展，会计越重要"。

二、会计的含义与特征

（一）会计的含义

什么是会计？由于会计学科历史悠久，不同时期、不同国家的不同学者对这个基本问题存在着多种认识，对会计的定义各不相同。

在当代，比较主流的会计定义可以表述为：会计是以货币作为主要计量单位，以凭证为依据，用一系列专门的技术方法，对一定主体的经济活动进行全面、综合、连续、系统的核算和监督，并向有关方面提供会计信息和反映管理者受托责任的履行情况，参与经营管理，旨在提高经济效益的一种经济管理活动。

以上含义侧重于对财务会计的内涵进行描述，考虑到现代会计发展的总体趋势是越来越重视管理会计，定义会计时还应将会计的外延进行扩展。管理会计是以强化企业内部经营管理，实现最佳经济效益为最终目的，以现代企业经营活动及其价值表现为对象，通过对财务等信息的运用，实现对经济过程的预测、决策、规划、控制、责任考核评价等职能的一个会计分支。

（二）会计的特征

1. 会计本质上是一种经济管理活动

会计是经济管理的重要组成部分，是适应人类的生产实践和经济管理的客观需要而产生、发展和完善起来的。会计不仅为管理提供各种数据资料，还通过各种方式直接进行管理，如为了实现经营目标而参与经营方案的选择、经营计划的制订、经营活动的控制和评价等。

会计在核算和监督单位经济活动的同时，必须提供有关计划和预算完成情况的数据资料，并分析其完成或未完成的原因，以便采取措施，改进工作。如果会计核算资料表明计划指标严重脱离实际，或者实际情况比预计的情况变动大，则应及时调整计划或预算，使其更有效地指导实际。由此可见，会计可以加强经济管理，使单位的经济活动达到预期的目标。

2. 会计是一个经济信息系统

会计将一个公司分散的经营活动转化成一组客观的数据，提供有关公司的业绩、问题，以及企业资金、劳动、所有权、收入、成本、利润、债权、债务等信息。向有关方面提供有关信息咨询服务，任何人都可以通过会计提供的信息了解企业的基本情况，并作为其决策的依据。会计是以提供财务信息为主的经济信息系统，会计又被人称为"商业语言"。

3. 会计以货币作为主要计量单位

会计要反映和监督会计对象，需要运用多种计量单位，包括实物量（如千克、件等）、劳动量（如工时等）和货币量，且以货币量为主。运用实物量和劳动量能够具体反映各项财产物资的增减变动和生产过程中的劳动消耗，但这两种量度都不便汇总反映企业的总体信息。会计以货币作为计量单位，可以全面地、系统地汇总反映单位的财产物资、财务收支、生产过程中的劳动消耗，并计算出最终财务成果。因此，以货币作为主要计量单位，进行系统的记录、计算、分析和考核，才能达到加强经济管理的目的。

4. 会计具有核算和监督的基本职能

会计的基本职能是对经济活动进行核算和监督。一方面，要按照会计法规制度的要求，对经济活动进行确认、计量、记录和报告，为经济管理搜集、处理、存储和输送各种会计信息；另一方面，要对特定主体的经济活动的合法性、合理性进行考核与评价，并采取措施，施加一定的影响，以实现预期的目标。所以，会计核算是会计工作的基础，会计监督是会计工作质量的保证。会计核算和监督贯穿于会计工作的全过程，是会计工作最基本的职能，也是会计管理活动的重要表现形式。

5. 会计在核算及监督过程中使用一系列专门的方法

会计方法是指完成会计工作任务、实现会计核算与监督职能的手段。会计在参与经济活动过程中形成了一整套有别于其他领域的独特方法。会计方法体系一般包括会计核算方法、会计分析方法、会计检查方法等。会计核算方法是会计方法体系中最基本、最主要的方法，它是其他各种方法的基础。会计核算方法主要包括设置会计科目与账户、复式记账、填制和审核会计凭证、登记会计账簿、成本计算、财产清查、编制会计报表等。关于会计核算的方法，本章后续会做详细介绍。

第二节　会计的职能与目标

一、会计的职能

会计的职能是指会计在经济管理过程中所具有的职责与功能，会计具有会计核算和会计监督两项基本职能和预测经济前景、参与经济决策、规划经营目标、控制经营过程、考核评价经营业绩等拓展职能。

（一）会计的基本职能

1. 会计核算职能

会计核算职能又称为反映职能，是指会计以货币为主要计量单位，通过确认、计量、记录和报告等环节，对特定主体的经济活动进行记账、算账、报账，向有关各方提供会计信息的功能。会计核算职能是会计的首要职能，任何经济实体要进行经济活动，都需要会计提供相关且可靠的信息，从而要求会计对过去发生的经济活动进行确认、计量、记录和报告等工作，形成综合反映单位经济活动情况的会计资料。

2. 会计监督职能

会计监督职能又称为控制职能，是指会计人员在进行会计核算的同时，对特定主体经济活动的合法性、合理性和会计资料的真实性所实施的审查。合法性审查是针对各项经济业务是否遵守国家有关法律法规、财经纪律，是否执行国家各项方针政策等情况的审查，以杜绝违反财经法纪的行为；合理性审查是指对各项经济业务是否符合经济运行的客观规律和单位的内部控制制度要求，是否执行了单位的财务收支计划，是否有利于经营目标或预算目标的实现等进行的审查，为单位增收节支、提高经济和社会效益把关。

会计监督贯穿于会计管理活动的全过程，它包括对经济活动的事前、事中和事后监督。事前监督是在经济活动开始前进行的监督，即审查未来的经济活动是否符合有关法令、政策的规定，是否符合商品经济规律的要求，在经济上是否可靠；事中监督是对正在发生的经济活动过程及取得的核算资料进行审查并以此纠正经济活动进程中的偏差和失误，促使有关部门合理组织经济活动，保证其按照预定的目标及规定的要求进行，发挥控制经济活动进程的作用；事后监督是对已经发生的经济活动以及相应的核算资料进行的审查和分析。

3. 会计核算与会计监督职能的关系

会计核算与会计监督两大基本职能关系密切、相辅相成。对经济活动进行会计核算的过程，也是实行会计监督的过程。会计核算是会计监督的基础，没有会计核算提供的数据资料，会计监督就没有了客观依据；会计监督又是会计核算的质量保障，如果只有会计核算而不进行会计监督，就难以保证会计核算所提供信息的真实性和可靠性，就不能发挥会计在经济管理中的作用。

（二）会计的拓展职能

会计的拓展职能：①预测经济前景；②参与经济决策；③规划经营目标；④控制经营过程；⑤考核评价经营业绩。会计的总体职能如图1-1所示。

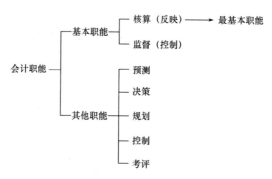

图 1-1　会计的总体职能示意图

一般来说，会计的基本职能是财务会计领域行使的主要职能，而会计的其他职能是管理会计领域的基本职能。本课程属于财务会计课程体系，重点介绍核算与监督两项基本职能。

二、会计的目标

会计的目标也是会计所要实现的目的或达到的最终结果。会计的目标是会计管理运行的出发点和最终要求，会计的目标决定和制约着会计管理活动的方向，在会计理论结构中处于最高层次，同时在会计实践活动中，会计目标又决定着会计管理活动的方向。

会计的目标有两个层次：其一，总体目标；其二，具体目标。由于会计是整个经济管理的重要组成部分，会计目标当然从属于经济管理的总目标，在将提高经济效益作为企业终极目标的前提下，会计的总体目标当然应该是"提高经济效益"。在了解了会计总体目标的基础上，我们还需要研究会计的具体目标，即向谁提供信息、为何提供信息和提供何种信息。

我国《企业会计准则——基本准则》（以下简称《企业会计准则》）中对于会计核算的具体目标做了明确规定：会计的目标是向财务会计报告使用者提供与企业财务状况、经营成果和现金流量等有关的会计信息，反映企业管理层受托责任履行情况，有助于财务会计报告使用者做出经济决策。

上述会计核算的目标，实质上是对会计信息质量提出的要求。它可以划分为两个方面：一是企业提供信息的目标是满足相关信息使用者的需要，如满足潜在投资者投资决策需要，满足债权人是否进行借贷决策需要等；二是反映企业管理层受托责任履行情况。在企业两权分离的局面下，会计人员应以中立的身份，客观公正地提供信息，把企业经营管理层接受所有者的委托，运用企业所有者提供的资金经营企业的实际情况反映出来，让不参与企业经营管理的所有者能够通过会计信息了解经营管理层是否尽职履行了受托责任。

第三节　会计核算的基本前提

会计核算的基本前提也叫会计假设或会计惯例，是指会计确认、计量和报告的前提，是对会计核算所处时间、空间环境、计量方式等所做出的合理假设。会计核算的基本前提包括会计主体、持续经营、会计分期和货币计量。

一、会计主体

会计主体是指会计所核算和监督的特定单位或组织，它界定了从事会计工作和提供会计信息的空间范围。一般情况下，凡是拥有独立的资金、自主经营、独立核算收支及盈亏并编制会计报表的企业或其他性质的组织（如行政机关、事业单位）都构成一个会计主体。

会计主体可以是一个企业，也可以是企业的一个内部单位或部门，还可以是多个企业组成的企业集团。明确界定会计主体是开展会计确认、计量和报告工作的重要前提。

首先，明确会计主体，才能划定会计所要处理的各项交易或事项的范围。在会计实务中，只有那些影响企业本身经济利益的各项交易或事项才能加以确认、计量、记录和报告，那些不影响企业本身经济利益的各项交易或事项不能加以确认、计量、记录和报告。会计工作中通常所讲的资产、负债的确认，收入的实现，费用的发生等，都是针对特定会计主体而言的。

其次，明确会计主体，才能将会计主体的交易或者事项与会计主体所有者的交易或者事项以及其他会计主体的交易或者事项区分开来。例如，企业所有者的经济交易或者事项不属于企业主体所发生的，不应纳入企业会计核算的范围，但是企业所有者投入企业的资本或者企业向所有者分配的利润，则属于企业主体所发生的交易或者事项，应当纳入企业核算的范围，如图 1-2 所示。

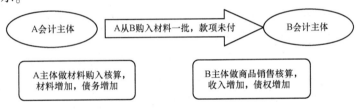

图 1-2　会计主体示意图

会计主体与法律主体（法人）并非对等的概念。一般而言，法律主体必然是会计主体。例如，一个企业作为一个法律主体，应当建立财务会计系统，独立反映其财务状况、经营成果和现金流量。但是，会计主体不一定是法律主体。例如，企业集团中的母公司对子公司拥有控制权，为了全面反映企业集团的财务状况、经营成果和现金流量，需要将企业集团作为一个会计主体，编制合并财务报表，在这种情况下，尽管企业集团不属于法律主体，但它是会计主体。

二、持续经营

持续经营是指会计主体在可以预见的将来，将根据正常的经营方针和既定的经营目标持续经营下去。即在可预见的将来，该会计主体不会破产清算，所持有的资产将正常营运，所负有的债务将正常偿还。依据《企业会计准则》，企业会计的确认、计量、记录和报告应当以持续经营为基本前提。

持续经营前提明确了会计工作的时间范围，在此前提下，会计人员应按正常的经济寿命合理分摊长期资产的价值耗费，按正常的年限合理确认各期的营业收入或分摊各期费用，从而保持会计信息处理的一致性和稳定性。例如，一般情况下，企业的固定资产可以在一个较长的时期发挥作用，如果判断企业会持续经营下去，就可以假定企业的固定资产会在持续进行的生产经营过程中长期发挥作用，并服务于生产经营过程，固定资产就可以根据历史成本进行记录，并采用折旧的方法，将历史成本分摊到各个会计期间或相关产品的成本中。如果判断企业不能持续经营下去，固定资产就不应采用历史成本进行记录并按期计提折旧。

三、会计分期

根据持续经营假设，一个企业将按当前的规模和状态持续经营下去。但是，无论是企业的生产经营决策还是投资者、债权人等的决策，都需要及时的信息，都需要将企业持续的生产经营活动划分为一个个连续的、长短相同的期间，分期确认、计量、记录和报告企业的财务状况、经营成果和现金流量。

会计分期又叫会计期间，是指将一个会计主体持续经营的生产经营活动划分成若干相等的会计期间，以便分期结算账目和编制财务会计报告。它是对会计工作时间范围的具体划分，是持续经营前提的必要补充。会计期间只是一种假设，企业的经营活动实际上并未因会计期间终了而停止。会计分期的目的是通过会计期间的划分，将持续经营的期间划分成连续、相等的期间，据以结算账目、编制会计报表、反映企业的经营成果和财务状况及其变动情况，从而及时向财务报告使用者提供企业财务状况、经营成果和现金流量的信息。

《中华人民共和国会计法》（以下简称《会计法》）规定以公历年度作为会计年度。会计期间分为年度、半年度、季度和月度。年度、半年度、季度和月度均按公历起讫日期确定，其中半年度、季度和月度称为会计中期。

由于有了会计分期这个前提，才产生了当期与其他期间的差别，才需要对跨越会计期间的经济业务采取合理的账务处理方法，以便正确计算各会计期间的经营成果。因为需要分期提供信息，所以出现了权责发生制和收付实现制两种不同的会计基础，以及折旧、摊销等会计处理方法。

四、货币计量

货币计量是指会计主体在会计核算过程中采用货币作为统一的计量单位，综合反映会计主体的财务状况和经营成果。

在会计核算过程中之所以选择以货币作为统一的计量单位，是因为它包含币值稳定的假设，即假定货币本身的价值是稳定的，币值不变或变化甚微。只有这样，会计核算工作才能正常进行，才能对不同会计期间的会计信息进行比较、分析和评价，才能按历史成本原则计价。其他计量单位，如重量、长度、容积等，只能从一个侧面反映企业的生产经营情况，无法在量上进行汇总和比较，不便于会计计量和经营管理。只有选择货币这一共同尺度进行计量，才能全面反映企业的生产经营情况。

《会计法》和《企业会计准则》都规定，单位的会计核算应以人民币作为记账本位币。业务收支以人民币以外的货币为主的单位也可以选定其中的一种货币作为记账本位币，但编制的财务会计报告应当折算为人民币。在境外设立的中国企业向国内报送的财务会计报告，应当折算为人民币。

上述会计核算的四项基本前提（四项基本假设），具有相互依存、相互补充的关系。没有会计主体就不会有持续经营，没有持续经营就不会有会计分期，没有货币计量就不会有现代会计。会计主体确立了会计核算的空间范围，持续经营与会计分期确立了会计核算的时间长度，而货币计量则为会计核算提供了必要手段。

※小知识

世界各国的会计年度

《企业会计准则》规定应以公历年度作为会计年度,但不是世界各国都采取这种做法,很多国家把会计年度称为"财年度",财年度与生活里采用的日历年度是两个相互独立的概念。各国对财年度都有自己的规定。

一、采用日历年制（1—12月）

采用日历年制的国家或地区有中国、奥地利、比利时、保加利亚、捷克斯洛伐克、芬兰、德国、希腊、匈牙利、冰岛、爱尔兰、挪威、波兰、葡萄牙、罗马尼亚、西班牙、瑞士、俄罗斯、白俄罗斯、乌克兰、墨西哥、巴拉圭、秘鲁、巴西、智利、哥伦比亚、厄瓜多尔、约旦、朝鲜、马来西亚、阿尔及利亚、叙利亚、利比亚、卢旺达、塞内加尔、索马里、多哥、赞比亚等。

二、采用跨日历年制

1. 采用4月至次年3月制的（自4月1日起至次年3月31日止）

有丹麦、加拿大、英国、印度、印度尼西亚、伊拉克、日本、科威特、新加坡等。

2. 采用7月至次年6月制的（自7月1日起至次年6月30日止）

有瑞典、澳大利亚、孟加拉国、巴基斯坦、菲律宾、埃及、冈比亚、加纳、肯尼亚、毛里求斯、苏丹、坦桑尼亚等。

3. 采用10月至次年9月制的（自10月1日起至次年9月30日止）

有美国、海地、缅甸、泰国、斯里兰卡等。

4. 其他类型的

阿富汗、伊朗：3月21日至次年3月20日；

土耳其：3月至次年2月；

埃塞俄比亚：7月8日至次年7月7日；

阿根廷：11月至次年10月；

卢森堡：5月至次年4月；

沙特阿拉伯、尼泊尔等国家的财政年度则是实行浮动制度。各财政年的起止日期和时间周期长短是不同的。

第四节 会计核算的基本程序、基础与原则

一、会计核算的基本程序

会计核算的基本程序是指对发生的经济业务进行会计数据处理与信息加工的程序。它是会计信息系统在加工数据并形成最终会计信息的过程中特有的步骤,具体包括会计确认、会计计量、会计记录和会计报告。

（一）会计确认

所谓会计确认,就是指依据一定的标准,辨认哪些数据能输入、何时输入会计信息系统以及如何进行报告的过程。它包括会计记录的确认和编制会计报表的确认,前者一般称为初

次确认，后者称为再次确认。

1. 初次确认

初次确认又叫初始确认或入账确认，初次确认是对交易或事项进行正式的会计记录的行为，关注的是企业发生的交易或事项是否应该被记录，应在何时、通过哪些会计要素在会计凭证及会计账簿中予以记录的问题。初次确认一般需要做两个方面的判断：首先，对发生的经济业务，应辨认其是否为会计信息，是否应在会计账簿中正式加以记录；其次，对确认了应予进行会计记录的经济业务，要确定其属于哪一会计要素，应选择哪一个账户进行记录，以及如何在会计账簿中加以分类记录。

2. 再次确认

再次确认又叫最终确认或入表确认，是指编制报表时的确认。从会计账簿的会计信息到财务报告信息，是财务会计加工信息的第二阶段，也就是会计的再次确认。再次确认主要解决为经济管理和报表使用者提供哪些会计核算指标的问题，确认已记录和储存在会计账簿中的会计数据应列示在会计报表的哪一个具体项目中。再次确认的主要任务是编制财务报表。

再次确认的数据来源于会计账簿，将会计数据由账簿记录转化为报表的项目，有一个挑选、分类、汇总的加工过程。例如，会计主体发生银行存款增加的业务，初次确认应在"银行存款"账户记录增加，再次确认时该数据应在资产负债表的"货币资金"项目列示。

进行会计确认，必须以一定标准为依据。会计确认的标准是指会计核算的特定规范要求。我国会计核算的特定规范主要有企业会计准则、企业财务通则、企业财务制度以及有关财经法规等。只有符合这些会计核算特定规范要求的，会计才予以确认。

（二）会计计量

会计确认解决的是定性问题，用以判断发生的经济活动是否属于会计核算的内容，归属于哪类性质的业务，是作为资产还是作为负债或其他会计要素等，其主要判断某项经济业务"是什么，是否应当在会计上反映"；而会计计量解决的则是定量问题，即在会计确认的基础上确定具体金额，解决某项经济业务事项在会计上"反映多少"的问题。

会计计量是指在一定的计量尺度下，运用特定的计量单位，选择合理的计量属性，确定应予记录的经济事项金额的会计记录过程。会计计量主要包括会计计量单位和会计计量属性。

1. 会计计量单位

会计计量单位主要是货币单位，货币本质上是充当一般等价物的商品，其本身的价值也在不断变动。因此，货币单位至少存在两种形式：一是名义货币单位，即各国流通货币的法定单位；二是不变价值货币单位（一般购买力单位），是以一定时日的货币的价值为基础，将其他时日的名义货币单位调整（用物价指数来测算）到该基础上，从而使不同时期的货币保持在不变价值的基础上。

2. 会计计量属性

会计计量属性是指予以计量的某一要素的特性的方面，反映的是会计要素金额确定的基础。不同的计量属性，会使相同的会计要素表现为不同的货币数量。《企业会计准则》第四十一条规定："企业在将符合确认条件的会计要素登记入账并列报于会计报表及其附注时，应当按照规定的会计计量属性进行计量，确定其金额。"会计要素在计量时可供选择的计量属性包括：

（1）历史成本。历史成本是指资产取得或购建时发生的实际成本。会计准则规定，在历史成本计量下，资产按照购置资产时所付出的对价的公允价值计量。负债按照承担现时义务的合同金额，或者按照日常活动中为偿还负债预期需要支付的现金或者现金等价物的金额计算。

（2）重置成本。重置成本也称为现行成本，是指按照当期市场条件，重新取得同样一项资产所支付的现金或现金等价物金额。重置成本一般应用于对盘盈资产的价值计量，如盘盈的固定资产或存货的价值确定。

（3）可变现净值。可变现净值是指在正常生产经营过程中，以预计售价减去进一步加工成本和预计销售费用以及相关税费后的净值。可变现净值是在不考虑资金时间价值的情况下，计量资产在正常生产经营中可带来的预期净现金流入或流出。可变现净值通常应用于存货资产在减值情况下的后续计量。

（4）现值。现值是对未来现金流量以恰当的折现率进行折现的价值。资产按照预计从其持续使用和最终处置中所产生的未来净现金流入量的折现金额计算。负债按照预计期限内需要偿还的未来净现金流出量的折现金额计算。

（5）公允价值。公允价值也称公允市价、公允价格，是指市场参与者在计量日发生的有序交易中，出售一项资产所能收到或者转移一项负债所需支付的价格。在公允价值计量属性下，资产和负债按照在公平交易中，熟悉市场情况的交易双方自愿进行资产交换或者债务清偿的金额计量。

在各种会计要素计量属性中，历史成本通常反映的是资产或负债过去的价值，而重置成本、可变现净值、现值以及公允价值通常反映的是资产或负债的现时成本或现时价值。在这五种计量属性中，历史成本是最基础的计量属性。企业在对会计要素进行计量时，一般应当采用历史成本。

（三）会计记录

会计记录是指各项经济业务经过确认、计量后，采用一定的文字、金额和方法在账户中加以记录的过程，即会计记录是根据一定的账务处理程序，对经过确认、计量的经济业务在会计凭证及会计账簿中进行登记，以便对会计数据进一步加工处理的过程。它是会计核算中的一个重要环节。

会计记录包括以原始凭证为依据编制记账凭证，再以记账凭证为依据登记账簿。会计记录包括序时记录和分类记录。在记录的生成方式上，又有手工记录和电子计算机记录。

（四）会计报告

会计报告是指以账簿记录为依据，采用表格和文字形式，将会计数据提供给信息使用者的手段，也就是企业对外提供的反映企业某一特定日期财务状况和某一会计期间的经营成果、现金流量的文件。它根据会计信息使用者的要求，按照一定的格式，把账簿记录加工成财务指标体系，提供给信息使用者，以便其进行分析、预测和决策。

二、会计核算的基础

企业会计确认、计量和报告的基础称为会计核算基础或会计处理基础，简称会计基础，其是企业在会计确认、计量和报告的过程中所采用的基础，是确认一定会计期间的收入和费用，从而确定损益的标准。由于会计分期假设，产生了本期与非本期的区别，企业在一定会计期间，为进行生产经营活动而发生的费用，可能在本期已经付出货币资金，也可能在本期尚未付出货币资金；所形成的收入，可能在本期已经收到货币资金，也可能在本期尚未收到货币资金。同时，本期发生的费用可能与本期收入的取得有关，也可能与本期收入的取得无关。诸如此类的经济业务如何处理，收入与费用应在哪一个会计期间入账，以何金额入账，必须以所采用的会计基础为依据。会计基础主要有权责发生制和收付实现制两种。

（一）权责发生制

我国《企业会计准则》明确规定，企业在会计确认、计量和报告时应当以权责发生制为基础。权责发生制也称应计制或应收应付制，是指企业按收入的权利和支出的责任（或义务）是否归属于本期（也就是以应收应付）为标准，而不是按款项的实际收支是否在本期发生来作为确认收入、费用入账期间的标准。

在权责发生制下，凡是当期已经实现的收入和已经发生或应当负担的费用，无论款项是否收付，都应当作为当期的收入和费用计入利润表；凡是不属于当期的收入和费用，即使款项已在当期收付，也不应当作为当期的收入和费用。

在实务中，企业交易或者事项的发生时间与相关货币收支时间有时并不完全一致。例如，款项已经收到，但销售并未实现；或者款项已经支付，但并不是为本期生产经营活动而发生的。权责发生制可以更加真实、公允地反映特定会计期间的财务状况和经营成果。

（二）收付实现制

收付实现制又称现金收付制或实收实付制，是与权责发生制相对应的一种会计基础，它对于收入和费用的确认，均以现金流入或现金流出的时间作为确认的标准。凡是本期实际收到款项的收入和付出款项的费用，不论是否归属于本期，都作为本期的收入和费用处理；凡本期没有实际收到款项的收入和付出款项的费用，即使应当归属于本期，也不作为本期收入和费用处理。

从权责发生制来讲，企业提供了产品或劳务，就可以收到一笔款项或取得收取款项的权利，企业的费用是为了取得收入而发生的耗费，应当由获得有关收入的期间来负担。这样可以使相关的收入与费用相比较，并计算出盈亏。这种将相关收入与费用相比较的计算程序，称为配比。也就是说，权责发生制能合理配比各会计期间的收入和费用，比较正确地计算和反映企业的经营成果。采用权责发生制，在会计期间要确定本期的收入和费用，就要根据账簿的记录，对应计收入、应计费用、预收收入和预付费用进行账项调整，因而工作量相对较大。

而收付实现制不考虑应计收入、应计费用、预收收入和预付费用的存在，而是根据实际收到和付出的款项进行入账，所以期末不需要进行账项调整。因而，就会计处理手续而言，较为简便，但计算出来的盈亏，因不讲究配比原则，其结果不够合理。

下面举例说明权责发生制与收付实现制的区别。

【**例 1-1**】　某企业 2020 年 2 月发生下列经济业务：

（1）销售产品 80 000 元，其中 20 000 元已收到并存入银行，其余 60 000 元尚未收到。

（2）收到现金 1 000 元，是上月销售产品未收取的款项。

(3) 用现金支付本月的水电费 1 800 元。
(4) 用银行存款预付下年度房租 80 000 元。
(5) 用银行存款支付上月借款利息 5 000 元。
(6) 预收销售货款 26 000 元，已通过银行收妥入账。
(7) 年初已支付全年保险费，分摊本月应负担的保险费 500 元。
(8) 上月已预收货款 20 000 元，本月发货，标价 20 000 元。

要求：
(1) 按收付实现制会计基础计算 2 月份的收入、费用。
(2) 按权责发生制会计基础计算 2 月份的收入、费用。

分析：收付实现制以当期款项的实际收到与付出作为确认收入与费用的标准；权责发生制以应收应付作为确认收入与费用的标准，而不论当期有没有收到或付出款项。

因此，业务（1），收付实现制应确认收入 20 000 元，权责发生制应确认收入 80 000 元；
业务（2），收付实现制应确认收入 1 000 元，权责发生制不应确认收入；
业务（3），收付实现制应确认费用 1 800 元，权责发生制也应确认费用 1 800 元；
业务（4），收付实现制应确认费用 80 000 元，权责发生制不应确认费用；
业务（5），收付实现制应确认费用 5 000 元，权责发生制不应确认费用；
业务（6），收付实现制应确认收入 26 000 元，权责发生制不应确认收入；
业务（7），收付实现制不应确认费用，权责发生制应确认费用 500 元；
业务（8），收付实现制不应确认收入，权责发生制应确认收入 20 000 元。

综合上述分析：
(1) 按收付实现制会计基础计算：
2 月份的收入：20 000 + 1 000 + 26 000 = 47 000（元）
2 月份的费用：1 800 + 80 000 + 5 000 = 86 800（元）
(2) 按权责发生制会计基础计算：
2 月份的收入：80 000 + 20 000 = 100 000（元）
2 月份的费用：1 800 + 500 = 2 300（元）

※小知识

会计主体性质与会计核算基础

在我国，不同性质的会计主体在会计核算基础的运用上有所区别。早期我国的政府与非营利组织会计采用收付实现制为基础的预算会计。事业单位除经营业务采用权责发生制外，其他业务也采用收付实现制，而企业则采用权责发生制，但是权责发生制只是企业在日常会计确认与计量过程中采用的基础，在编制现金流量表时，企业也会以收付实现制为基础。近年政府会计进行了改革，当前我国的政府会计包括以收付实现制为基础的预算会计和权责发生制为基础的财务会计。

三、会计核算应遵循的几个原则

企业在会计核算过程中，除了要以权责发生制作为会计核算的基础，还应该遵循以下几项核算原则：

（一）历史成本计量原则

历史成本计量原则也称原始成本或实际成本原则，是指对会计要素的记录，一般应以经济业务发生时的实际成本进行计量计价。按照这一计量要求，资产的取得、耗费和转换都应按照取得资产时的实际支出进行计量计价和记录；负债的取得和偿还都按发生负债的实际支出进行计量计价和记录。所有者权益也是按历史成本计价的。历史成本计量原则是针对大多数项目的常规计量，对于某些项目或者个别特殊情况也允许采用重置成本、可变现净值、现值和公允价值进行计量，但历史成本始终是最基础的计量属性。

采用历史成本计量原则的初衷是认为资产负债表的目的不在于以市场价格表示企业资产的现状，而在于通过资本投入与资产形成的对比来反映企业的财务状况和经营业绩，这种对比需以历史成本为基础。

（二）划分收益性支出与资本性支出原则

划分收益性支出与资本性支出原则是指企业的会计核算应当合理划分收益性支出与资本性支出的界限。对于企业发生的支出，应该事先估计其财务效益，凡支出的效益仅属于本会计期间（或一个营业周期）的，应当作为收益性支出。收益性支出应当在支出的期间做费用化处理；凡支出的效益属于几个会计期间（或几个营业周期）的，应当作为资本性支出。资本性支出应做资本化处理，确认当期的资产增加。只有正确划分收益性支出与资本性支出的界限，才能真实反映企业的财务状况，正确计算企业当期的经营成果。

（三）收入与费用配比原则

收入与费用配比原则是指某个会计期间或某个会计对象所取得的收入应与为取得该收入所发生的费用、成本相匹配，以正确计算在该会计期间该会计主体所获得的净损益。

会计主体的经济活动会带来一定的收入，也必然要发生相应的费用。所得与所费两者是对立统一的，利润正是所得配比所费的结果。

收入与费用配比原则有三个方面的含义：

(1) 某产品的收入必须与该产品的耗费相匹配。

(2) 某会计期间的收入必须与该期间的耗费相匹配。

(3) 某部门的收入必须与该部门的耗费相匹配。

收入与费用之间的配比方式主要有两种：一是根据收入与费用之间的因果关系进行直接配比，如主营业务收入与主营业务成本相配比；二是根据收入与费用项目之间存在的时间上的一致关系进行间接配比，如各期的营业收入与各期的期间费用相配比。

第五节　会计信息的质量特征

会计信息的质量特征是财务目标的具体化，是对企业财务会计报告中所提供高质量会计信息的基本规范，是使财务会计报告中所提供的会计信息对使用者有用而具备的基本特征，其主要功能是辨别什么样的会计信息才能有用或有助于决策。根据《企业会计准则》，会计信息的质量特征应包含八个方面：可靠性、相关性、可理解性、可比性、实质重于形式、重要性、谨慎性和及时性等。

一、可靠性

可靠性也叫真实性、客观性，它要求企业应当以实际发生的交易或事项为依据进行确认、计量和报告，如实反映符合确认和计量要求的各项会计要素及其他相关信息，保证会计信息真实可靠、内容完整。可靠性是对会计核算与会计信息的基本质量要求。

按照可靠性的要求，经济业务的发生一定要取得原始凭证。企业在核算时要依据经审核的原始凭证记账。此外，会计人员应严格按照会计规范进行账务处理，保持客观中立的态度，让会计信息经得起复核。

二、相关性

相关性又叫有用性，是指会计核算应能满足各有关方面对会计信息的需求。会计核算所产生的数据应当满足国家宏观经济管理的需求，满足有关各方面了解企业财务状况和经营成果的需求，满足企业加强内部经营管理的需求。

相关性要求企业提供的会计信息应当与财务报告使用者的经济决策需要相关，有助于财务报告使用者对企业过去、现在或者未来的情况做出评价或者预测。

三、可理解性

可理解性又叫明晰性，是指会计主体提供的会计信息应清晰明了，便于财务报告使用者理解和使用。

为了满足可理解性的要求，要求填列凭证、登记账簿、编制报表做到数字正确、项目齐全、钩稽关系清楚。设置的各级会计科目与账户简明易懂，并通过报表附注的形式对表内不便于反映的信息做注释说明，方便信息使用者理解企业提供的会计信息。

四、可比性

可比性是指会计核算必须按照规定的处理方法进行，使会计信息口径一致，相互可比。保证会计信息的可比性，有利于经济管理和宏观经济决策。可比性包含两个层面的可比：其一，纵向可比，要求同一企业对于不同时期发生的相同或相似的交易或事项，采用一致的会计政策，不得随意变更；其二，横向可比，要求不同企业发生的相同或者相似的交易或者事项，采用规定的会计政策，确保会计信息口径一致，相互可比。

五、实质重于形式

实质重于形式要求企业按照交易或事项的经济实质进行会计确认、计量、记录和报告，不应仅以交易或事项的法律形式为依据。

在实际工作中，交易或事项的外在法律形式并不总能完全反映其实质内容。所以会计信息要想反映交易或事项的实质内容，就必须根据交易或事项的经济实质，而不能仅仅依据它们的法律形式进行核算和反映。

例如，以融资租赁方式租入固定资产，虽然从法律形式来讲，承租企业并不拥有其所有权，但由于租赁合同中规定的租赁期相当长，接近于该项资产的使用寿命，租赁期结束时承租企业有优先购买该项资产的选择权，并且租赁期内承租企业有权支配资产并从中受益，从其经济实质来看，企业能够控制其创造的未来经济利益，所以，会计确认、计量、记录和报告中将把以融资租赁方式租入的资产视为承租企业的资产。

如果企业的会计核算仅仅按照交易或事项的法律形式进行，而其法律形式又没有反映其经济实质，那么，其最终结果将不仅不会有利于会计信息使用者的决策，反而会误导会计信息使用者的决策。

六、重要性

重要性要求企业在会计确认、计量、记录和报告中对交易或事项应当区别其重要程度，采用不同的核算方式。如果企业某项会计信息的省略或错报会影响使用者据此做出经济决策，该信息就具有重要性。重要的会计事项，必须按照规定的会计方法和程序进行处理，并在财务报告中予以充分、准确的披露，对于次要的会计事项，在不影响会计信息真实性和不至于误导财务报告使用者做出正确判断的前提下，可适当简化处理。

重要性与会计信息成本效益直接相关，坚持重要性，就能够使提供会计信息的收益大于成本。对于那些不重要的项目，如果也采用严格的会计程序分别核算、分项反映，就会导致会计信息的成本大于收益。在评价某些项目的重要性时，在很大程度上取决于会计人员的职业判断。一般来说，应当从质和量两个方面进行分析，从性质上来说，当某事项有可能对决策产生一定影响时，就属于重要项目；从数量上来说，当某一项目的数量达到一定规模时，就可能对决策产生影响，具备重要性。

七、谨慎性

谨慎性要求企业对交易或事项进行会计确认、计量、记录和报告时保持应有的谨慎，提供保守的信息，不应高估资产或收益、低估负债或费用。

企业对各类资产计提减值准备是谨慎性的体现。但是，谨慎性的应用并不允许企业设置秘密准备，如果企业故意低估资产或收益，或者故意高估负债或费用，都将不符合会计信息的可靠性和相关性要求，损害会计信息质量，扭曲企业的实际财务状况和经营成果，从而对财务报告使用者的决策产生误导，这是《企业会计准则》所不允许的。

八、及时性

及时性是指会计核算工作要讲求时效。会计信息的价值在于帮助所有者或其他方面做出经济决策，它具有一定的时效性，其价值随着时间的流逝而逐渐降低，过时的会计信息只能作为历史资料，它对于会计信息使用者的效用就大大降低，甚至不再具有任何意义。为此，《企业会计准则》规定："会计核算应当及时进行。"

坚持及时性，一是要求及时处理会计信息，即在经济交易或事项发生后，及时收集整理各种原始单据，对事项进行确认或计量，并编制出财务报告；二是要求及时传递会计信息，即及时地将编制出的财务报告传递给财务报告使用者，便于其使用和决策。

第六节　会计方法

一、会计方法体系

会计方法是指用来核算和监督会计对象，执行会计职能，实现会计目标的手段。会计方法是人们在长期的会计工作实践中总结创立的，并随着生产发展、会计管理活动的复杂化而逐渐地完善和提高。会计方法有广义与狭义之分，广义的会计方法包括会计核算、会计分析、会计监督、会计预测、会计控制、会计决策等；狭义的会计方法只是指会计核算时所运用的具体的技术方法。

（一）会计核算

会计核算是指以统一的货币单位为度量标准，连续、系统、完整地对会计对象进行计量、记录、计算和报告的方法。它是会计方法中最基本、最主要的方法，是其他各种方法的基础。在社会再生产过程中，会产生大量的经济信息，将经济信息依照会计准则等规定进行确认、计量、记录、计算、分析、汇总、加工处理，就会成为会计信息。这个信息转换的过程就是会计核算。

（二）会计分析

会计分析是利用会计核算提供的信息资料，结合其他有关信息，对企业财务状况和经营成果进行的分析研究。一般按一定程序进行：选定项目，明确对象；了解情况，收集资料；整理资料，分析研究；抓住关键，提出结论。常用的分析方法有指标对比法、因素分析法、比率分析法、趋势分析法等。

（三）会计监督

会计监督是通过会计核算及会计分析所提供的资料，以检查企业的生产经营过程或单位的经济业务是否合理合法及会计资料是否完整正确。可通过核对、审阅、分析性复核等方法进行。

（四）会计预测

作为经济管理的重要手段，会计预测的目的是定量或定性地判断、推测和规划经济活动的发展变化规律，并对其做出评价，以指导和调节经济活动，谋求最佳经济效果。会计预测的依据主要是会计资料，它是利用已取得的会计信息产生新的会计信息的过程，所以会计预测是一个信息处理和信息反馈的过程。会计预测的直接目的是为单位的经济活动服务，为会计决策提供信息。

（五）会计控制

会计控制是指施控主体利用会计信息对资金运动进行的控制，具体而言，它是指会计人员（部门）通过财务法规、财务制度、财务定额、财务计划目标等对资金运动（或日常财务活动、现金流转）进行指导、组织、督促和约束，确保财务计划（目标）实现的管理活动。这是财务管理的重要环节或基本职能，与财务预测、财务决策、财务分析与评价一起成为财务管理的基本职能。会计控制包括内部会计控制和外部会计控制两部分。

（六）会计决策

会计决策是会计人员为了解决企业资金运动过程中所出现的问题和把握机会而制定和选择活动方案的过程。由于企业资金运动的方向、方式、状态与效益等方面都具有多种发展的可能性，这就在客观上要求企业在多种发展的可能性中做出有利的选择。由于企业资金运动具有可控性，人们可以通过决策和控制，促使企业的资金运动朝着有利的方向发展。

二、会计核算方法

会计核算方法是用来反映和监督会计对象的。会计对象的多样性和复杂性，决定了用来对其进行反映和监督的会计核算方法不能采取单一的形式，而应该采用方法体系的模式，因此，会计核算方法由设置会计科目与账户、复式记账、填制和审核会计凭证、登记会计账簿、成本计算、财产清查和编制会计报表等具体方法构成。这七种方法构成了一个完整的、科学的会计核算方法体系。

（一）设置会计科目与账户

设置会计科目与账户是对会计对象的具体内容进行分类核算的方法。由于会计对象的具体内容是复杂多样的，所以要对其进行系统的核算和经常性监督，就必须对经济业务进行科学的分类。设置会计科目就是在制定会计规范时事先规定用来记账的具体项目，然后根据它们在账簿中开立账户，分类地、连续地记录各项经济业务，反映由于各经济业务的发生而引起的各会计要素的增减变动情况和结果，为经济管理提供各种类型的会计指标。

（二）复式记账

复式记账是指对所发生的每项经济业务，以相等的金额，同时在两个或两个以上相互联系的账户中进行登记的一种记账方法。采用复式记账方法，可以全面反映每一笔经济业务的来龙去脉，而且可以避免差错，便于检查账簿记录的正确性和完整性，是一种比较科学的记账方法。

（三）填制和审核会计凭证

会计凭证包括原始凭证与记账凭证，是记录经济业务，明确经济责任，作为记账依据的书面证明。正确填制和审核会计凭证，是核算和监督经济活动财务收支的基础，是做好会计工作的前提条件。

（四）登记会计账簿

登记会计账簿简称记账，是以审核无误的会计凭证为依据，在账簿中分类、连续地、完整地记录各项经济业务，以便为经济管理提供完整、系统的会计核算资料。账簿记录的是重要的会计资料，是进行会计分析、会计检查的重要依据。

（五）成本计算

成本计算是按照一定的对象归集和分配生产经营过程中发生的各种耗费，以便确定该对象的总成本和单位成本的一种专门方法。产品成本是综合反映企业生产经营活动的一项重要指标。正确地进行成本计算，可以考核生产经营过程的费用支出水平，又可以确定企业盈亏和制定产品价格。成本计算为企业进行经营决策提供重要数据。

（六）财产清查

财产清查是指通过盘点实物、核对账目，以查明各项财产物资实有数额的一种专门方法。通过财产清查，可以提高会计记录的正确性，保证账实相符。同时，还可以查明各项财产物资的保管和使用情况，以及各种结算款项的执行情况，以便对积压或损毁的物资和逾期未收到的款项及时采取措施进行清理，加强对财产物资的管理。

（七）编制会计报表

编制会计报表是以特定表格的形式，定期总括地反映会计主体的经济活动情况和结果的一种专门方法。会计报表主要以账簿中的记录为依据，经过一定形式的加工整理可产生一套完整的核算指标，其是用来考核、分析财务计划和预算执行情况以及作为编制下期财务预算的重要依据。

会计核算的七种方法虽各有特定的含义和作用,但并不是独立的,而是相互联系、相互依存、彼此制约的,它们构成了一个完整的方法体系。在会计核算中,应正确地运用这些方法。一般在经济业务发生后,按规定的手续填制和审核会计凭证,运用事先设置的会计科目,并应用复式记账法在有关账簿中进行登记,期末还要对生产经营过程中发生的费用进行成本计算和财产清查,在账证、账账、账实相符的基础上,根据账簿记录编制会计报表。

本章小结

本章主要阐述了会计的含义、职能和目标,会计核算的程序和基础,会计信息的质量特征,以及会计方法等会计学基础理论知识。

会计的基本职能是核算与监督。会计具有提供给决策者有用的信息以及反映企业管理层受托责任履行情况的双重目标。会计核算的程序一般包括会计确认、会计计量、会计记录以及会计报告四个环节。企业会计以权责发生制作为核算基础。会计信息应具有可靠性、相关性、可理解性、可比性、实质重于形式、重要性、谨慎性以及及时性这八项质量特征。会计核算方法包含设置会计科目与账户、复式记账、填制和审核会计凭证、登记会计账簿、成本计算、财产清查、编制会计报表等。

课后思考与练习

一、单项选择题

1. 会计核算程序的基本步骤包括( )。
   A. 会计确认、会计计量、会计记录、会计报告
   B. 填制和审核会计凭证、登记会计账簿
   C. 会计确认、会计计量、会计报告、会计分析
   D. 填制与审核会计凭证、登记会计账簿、编制会计报表

2. 下列会计基本假设中,确立了会计核算空间范围的是( )。
   A. 货币计量　　　B. 会计主体　　　C. 会计分期　　　D. 持续经营

3. 下列经济业务事项中,不需要进行会计核算的是( )。
   A. 从银行提取现金　　　　　　　B. 签订销售合同
   C. 结算销售货款　　　　　　　　D. 收取销售定金

4. 企业资产以历史成本计价而不以现行成本或清算价格计价,依据的会计基本假设是( )。
   A. 会计主体　　　B. 持续经营　　　C. 会计分期　　　D. 货币计量

5. 我国实行公历制会计年度是基于( )的会计基本假设。
   A. 会计主体　　　B. 货币计量　　　C. 会计分期　　　D. 持续经营

6. 会计分期是把企业持续经营过程划分为若干个起讫日期较短的会计期间,提供会计信息的最短的期间为( )。
   A. 一个会计日度　　　　　　　　B. 一个会计月度

C. 一个会计年度　　　　　　　　D. 一个会计季度

7. 下列有关会计主体的表述中，不正确的是(　　)。

    A. 会计主体是指会计所核算和监督的特定单位与组织

    B. 会计主体就是法律主体

    C. 由若干具有法人资格的企业组成的企业集团也是会计主体

    D. 会计主体界定了从事会计工作和提供会计信息的空间范围

8. 某企业本月"应收账款"和"预收账款"科目的有关发生额如下（均不考虑增值税）：销售产品应收货款10 000元，已收到6 000元；预收货款7 000元；收回上月货款8 000元。按照权责发生制原则，本月应确认收入(　　)元。

    A. 10 000　　　　B. 14 000　　　　C. 18 000　　　　D. 21 000

9. 会计核算应当按规定的处理方法进行，会计指标应当口径一致，以便在不同企业之间进行横向比较，这是会计核算的(　　)质量特征。

    A. 一贯性　　　　B. 可比性　　　　C. 配比性　　　　D. 客观性

10. 会计核算最主要的计量单位是(　　)。

    A. 货币　　　　　B. 劳动量　　　　C. 实物　　　　　D. 价格

二、多项选择题

1. 按照权责发生制原则，下列各项中应确认为本月费用的有(　　)。

    A. 本月支付的下半年房屋租金

    B. 本月支付以前已预提的短期借款利息

    C. 本月预提的短期借款利息

    D. 年初已支付，分摊计入本月的报刊订阅费

2. 下列关于会计核算的表述中，正确的有(　　)。

    A. 会计确认主要是判断发生的经济活动是否属于会计核算的内容，归属于哪类性质的经济业务

    B. 会计计量解决的主要是具体金额的问题

    C. 会计报告主要是将会计确认和计量的结果进行归纳与总结

    D. 会计记录是将确认、计量的经济事项通过一定的方法记载下来的过程

3. 下列各项中，运用了会计核算专门方法的有(　　)。

    A. 编制会计凭证　　　　　　　　B. 聘请注册会计师对报表进行审核

    C. 编制资产负债表　　　　　　　D. 登记现金和银行存款日记账

4. 根据我国《企业会计准则》的规定，会计期间分为(　　)。

    A. 月度　　　　　　　　　　　　B. 季度

    C. 半年度　　　　　　　　　　　D. 年度

5. 会计分期的意义有(　　)。

    A. 为企业选择会计处理方法，进行会计要素的确认和计量提供了基本前提

    B. 为及时提供会计信息提供了前提

    C. 为会计进行分期核算提供了前提

    D. 为应收、应付、递延、待摊等会计处理方法提供了前提

6. 下列各项中，属于会计核算基本前提的有(　　)。

A. 会计主体　　　B. 持续经营　　　C. 会计分期　　　D. 货币计量

7. 下列各项中，可以作为一个会计主体进行核算的有(　　)。

　　A. 销售部门　　　B. 分公司　　　C. 母公司　　　D. 企业集团

8. 谨慎性原则要求会计人员在选择会计处理方法时(　　)。

　　A. 不高估资产　　　　　　　　B. 不低估负债

　　C. 预计任何可能的收益　　　　D. 确认可能发生的损失

9. 下列属于会计核算具体内容的有(　　)。

　　A. 款项和有价证券的收付、资本的增减

　　B. 财物的收发、增减和使用

　　C. 债权债务的发生和结算、财务成果的计算和处理

　　D. 收入、支出、费用、成本的计算

10. 下列属于资金运用的是(　　)。

　　A. 偿还债务　　　　　　　　B. 购买原材料

　　C. 支付工资　　　　　　　　D. 收回货款

三、判断题

1. 会计主体与法律主体不完全对等，法律主体可作为会计主体，但会计主体不一定是法律主体。(　　)

2. 购买固定资产发生的支出是资本性支出，而购买原材料的支出是收益性支出。(　　)

3. 历史成本计量属性是企业会计核算最基本的计量属性。(　　)

4. 权责发生制核算基础是指收入和费用应按照款项实际收付日期确定其归属期。(　　)

5. 实质重于形式要求企业按照交易或事项的经济实质进行会计确认、计量和报告，不应仅以交易或事项的法律形式为依据。(　　)

6. 对企业的经济活动是否应作为会计信息入账以及该活动引起哪些会计要素的变化、应计入哪些会计账户的判断属于会计计量程序的内容。(　　)

7. 会计核算的各种方法是互相独立的，一般按会计部门分工，由不同的会计人员来独立处理。(　　)

8. 乙企业是甲企业的全资子公司，乙企业购买原材料应纳入甲企业会计核算的范围。(　　)

9. 谨慎性要求，凡是不属于当期的收入和费用，即使款项已在当期收付，也不应当作为当期的收入和费用。(　　)

10. 从职能属性看，核算和监督本身是一种管理活动，从本质属性看，会计是一种经济管理活动。(　　)

四、简答题

1. 什么是会计职能？会计的基本职能有哪些？

2. 会计的目标有哪些？

3. 什么是收付实现制？什么是权责发生制？两种制度有何区别？

4. 会计核算方法体系是怎样的？

5. 会计核算的程序包括哪些环节？

6. 会计信息的质量特征有哪些？会计应怎样做才能满足这些质量特征？

五、业务题

某企业本月收入、费用资料如下（暂不考虑相关税金）：

(1) 销售产品一批，售价50 000元，货款已存入银行；

(2) 预付从下月开始的半年公司办公楼租金12 000元；

(3) 本月应计提短期借款利息3 000元；

(4) 收到上月销售产品应收的销货款6 000元；

(5) 收到购货单位预付货款15 000元，约定下月交货；

(6) 赊销产品一批，售价100 000元，约定两个月后收款。

要求：根据收付实现制和权责发生制核算基础，分别确定本月的收入和费用，并将其填在表1-1内。

表1-1 本月的收入和费用   元

业务号	权责发生制		收付实现制	
	收入	费用	收入	费用
(1)				
(2)				
(3)				
(4)				
(5)				
(6)				
合计				

第二章

会计要素与会计等式

★学习目标

通过本章的学习,应熟悉会计六要素,能判断不同的经济业务发生后导致了哪些要素的变化;理解会计等式的表达、三个等式之间的关联性,能判断经济业务发生后带给会计等式的影响;了解会计对象、会计要素和会计等式三者之间的联系。

★案例导入

某公司2020年3月1日开业,国家以固定资产投资100万元;接受某外商投资20万元,其中银行存款5万元,一批原材料5万元,一台设备10万元;另外向银行取得短期借款30万元,已转入存款账户。3月份该公司开业后,又发生下列经济业务:

(1) 用银行存款购进原材料6万元,已入库。
(2) 以9万元出售设备,已收款并存入银行。
(3) 接受另一企业以设备20万元和材料15万元投资。

要求:

(1) 计算确定该公司开业时,资产、负债和所有者权益的数额,并判断三者之间是否存在数量关系。
(2) 判断3月份发生以上三项经济业务后会计等式是否依旧相等。

第一节 会计对象与会计要素

一、会计对象

会计对象是指会计核算和监督的内容,具体是指社会再生产过程中能以货币表现的经济活动,即基层单位的资金运动或价值运动。

企业的资金运动表现为资金投入、资金运用(即资金的循环与周转)和资金退出三个过程。资金投入包括企业所有者投入的资金和债权人投入的资金两部分，前者属于企业所有者权益，后者属于企业债权人权益，即企业负债；资金的循环和周转分为供应、生产、销售三个过程；资金退出包括偿还各项债务、依法缴纳各项税费、向所有者分配利润等。

二、会计要素

会计要素是对会计对象所做的基本分类，是会计核算对象的具体化，是用于反映会计主体财务状况和经营成果的基本单位。在基层单位的资金运动过程中，不同的交易或事项表现出不同的经济特征，带给企业不同的影响，于是产生了不同类型的信息。《企业会计准则》将会计要素界定为六个，即资产、负债、所有者权益、收入、费用和利润。六个会计要素代表六类不同类型的会计信息。其中前三类会计信息是资金运动的静态表现，在资产负债表中列示，反映企业的财务状况，所以资产、负债、所有者权益又被称为资产负债表要素；后三类会计信息是资金运动的动态表现，在利润表中列示，反映企业的经营成果，所以收入、费用和利润又被称为利润表要素。

（一）资产

1. 资产的定义与特征

资产是指企业过去的交易或事项形成的、由企业拥有或控制的、预期会给企业带来经济利益的资源。

根据资产的定义，资产具有以下特征：

（1）资产是由企业过去的交易或事项形成的。资产应当由企业过去的交易或事项所形成，过去的交易或事项包括购买、生产、建造行为或其他交易或事项。换句话说，只有过去的交易或事项才能产生资产，企业预期在未来发生的交易或事项不形成资产。例如，企业有购买某存货的意愿或计划，但是购买行为尚未发生，就不符合资产的定义，不能因此而确认为资产。

（2）资产应为企业拥有或控制的资源。资产作为一项资源，应当由企业拥有或控制，具体是指企业享有某项资源的所有权，或者虽然不享有某项资源的所有权，但该资源能被企业控制。

企业享有资产的所有权，通常表明企业能够排他性地从资产中获取经济利益。一般而言，在判断资产是否存在时，所有权是考虑的首要因素。有些情况下，资产虽然不为企业拥有，即企业并不享有其所有权，但企业控制了这些资产，同样表明企业能够从资产中获取经济利益，符合会计上对资产的定义。例如，某企业以融资租赁方式租入一项固定资产，尽管企业并不拥有其所有权，但是如果租赁合同规定的租赁期相当长，接近于该资产的使用寿命，表明企业控制了该资产的使用及其所能带来的经济利益，应当将其作为企业资产予以确认、计量和报告。

（3）资产预期会给企业带来经济利益。资产预期会给企业带来经济利益是指资产具备直接或间接导致现金和现金等价物流入企业的潜力，如商品、机器设备。这种潜力可以来自企业日常的生产经营活动，也可以是非日常活动；带来经济利益的形式可以是现金或现金等价物形式，也可以是能转化为现金或现金等价物的形式，或者是可以减少现金或现金等价物流出的形式。

资产预期为企业带来经济利益是资产的重要特征。例如，企业采购的原材料、购置的固定资产等可以用于生产经营过程，制造商品或提供劳务，对外出售后收回货款，货款即为企业所获得的经济利益。如果某一项目预期不能给企业带来经济利益，那么就不能将其确认为企业的资产。前期已经确认为资产的项目，如果不能再为企业带来经济利益，也不能再确认为企业的资产。例如，由于自然灾害损坏了某些资产，这些资产已不能为企业带来经济利益，不符合资产定义，不应当继续确认为资产，应终止对该项资产的确认，进行账务转销处理。

2. 资产的确认条件

将一项资源确认为资产，除了其需要符合资产的定义外，还应同时满足以下两个条件：

（1）与该资源有关的经济利益很可能流入企业。从资产的定义来看，能带来经济利益是资产的一个本质特征，但在现实生活中，由于经济环境瞬息万变，与资源有关的经济利益能否流入企业或流入多少实际上带有不确定性。因此，资产的确认还应与经济利益流入的不确定性程度的判断结合起来。如果根据编制财务报表时所取得的证据，与资源有关的经济利益很可能流入企业，那么就应当将其作为资产予以确认；反之，不能确认为资产。

（2）该资源的成本或价值能够可靠地计量。在实务中，企业取得的许多资产都是发生了实际成本的，如企业购买或生产的存货、企业购置的厂房或设备等，对于这些资产，只要实际发生的购买成本或生产成本能够可靠计量，就视之为符合资产确认的可计量条件。

3. 资产的分类

企业的资产按其流动性的不同，可以划分为流动资产和非流动资产。

流动资产是指可以在 1 年或超过 1 年的一个营业周期内变现或耗用的资产，主要包括库存现金、银行存款、应收及预付款项、存货等。

非流动资产是指在 1 年或超过 1 年的一个营业周期以上才能变现或耗用的资产，主要包括长期股权投资、固定资产、无形资产等。

（二）负债

1. 负债的定义与特征

负债是指企业过去的交易或事项形成的、预期会导致经济利益流出企业的现时义务。

根据负债的定义，负债具有以下特征：

（1）负债是由企业过去的交易或事项形成的。负债应当由企业过去的交易或事项所形成。换句话说，只有过去的交易或事项才形成负债，企业将在未来发生的承诺、签订的合同等交易或事项，不形成负债。

例如，某企业向银行借款 1 500 万元，即属于过去的交易或事项所形成的负债。企业同时还与银行达成了三个月后借入 3 000 万元的借款意向书，该交易就不属于过去的交易或事项，不应形成企业的负债。

（2）负债是企业承担的现时义务（不是潜在义务）。负债必须是企业承担的现时义务，这是负债的一个基本特征。其中，现时义务是指企业在现行条件下已承担的义务。未来发生的交易或事项形成的义务，不属于现时义务，不应当确认为负债。

（3）负债预期会导致经济利益流出企业。预期会导致经济利益流出企业也是负债的一个本质特征，只有企业在履行义务时会导致经济利益流出企业，才符合负债的定义，如果不会导致企业经济利益流出，就不符合负债的定义。在履行现时义务清偿负债时，导致经济利益流出企业的形式多种多样，如用现金偿还或以实物资产形式偿还，以提供劳务形式偿还，以部分转移资产、部分提供劳务形式偿还等。

2. 负债的确认条件

将一项现时义务确认为负债，需要符合负债的定义，还应当同时满足以下两个条件：

（1）与该义务有关的经济利益很可能流出企业。

（2）未来流出的经济利益的金额能够可靠地计量。

3. 负债的分类

负债通常按流动性进行分类，这样分类的目的在于了解企业流动资产和流动负债的相对比例，大致反映出企业的短期偿债能力，从而向债权人提示其债权的相对安全程度。负债按照流动性不同，可以分为流动负债和非流动负债。

流动负债是指偿还期在 1 年（含 1 年）或超过 1 年的一个营业周期内偿还的债务，包括短期借款、应付账款、预收款项、应付票据、应交税费、应付职工薪酬、应付利息、应付股利、其他应付款等。

非流动负债是指偿还期在 1 年（不含 1 年）或超过 1 年的一个营业周期以上偿还的债务，包括长期借款、应付债券、长期应付款等。

（三）所有者权益

1. 所有者权益的定义与特征

所有者权益（在股份制企业又称为股东权益），是指企业的资产扣除负债后由企业投资者享有的剩余权益，即企业所有者对企业净资产的所有权。包括企业投资者投入的资本，以及在企业经营活动中形成的资本公积、盈余公积和未分配利润等。

所有者权益具有如下特征：

（1）除非发生减资、清算或分派现金股利，企业不需要偿还所有者权益。

（2）企业清算时，只有在清偿所有的负债后，所有者权益才返还给所有者。

（3）所有者凭借其权益能够参与企业利润的分配。

所有者权益反映的是企业所有者对企业资产的索取权，负债反映的是企业债权人对企业资产的索取权，而且通常债权人对企业资产的索取权要优先于所有者对企业资产的索取权。因此，所有者享有的是企业资产的剩余索取权，两者在性质上有本质区别。企业在会计确认、计量和报告中应当严格区分负债和所有者权益，以如实反映企业的财务状况，尤其是企业的偿债能力和产权比率等。

2. 所有者权益的分类

所有者权益按其形成过程，可划分为投入资本和留存收益。

投入资本是指所有者投入企业的资本部分，它既包括构成企业注册资本或股本部分的金额，也包括投入资本超过注册资本或股本部分的金额，即资本溢价或股本溢价，这部分投入资本在我国企业会计准则体系中被计入了资本公积，并在资产负债表中的资本公积项目下反映。

留存收益是企业历年实现的净利润留存于企业的部分，主要包括累计计提的盈余公积和未分配利润。

（四）收入

1. 收入的定义与特征

收入是指企业在日常活动中形成的、会导致所有者权益增加的、与所有者投入资本无关的经济利益的总流入。

收入具有以下特征:

(1) 收入是企业在日常活动中形成的。日常活动是指企业为完成其经营目标所从事的经常性活动以及与之相关的活动。例如，工业企业制造并销售产品、商业企业销售商品、保险公司签发保单、咨询公司提供咨询服务、软件企业为客户开发软件、安装公司提供安装服务、商业银行对外贷款、租赁公司出租资产等，均属于企业的日常活动。

明确界定日常活动是为了将收入与利得相区分。日常活动是确认收入的重要判断标准，凡是日常活动所形成的经济利益的流入应当确认为收入；反之，非日常活动所形成的经济利益的流入不能确认为收入，而应当计入利得。例如，处置固定资产属于非日常活动，所形成的净利益就不应确认为收入，而应当确认为利得。又如，无形资产出租所取得的租金收入属于日常活动所形成的，应当确认为收入，但是处置无形资产属于非日常活动，所形成的净利益不应当确认为收入，而应当确认为利得。

企业的收入一般包括销售商品、出租无形资产和固定资产、销售原材料、提供劳务等业务活动取得的利益流入；企业的利得一般包括接受捐赠、固定资产和无形资产等长期资产的处置净收益、罚金收益等。

(2) 收入会导致所有者权益的增加。与收入相关的经济利益的流入会导致所有者权益的增加，不会导致所有者权益增加的经济利益的流入不符合收入的定义，不应确认为收入。例如，企业向银行借入款项，尽管也导致了企业经济利益的流入，但该流入并不导致所有者权益的增加，而使企业承担了一项现时义务，不应将其确认为收入，而应当确认为一项负债。

(3) 收入是与所有者投入资本无关的经济利益的总流入。例如，企业销售商品，向客户收取现金或者取得在未来收取现金的权利，该交易会导致经济利益的流入，符合收入的定义。但是，如果经济利益的流入是所有者投入资本所致，例如收到股东的投资款，所有者投入的资本是所有者原本就拥有的利益，并未带来所有者利益的增加，不符合收入的定义，不应当确认为收入，收到股东投资时，应当将其直接确认为所有者权益。

(4) 收入只包括本企业经济利益的流入。企业在经营过程中，会发生各种各样的业务活动，包括为第三方或客户代收的款项，例如销售商品收取的增值税属于代国家收取的税款，不属于本企业的收入。例如，接受他人的委托帮他人代销商品，本企业收取手续费。收到商品货款时，不应确认为本企业收入，只有手续费才属于本企业的利益，应确认为收入。

2. 收入的确认条件

按《企业会计准则第 14 号——收入》的规定，企业应当在履行了合同中的履约义务，即在客户取得相关商品控制权时确认收入。当企业与客户之间的合同同时满足下列条件时，企业应当在客户取得相关商品控制权时确认收入：

(1) 合同各方已批准该合同并承诺将履行各自义务；

(2) 该合同明确了合同各方与所转让商品或提供劳务（以下简称转让商品）相关的权利和义务；

(3) 该合同有明确的与所转让商品相关的支付条款；

(4) 该合同具有商业实质，即履行该合同将改变企业未来现金流量的风险、时间分布或金额；

(5) 企业因向客户转让商品而有权取得的对价很可能收回。

3. 收入的分类

(1) 按照收入在企业从事日常活动的取得途径，可将收入分为销售商品收入、提供劳务收入、让渡资产使用权收入、建造合同收入等。

(2) 按照企业日常活动中业务的性质及该收入的重要性，可将收入分为主营业务收入、其他业务收入、投资收益等。

（五）费用

1. 费用的定义与特征

费用是指企业在日常活动中发生的、会导致所有者权益减少的、与向所有者分配利润无关的经济利益的总流出。

将费用界定为日常活动所形成的，是为了将其与损失相区分，因为企业非日常活动所形成的经济利益的流出不能确认为费用，而应当计入损失。

费用具有以下特征：

(1) 费用是企业在日常活动中形成的。费用必须是企业在其日常活动中所形成的，这些日常活动的界定与收入定义中涉及的日常活动的界定相一致。日常活动所产生的费用通常包括销售成本（营业成本）、管理费用等。将费用界定为日常活动所形成的，目的是将其与损失相区分，企业非日常活动所形成的经济利益的流出不能确认为费用，而应当计入损失。例如捐赠支出、罚没支出等为非日常活动所形成的，不符合费用的定义，应当计入损失。

(2) 费用会导致所有者权益的减少。与费用相关的经济利益的流出应当会导致所有者权益的减少，不会导致所有者权益减少的经济利益的流出不符合费用的定义，不应确认为费用。例如，企业用银行存款偿还债务本金会导致经济利益流出，但并不会导致企业所有者权益减少，则应确认为负债的减少；但若是支付借款利息，则会导致企业所有者权益的减少，应确认为费用的增加。

(3) 费用导致的经济利益流出与向所有者分配利润无关。费用的发生应当会导致经济利益的流出，从而导致资产的减少或者负债的增加（最终也会导致资产的减少）。其表现形式包括现金或现金等价物的流出，存货、固定资产和无形资产等的流出或消耗等。企业向所有者分配利润也会导致经济利益的流出，而该经济利益的流出属于投资者投资回报的分配，是所有者权益的直接抵减项目，不应确认为费用，应当将其排除在费用的定义之外。

2. 费用的确认条件

费用的确认除了应当符合定义外，还应当满足严格的条件，费用的确认至少应当符合以下条件：

(1) 与费用相关的经济利益很可能流出企业；

(2) 经济利益流出企业的结果会导致资产的减少或负债的增加；

(3) 经济利益的流出额能够可靠地计量。

3. 费用的分类

费用按照与收入的配比关系不同，可分为营业成本、期间费用、其他费用。营业成本包括主营业务成本、其他业务成本，营业成本的发生往往与营业收入有因果关系；期间费用是指企业最典型的费用项目，包括管理费用、销售费用和财务费用；其他费用包括所得税费用、税金及附加等。

(六)利润

1. 利润的定义与特征

利润是指企业在一定会计期间的经营成果。利润包括收入减去费用后的净额、直接计入当期利润的利得和损失等。通常情况下,如果企业实现了利润,表明企业的所有者权益将增加,业绩提升;反之,如果企业发生了亏损(即利润为负数),表明企业的所有者权益将减少,业绩下降。利润是评价企业管理层业绩的指标之一,也是投资者等财务报告使用者进行决策时的重要参考。

2. 利润的分类

在利润表中,利润分为营业利润、利润总额和净利润。

第二节 会计等式

会计对象具体表现为资产、负债、所有者权益、收入、费用和利润六大会计要素,分别反映了资金运动的静态和动态两个方面,具有紧密的相关性。各会计要素在数量上存在着特定的平衡关系,这种平衡关系用等式表达,通常称为会计等式,又称会计恒等式、会计方程式或会计平衡公式,它是表明各会计要素之间基本关系的等式。

会计等式揭示了会计要素之间的内在联系,从实质上看,会计等式揭示了会计主体的产权关系、基本财务状况和经营成果。会计等式是复式记账、试算平衡和编制会计报表的理论依据。

一、会计等式的表现形式

(一)静态会计等式

1. 静态会计等式的表现形式

静态会计等式也称基本会计等式、财务状况等式或资产负债表等式,它反映了资产、负债和所有者权益三个会计要素之间的关系,揭示了企业在某一特定时点的财务状况。具体而言,它表明了企业在某一特定时点所拥有的各种资产以及债权人和投资者对企业资产要求权的基本状况,表明企业所拥有的全部资产,都是由投资者和债权人提供的。静态会计等式的基本表现形式为:

$$资产 = 负债 + 所有者权益$$

企业资产的提供者不会将其资产无偿送给企业,他们会向企业提出种种权利要求,这种要求权在会计中统称为权益。权益又包含所有者权益和债权人权益,负债属于债权人权益。资产表明了资源在企业存在、分布的形态,而权益则表明了资源取得和形成的渠道。资产来源于权益,资产与权益必然相等。因此,基本会计等式又可以表达为:资产 = 权益。

企业一旦进入正常的经营活动循环,其资产就会不断地变换形态。这时,再试图区分哪部分资产是所有者投入形成的,哪部分资产是通过借款等渠道形成的会很困难。另外,从性质上看,债权人和所有者对企业的要求权(权益)也是不同的。债权人希望借款人到期能顺利偿还本金,并能支付预定的利息;所有者则希望通过有效的经营等活动,尽可能多地赚取利润。债权人也只能得到约定的本息,多余的就归所有者所有,这样,上述资产负债表等式也可以表述为：

$$资产 - 负债 = 所有者权益$$

企业在生产经营过程中，每天都会发生多种多样、错综复杂的经济业务，从而引起各会计要素的增减变动，但并不影响资产与权益的恒等关系。

2. 静态会计等式的特点

（1）静态会计等式是最基本的会计等式。它是复式记账、试算平衡的理论基础，也是编制资产负债表的依据。

（2）无论经济业务引起会计要素如何变动，都不会破坏资产与权益的恒等关系。

※小知识

负债与所有者权益

负债和所有者权益是两种本质上不同的权益，前者一般有固定的偿还期限，到期必须偿还，受到法律的保护；后者代表企业所有者对企业拥有的权益，正常经营情况下不需偿还，即使在破产清算时需要偿还，其求偿权也滞后于负债。当企业由于某种原因解散清算时，其变现的资产首先用于偿还负债，全部债务偿清后，余下的资产再在所有者之间进行分配，因此，所有者权益又称"剩余权益"，所有者是企业风险的最终承担者。

（二）动态会计等式

动态会计等式也称经营成果等式，它反映了企业一定时期收入、费用和利润三个会计要素之间的恒等关系，揭示了企业在某一特定期间的经营成果。这一等式反映了利润的实现过程，因此又称为利润表等式。动态会计等式的一般表达形式为：

$$收入 - 费用 = 利润$$

以上会计等式反映了企业资金运动三个动态要素之间的内在联系和企业在某一时期的经营成果，如果某个会计期间收入大于费用，经营成果表现为盈利；反之，如果收入小于费用，经营成果表现为亏损。收入、费用和利润之间的上述关系，是编制利润表的理论基础。

在实际工作中，由于收入属于日常活动中产生的经济利益的流入，不包括非日常活动所形成的利得，费用属于日常活动中导致的经济利益的流出，也不包括非日常活动所发生的损失。所以，收入减去费用，并经相关利得和损失调整后，才等于利润。

动态会计等式里收入与费用的内涵同会计六要素里的收入要素与费用要素的内涵有区别，动态会计等式里的收入，指的是包含利得在内的广义的收入，费用则指的是包含损失在内的广义的费用。

（三）综合会计等式

静态会计等式反映的是企业某一时点的全部资产及其相应的来源情况，动态会计等式反映的是企业某一时期的盈利或亏损情况，这两个等式还不能完整反映会计六大要素之间的关系。若将前两个等式合并在一起，则形成了一个综合会计等式：

$$资产 = 负债 + 所有者权益 + （收入 - 费用）$$

或

$$资产 = 负债 + 所有者权益 + 利润$$

企业定期计算取得的利润，按规定缴纳企业所得税后，余下的净利润归投资者共同享有，也属于所有者权益的组成部分。因此上述等式又回归到：

$$资产 = 负债 + 所有者权益$$

这一等式综合了企业利润分配前财务状况等式和经营成果等式之间的关系。揭示了企业的财务状况与经营成果之间的相互联系。

由此可见，"资产 = 负债 + 所有者权益"是会计的基本等式，通常称为基本会计等式或第一会计恒等式。等式"收入 – 费用 = 利润"虽不是基本会计等式，但它是对基本会计等式的补充；综合会计等式则是基本会计等式的发展，它将财务状况要素，即资产、负债和所有者权益与经营成果要素，即收入、费用和利润，进行有机结合，完整地反映了企业财务状况和经营成果的内在联系。

二、经济业务对基本会计等式的影响

经济业务又称会计事项，通常是指企业在生产经营过程中所发生的、能够引起会计要素增减变化，因而需要会计记录、处理并最后汇总报告的经济事项。例如，购买原材料、支付各项费用、支付职工薪酬、销售商品、缴纳税款、取得借款、支付现金股利或利润等。这些经济业务的发生，必然会引起会计要素在数量上的增减变动，从而也影响会计恒等式的数量变化。但是，无论企业发生什么经济业务，也无论会计要素如何变动，都不会破坏会计恒等式的平衡关系。

下面以经济业务对基本会计等式的影响为例，分析经济业务发生后可能带来的九种类型的影响。

（一）等式左边的资产与等式右边的所有者权益同时等额增加

【例 2-1】 甲公司获得所有者 A 追加投入资本 100 000 元存入开户银行。

分析：这笔经济业务的发生引起资产类的"银行存款"增加了 100 000 元，所有者权益类的"实收资本"也增加了 100 000 元，由于资产和所有者权益分别在会计等式的左方和右方，等式两边同时等额增加，资产总额仍然等于负债和所有者权益总额，因此并没有改变等式的平衡关系。

（二）等式左边的资产与等式右边的所有者权益同时等额减少

【例 2-2】 某投资公司撤出对甲公司的投资 50 万元，甲公司以银行存款支付。

分析：这项经济业务使等式左边的资产"银行存款"减少 50 万元，同时等式右边的所有者权益"实收资本"也减少 50 万元，并没有改变等式的平衡关系。

（三）等式左边的资产与等式右边的负债同时等额增加

【例 2-3】 甲公司从银行取得期限 3 年的贷款 1 000 万元。

分析：这项经济业务使等式左边的资产"银行存款"增加 1 000 万元，同时使得等式右边的负债"长期借款"也增加 1 000 万元，等式两边同时增加 1 000 万元，并没有改变等式的平衡关系。

（四）等式左边的资产与等式右边的负债同时等额减少

【例 2-4】 甲公司开出金额 18 000 元的支票偿还前欠货款。

分析：这笔经济业务的发生，引起等式左边资产类的"银行存款"减少 18 000 元，等式右边负债类的"应付账款"也减少 18 000 元。由于资产和负债分别在会计等式的左方和

右方，等式两边同时等额减少，使资产总额仍然等于负债和所有者权益总额。

（五）等式左边的资产内部等额一增一减，权益不变

【例2-5】 甲公司从银行提取现金5 000元。

分析：这笔经济业务的发生，引起资产类的"银行存款"减少了5 000元，同时资产类的"库存现金"增加了5 000元。由于等式左边的资产方一个项目减少而另一个项目增加，且增减金额相等，因此，资产总额不变，资产总额仍然等于负债和所有者权益总额。

（六）等式右边的负债类项目等额一增一减，资产与所有者权益不变

【例2-6】 银行批准了甲公司申请，同意将甲公司短期借款30 000元展期两年，变更为长期借款。

分析：这笔经济业务使等式右边的负债类的"短期借款"减少了30 000元，而同时负债类的"长期借款"则增加了30 000元，负债类一个项目增加，另一个项目减少，增减金额相等，负债总额不变，因此，资产总额仍然等于负债及所有者权益总额。

（七）等式右边的所有者权益内部等额一增一减，资产和负债不变

【例2-7】 甲公司经批准同意以资本公积1 000万元转增实收资本。

分析：这项经济业务使等式右边的所有者权益"资本公积"减少1 000万元，同时等式右边的所有者权益"实收资本"增加1 000万元，即企业的所有者权益内部发生增减变动，但所有者权益总额不变，并没有改变等式的平衡关系。

（八）等式右边的负债增加，所有者权益等额减少，资产要素不变

【例2-8】 甲公司宣告向投资者分配现金股利1 000万元。

分析：这项经济业务使企业的所有者权益"利润分配"减少1 000万元，同时负债"应付股利"增加1 000万元，等式右边等额一增一减，并没有改变等式的平衡关系。

（九）等式右边的负债减少，所有者权益等额增加，资产要素不变

【例2-9】 甲公司将应偿还给乙企业的账款10万元转作乙公司对本企业的投资。

分析：这项经济业务使企业的负债"应付账款"减少10万元，同时所有者权益"实收资本"增加10万元，等式右边等额一增一减，并没有改变等式的平衡关系。

以上举例，已经概括了企业的所有经济业务类型。以上九种类型的业务，又可以概括为四类总体变化：

（1）经济业务发生引起等式左边的要素与等式右边的要素同时增加。（见例2-1、例2-3）

（2）经济业务发生引起等式左边的要素与等式右边的要素同时减少。（见例2-2、例2-4）

（3）经济业务发生引起等式左边的要素内部等额一增一减。（见例2-5）

（4）经济业务发生引起等式右边的要素内部等额一增一减。（见例2-6、例2-7、例2-8、例2-9）

前面分析的是经济业务对基本会计等式的影响，没有涉及引起收入及费用变化的经济业务，再以综合等式"资产＝负债＋所有者权益＋（收入－费用）"为例，我们依然会发现各经济业务对会计等式的影响不会超越以上几种类型。

【例2-10】 甲公司以银行存款10万元支付广告费给广告公司。

分析：这项经济业务使企业的资产"银行存款"减少10万元，同时费用"销售费用"

增加10万元，依然属于等式左右两边同时等额减少，并没有改变等式的平衡关系。

【例2-11】 甲公司销售商品取得销售收入100万元，已收款并存入银行。

分析：这项经济业务使企业的资产"银行存款"增加100万元，同时收入"主营业务收入"也增加100万元，依然属于等式左右两边同时等额增加，并没有改变等式的平衡关系。

由于收入与费用的变动归根到底属于所有者权益的变动。由此可以看出，任何一项经济业务的发生都会引起资产、负债和所有者权益项目发生增减变动，但无论怎样，都不会破坏会计恒等式的平衡关系，充其量使得会计恒等式在新的条件下达成新的平衡。企业在任何时点全部的资产总额总是等于它的负债总额与所有者权益总额之和。

下面再以宏达公司的业务为例来验证各类经济业务的发生对基本会计等式的影响。

【例2-12】 假定宏达公司2020年1月31日资产负债表显示资产总额3 200万元，负债总额为1 200万元，所有者权益总额为2 000万元。1月31日会计等式的平衡关系表达为：资产（3 200）= 负债（1 200）+ 所有者权益（2 000）。（单位：万元）

宏达公司2020年2月份发生以下九项经济业务（暂不考虑相关税费）：

（1）2月3日，宏达公司向甲企业购入原材料70万元，材料已经验收入库，货款尚未支付。

这项经济业务的发生，使宏达公司的资产（原材料）增加了70万元，负债（应付账款）也增加了70万元，则业务发生后，会计恒等式的数量关系变化为：资产（3 200+70）= 负债（1 200+70）+ 所有者权益（2 000），即资产（3 270）= 负债（1 270）+ 所有者权益（2 000）。会计恒等式的左右两方同时等额增加，业务发生后等式的平衡关系没有被破坏。

（2）2月6日，宏达公司以银行存款偿还于本月到期的短期银行借款20万元。

这项经济业务的发生，使宏达公司的资产（银行存款）减少了20万元，负债（短期借款）也减少了20万元，此时，会计恒等式的数量关系变化为：资产（3 270-20）= 负债（1 270-20）+ 所有者权益（2 000），即资产（3 250）= 负债（1 250）+ 所有者权益（2 000）。会计恒等式的左右两方同时等额减少，等式的平衡关系没有被破坏。

（3）2月8日，宏达公司经批准增加注册资本金，收到新投资者投入的货币资金100万元，款项已存入银行。

这项经济业务的发生，使宏达公司的资产（银行存款）增加了100万元，所有者权益（实收资本）也增加了100万元，此时，会计恒等式的数量关系变化为：资产（3 250+100）= 负债（1 250）+ 所有者权益（2 000+100），即资产（3 350）= 负债（1 250）+ 所有者权益（2 100）。会计恒等式的左右两方同时等额增加，等式的平衡关系没有被破坏。

（4）2月9日，宏达公司按规定办妥减资手续，退回某投资者投资50万元，以银行存款支付。

这项经济业务的发生，使宏达公司的资产（银行存款）减少了50万元，所有者权益（实收资本）也减少了50万元，此时，会计恒等式的数量关系变化为：资产（3 350-50）= 负债（1 250）+ 所有者权益（2 100-50），即资产（3 300）= 负债（1 250）+ 所有者权益（2 050）。会计恒等式的左右两方同时等额减少，等式的平衡关系没有被破坏。

（5）2月12日，宏达公司以银行存款40万元购入机器设备一台。

这项经济业务的发生，使宏达公司的一项资产（固定资产）增加了40万元，另一项资产（银行存款）则减少了40万元。此时，会计恒等式的数量关系变化为：资产（3 300 + 40 – 40）= 负债（1 250）+ 所有者权益（2 050），即资产（3 300）= 负债（1 250）+ 所有者权益（2 050）。由于资产内部项目一增一减，且增减金额相等，会计恒等式左方的资产总额不会发生变化；另外，这项经济业务没有涉及权益项目，也不会引起会计恒等式右方的权益总额发生变化，所以等式的平衡关系没有被破坏。

（6）2月16日，因资金周转困难，宏达公司与银行协商将原取得的6个月期尚未到期的短期贷款15万元展期为3年期长期贷款。

这项经济业务的发生，使宏达公司的一项负债（长期借款）增加了15万元，另一项负债（短期借款）则减少了15万元。此时，会计恒等式的数量关系变化为：资产（3 300）= 负债（1 250 + 15 – 15）+ 所有者权益（2 050），即资产（3 300）= 负债（1 250）+ 所有者权益（2050）。由于负债内部项目一增一减，且增减金额相等，会计恒等式右方的权益总额不会发生变化；另外，这项经济业务没有涉及资产项目，也不会引起会计恒等式左方的资产总额发生变化，所以等式的平衡关系没有被破坏。

（7）2月20日，宏达公司按规定办妥增资手续后，将资本公积30万元转增实收资本。

这项经济业务的发生，使宏达公司的一项所有者权益（实收资本）增加了30万元，另一项所有者权益（资本公积）则减少了30万元。此时，会计恒等式的数量关系变化为：资产（3 300）= 负债（1 250）+ 所有者权益（2 050 + 30 – 30），即资产（3 300）= 负债（1 250）+ 所有者权益（2 050）。由于所有者权益内部项目一增一减，且增减金额相等，会计恒等式右方的权益总额不会发生变化；另外，这项经济业务没有涉及资产项目，也不会引起会计恒等式左方的资产总额发生变化，所以等式的平衡关系没有被破坏。

（8）2月25日，宏达公司宣布分配上年度利润60万元。

这项经济业务的发生，一方面由于宏达公司承诺向股东分红但红利尚未派发，使宏达公司的负债（应付股利或应付利润）增加了60万元，另一方面由于对利润进行分配，使宏达公司的所有者权益（利润分配）减少60万元。此时，会计恒等式的数量关系变化为：资产（3 300）= 负债（1 250 + 60）+ 所有者权益（2 050 – 60），即资产（3 300）= 负债（1 310）+ 所有者权益（1 990）。由于一项负债增加，同时一项所有者权益减少，且增减金额相等，会计恒等式右方的权益总额不会发生变化；另外，这项经济业务没有涉及资产项目，也不会引起会计恒等式左方的资产总额发生变化，所以等式的平衡关系没有被破坏。

（9）2月28日，宏达公司与甲企业协商并办妥增资手续后，将所欠甲企业的部分货款25万元转作甲企业对宏达公司的投资。

这项经济业务的发生，使宏达公司的所有者权益（实收资本）增加了25万元，负债（应付账款）减少了25万元。此时，会计恒等式的数量关系变化为：资产（3 300）= 负债（1 310 – 25）+ 所有者权益（1 990 + 25），即资产（3 300）= 负债（1 285）+ 所有者权益（2 015）。由于一项所有者权益增加，同时一项负债减少，且增减金额相等，会计恒等式右方的权益总额不会发生变化；另外，这项经济业务没有涉及资产项目，也不会引起会计恒等式左方的资产总额发生变化，所以等式的平衡关系没有被破坏。

本章小结

本章主要阐述会计对象、会计六要素及会计等式。

会计对象是指基层单位的资金运动或价值运动；资金运动过程表现为不同的特性，可划分出六种不同性质的资金运动，即会计六要素。会计六要素包括资产、负债、所有者权益、收入、费用、利润；会计六要素之间存在着数量关系，具体可以通过三个会计等式来表达其内在数量关系，第一个会计等式叫基本会计等式、静态会计等式或资产负债表等式，其表达形式为"资产＝负债＋所有者权益"；第二个会计等式叫利润表等式或动态会计等式，其表达形式为"收入－费用＝利润"；将前两个等式合并在一起形成"资产＝负债＋所有者权益＋（收入－费用）"的综合会计等式，由于"收入－费用＝利润"，利润归属于所有者，可以把利润看成所有者权益的组成部分。因此综合会计等式依然可以理解成"资产＝负债＋所有者权益"。不论发生怎样的经济活动，会计恒等式都会保持数量上的恒等关系。会计恒等式是复式记账、试算平衡以及编制会计报表的理论基础。

课后思考与练习

一、单项选择题

1. 企业存放的生产用原材料属于会计要素中的（　　）。
   A. 资产　　　　　B. 负债　　　　　C. 所有者权益　　　D. 权益
2. 资产通常按流动性分为（　　）。
   A. 有形资产与无形资产　　　　　B. 货币资产与非货币资产
   C. 流动资产与非流动资产　　　　D. 本企业资产与租入的资产
3. 下列不属于负债的特点的是（　　）。
   A. 是过去的交易或事项所构成的现时义务
   B. 是企业拥有或控制的经济资源
   C. 能以货币计量，是可以确定或估计的
   D. 会导致企业未来经济利益的流出
4. 下列经济业务中，影响会计等式总额发生变化的是（　　）。
   A. 以银行存款 50 000 元购买材料　　B. 购买机器设备 20 000 元，货款未付
   C. 结转完工产品成本 40 000 元　　　D. 收回客户所欠的货款 30 000 元
5. 下列经济活动中，引起资产和负债同时减少的是（　　）。
   A. 以银行存款偿付前欠货款　　　　B. 购买材料货款尚未支付
   C. 收回应收账款　　　　　　　　　D. 接受其他单位捐赠新设备
6. 下列经济活动中，引起负债之间彼此增减的是（　　）。
   A. 收到应收账款，存入银行　　　　B. 将短期借款展期为长期借款
   C. 用银行存款偿还长期借款　　　　D. 用现金支付职工工资

7. 下列经济活动中，引起所有者权益之间彼此增减的是(　　)。
   A. 收到应收账款，存入银行　　　　B. 收到股东的现金投资
   C. 用银行存款偿还长期负债　　　　D. 将资本公积转增资本
8. 费用是指企业销售商品、提供劳务等日常活动所发生的(　　)。
   A. 经济利益的流出　　　　　　　　B. 生产费用
   C. 资产耗费　　　　　　　　　　　D. 经济损失
9. 某企业本期期初资产总额为10万元，本期期末负债总额比期初减少1万元，所有者权益比期初增加3万元。该企业期末资产总额是(　　)。
   A. 9万元　　　B. 13万元　　　C. 10万元　　　D. 12万元
10. 所有者权益是企业投资者对企业净资产的所有权，在数量上等于(　　)。
    A. 全部资产减去流动负债　　　　　B. 企业的新增利润
    C. 全部资产减去全部负债　　　　　D. 全部资产加上全部负债
11. 下列属于资产的特点的是(　　)。
    A. 将导致企业未来经济利益流入　　B. 反映企业在一定时期所取得的经营成果
    C. 将导致企业未来经济利益流出　　D. 是过去的交易或事项所构成的现时义务
12. 下列会计等式中不正确的是(　　)。
    A. 资产＝负债＋所有者权益　　　　B. 负债＝资产－所有者权益
    C. 资产－负债＝所有者权益　　　　D. 资产＋负债＝所有者权益
13. 按我国会计准则对会计要素的划分，营业外支出归属的会计要素是(　　)。
    A. 收入　　　B. 利润　　　C. 所有者权益　　　D. 费用
14. 某企业发生一笔广告费，但尚未支付，这项经济业务对会计要素的影响是(　　)。
    A. 费用增加，负债增加　　　　　　B. 费用增加，负债减少
    C. 负债增加，所有者权益增加　　　D. 负债增加，资产减少
15. 某公司的所有者权益为10万元，即(　　)。
    A. 该公司的投入资本为10万元　　　B. 该公司的资产总额为10万元
    C. 该公司的权益总额为10万元　　　D. 该公司的净资产总额为10万元

二、多项选择题

1. 下列项目中属于静态会计要素的是(　　)。
   A. 资产　　　B. 利润　　　C. 成本　　　D. 负债
2. 下列项目中属于动态会计要素的是(　　)。
   A. 收入　　　B. 所有者权益　　　C. 费用　　　D. 利润
3. 下列项目中属于资产的有(　　)。
   A. 应收账款　　　B. 预收账款　　　C. 应付账款　　　D. 预付账款
4. 下列项目中属于所有者权益的有(　　)。
   A. 实收资本　　　B. 资本公积　　　C. 未分配利润　　　D. 应付股利
5. 下列各项目中属于期间费用的有(　　)。
   A. 制造费用　　　B. 销售费用　　　C. 管理费用　　　D. 财务费用
6. 下列各项目中属于流动负债的是(　　)。

A. 应付债券　　　B. 预付账款　　　C. 应付账款　　　D. 预收账款

7. 下列各项目中属于流动资产的是(　　)。

　　A. 银行存款　　　B. 预付账款　　　C. 预收账款　　　D. 应收票据

8. 资产具有的特征有(　　)。

　　A. 资产是过去的交易、事项形成的　　　B. 资产能以货币计量

　　C. 资产是企业拥有或控制的经济资源　　D. 资产预期能给企业带来经济利益

9. 下列会计等式正确的是(　　)。

　　A. 资产＝负债＋所有者权益　　　　　　B. 资产＝负债＋所有者权益＋利润

　　C. 资产＋所有者权益＝负债　　　　　　D. 资产＋费用＝负债＋所有者权益＋收入

10. 下列经济活动中引起资产和负债同时增加的是(　　)。

　　A. 用银行存款偿还前欠货款　　　　　　B. 购买材料，货款尚未支付

　　C. 预收销货定金，尚未发货　　　　　　D. 向银行借入短期借款，存入银行

三、判断题

1. "资产＝负债＋所有者权益"这个平衡公式是企业资金运动的动态表现。（　　）
2. 负债是企业过去的交易或事项所引起的潜在义务。（　　）
3. 应收及预收款是资产，应付及预付款是负债。（　　）
4. 资产按流动性分为无形资产和有形资产。（　　）
5. 某一财产物资要成为企业的资产，其所有权必须属于企业。（　　）
6. 所有者权益是指投资人对企业全部资产的所有权。（　　）
7. 收入是指企业在日常活动中形成的、会导致所有者权益增加的、与所有者投入资本无关的经济利益的总流入。（　　）
8. 若某项资产不能为企业带来经济利益，即使是由企业拥有或控制的，也不能作为企业的资产在资产负债表中列示。（　　）
9. 无形资产是不具有实物形态的资产，因此，土地使用权属于无形资产。（　　）
10. 流动负债是指将在一年内偿还的债务。（　　）

四、简答题

1. 什么是会计对象？什么是会计要素？会计对象与会计要素有什么关系？
2. 会计要素有哪些？其中资产负债表要素有哪些？利润表要素有哪些？
3. 什么是资产？流动资产的内容有哪些？非流动资产的内容有哪些？
4. 什么是负债？流动负债有哪些内容？非流动负债有哪些内容？
5. 收入与利得、费用与损失有什么区别与联系？
6. 会计等式有哪三种表现形式？三个等式间有怎样的内在联系？

第三章

会计科目与会计账户

★学习目标

通过本章的学习，应熟悉制造业企业常用的基本会计科目；能理解会计科目与会计账户的含义；理解会计科目与会计账户的关系；熟练记忆并分辨不同类型的会计科目；在基本经济业务发生后能准确选择核算用的科目；理解会计科目与会计账户的分类。

★案例导入

林飞是某高校会计专业的学生，大一上学期学习会计学原理课程，学到对会计业务进行核算应采用的七种技术方法的第一种"设置会计科目与账户"时，他非常疑惑，为什么这个技术方法不称为"设置科目"或"设置账户"，而是被称为"设置会计科目与账户"呢？老师在讲课中举例对经济业务核算的时候，表达一会儿是"请大家判断核算该业务应选择哪些科目"，一会儿是"请大家判断此业务应计入哪些账户"，他更加疑惑了，究竟"会计科目"与"会计账户"之间有什么区别与联系呢？

第一节 会计科目

一、会计科目的含义

在会计上，对企业经济活动的确认、计量、记录和报告，实际上表现为对资产、负债、所有者权益、收入、费用和利润等会计要素进行确认、计量、记录和报告。会计要素作为从会计视角对企业经济活动及其资金运动具体内容的一种"框架"，反映的是经济业务活动带给企业的不同影响，形成不同类别的信息。但仅仅将经济业务活动划分出六要素是不够的，还不能提供更具体详尽的会计信息。同样是引起资产变化的经济活动，又有不同的内容。例如，企业发生用银行存款购买原材料或者将现金存入银行这样的经济活动，在只将基层单位的资金运动划分为六个要素的前提下，我们只能分析出这两项活动都引起了一项资产的增加，另一项资产的减少，究竟是哪一项资产在增加，哪一项资产在减少，还需要进一步明确，这样才能让会计信息更加清晰明了。为此，还需要对会计要素进行进一步的细分。

会计科目简称"科目"，是按照经济业务的内容和经济管理的要求，对会计要素的具体内容进行分类形成的用于会计核算的具体项目。每一个会计科目都应当明确反映一定的经济内容，科目和科目之间在内容上不能相互交叉。会计科目是对资金运动进行的第三层次的划分。

会计对象、会计要素与会计科目的关系如图 3-1 所示。

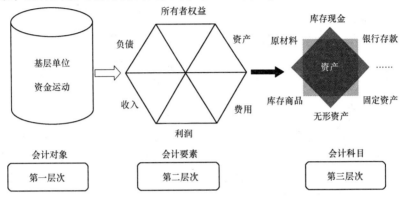

图 3-1　会计对象、会计要素、会计科目层次图

二、会计科目的意义

会计科目是进行会计记录和提供各项会计信息的基础。会计科目在会计核算中具有重要的意义，体现在以下几个方面：

（1）会计科目是复式记账的基础，复式记账要求每一笔经济业务在两个或两个以上相互联系的账户中进行登记，以反映资金运动的来龙去脉。

（2）会计科目是编制记账凭证的基础，会计凭证是确定所发生的经济业务应计入何种会计科目以及分门别类登记账簿的凭据。

（3）会计科目为成本计算与财产清查提供了前提条件，通过会计科目的设置，有助于成本核算，使各种成本计算成为可能，而通过账面记录与实际结存核对，又为财产清查、保证账实相符提供了必要的条件。

（4）会计科目为编制财务报表提供了方便，财务报表是提供会计信息的主要手段，为了保证会计信息的质量及其提供的及时性，财务报表中的许多项目与会计科目是一致的，并根据会计科目的本期发生额或余额填列。

三、会计科目的设置原则

各会计主体由于经济业务活动的具体内容、规模大小与业务繁简程度等情况不尽相同，在具体设置会计科目时，应考虑其自身特点和具体情况，但设置会计科目时都应遵循合法性原则、相关性原则、实用性原则。

（一）合法性原则

合法性原则是指所设置的会计科目应当符合国家统一的会计制度的规定。为了保证会计信息的可比性，所设置的会计科目应当符合《企业会计准则》的规定。在我国，总分类科目原则上由财政部统一制定，主要是为了保证会计信息的可比性。对于《企业会计准则》规定的会计科目，企业可以根据自身的生产经营特点，在不影响会计核算要求和会计报表指标汇总，以及对外提供统一的财务会计报表的前提下，自行增设、减少或合并某些会计科目，做到内容明确、繁简适宜。

明细分类科目除会计准则规定设置的以外，可以根据本单位经济管理的需要和经济业务的具体内容自行设置。例如，应交税费——应交增值税（进项税额）属于会计准则规定设置的明细分类科目。

（二）相关性原则

相关性原则是指所设置的会计科目应当为提供有关各方所需要的会计信息服务，满足对外报告与对内管理的要求。要充分考虑会计信息的使用者对本企业会计信息的需要设置会计科目，以提高会计核算所提供的会计信息的相关性，满足相关各方的信息需求。

（三）实用性原则

实用性原则是指所设置的会计科目应符合单位自身特点，满足单位实际需要。企业的组织形式、所处行业经营内容及业务种类等不同，在会计科目的设置上也有所区别。在合法性基础上，应根据企业自身特点，设置符合企业需要的会计科目，对于会计科目的名称，在不违背会计科目使用原则的基础上，确定适合本企业的科目名称，满足企业内部管理的要求。例如，制造业企业设置反映制造产品发生的耗费的会计科目，可以设置"生产成本"总分类科目，然后在"生产成本"总分类科目下再设置明细分类科目"基本生产成本""辅助生产成本"，也可以将"基本生产成本""辅助生产成本"直接设置为总分类科目。

为方便使用计算机进行核算，《企业会计准则》和《小企业会计准则》对总分类会计科目进行了统一编号。

四、会计科目的分类

会计科目可按其反映的经济内容和所提供信息的详细程度及其统驭关系分类。不同行业的企业及各类组织在进行会计核算时，由于其业务内容的区别，在会计科目的使用上有一定的差异，但对会计科目的运用原理是一致的，为了便于初学者理解会计科目，本课程以制造业企业的会计科目及运用为例。

（一）会计科目按其反映的经济内容分类

会计科目按其反映的经济内容，可分为资产类科目、负债类科目、共同类科目、所有者权益类科目、成本类科目和损益类科目。

1. **资产类科目**

资产类科目是对资产要素的具体内容进行分类核算的项目，按资产的流动性分为反映流动资产的科目和反映非流动资产的科目。

反映流动资产的科目有"库存现金""银行存款""原材料""应收账款""材料采购"等；反映非流动资产的科目有"长期股权投资""长期应收款""固定资产""在建工程""无形资产"等。

2. **负债类科目**

负债类科目是对负债要素的具体内容进行分类核算的项目，按负债的偿还期限分为反映流动负债的科目和反映非流动负债（长期负债）的科目。

反映流动负债的科目有"短期借款""应付账款""应付职工薪酬""应交税费""应付票据"等；反映非流动负债的科目有"长期借款""应付债券""长期应付款"等。

3. 共同类科目

共同类科目是既有资产性质又有负债性质的科目，主要有"清算资金往来""外汇买卖""衍生工具""套期工具""被套期项目"等科目。

（制造业企业的基本业务在核算时不涉及共同类科目）

4. 所有者权益类科目

所有者权益类科目是对所有者权益要素的具体内容进行分类核算的项目，按所有者权益的形成和性质可分为反映投入资本的科目和反映留存收益的科目。

反映投入资本的科目有"实收资本"（或"股本"）"资本公积"等；反映留存收益的科目有"盈余公积""利润分配"等。所有者权益类"本年利润"科目属于利润会计要素，由于企业实现利润会增加所有者权益，因而将其作为所有者权益科目。

5. 成本类科目

成本类科目是对可归属于产品生产成本、劳务成本等的具体内容进行分类核算的项目，按成本的不同内容和性质可以分为反映制造成本的科目和反映劳务成本的科目。

反映制造成本的科目有"生产成本""制造费用"科目；反映劳务成本的科目有"劳务成本"等。

6. 损益类科目

损益类科目是对收入、费用、利润要素的具体内容进行分类核算的项目，按损益的不同内容可以分为反映收入要素的科目和反映费用要素的科目以及反映利润要素的得利与损失的科目。损益类科目还包括既反映收入信息，也反映费用信息的双重性质的会计科目。

反映收入的科目有"主营业务收入""其他业务收入"等；反映费用的科目有"主营业务成本""其他业务成本""管理费用""财务费用""销售费用""所得税费用"等；反映利得的科目有"营业外收入"等；反映损失的科目有"营业外支出"等；既反映收入信息，也反映费用信息的双重性质的会计科目有"投资收益""公允价值变动损益"等。

（二）会计科目按所提供信息的详细程度及其统驭关系分类

会计科目按所提供信息的详细程度及其统驭关系，可以分为总分类科目和明细分类科目。

1. 总分类科目

总分类科目又称一级科目或总账科目，简称总目，它是对会计要素具体内容进行总括分类、提供总括信息的会计科目，反映各种经济业务的概括情况，是进行总分类核算的依据，如"应收账款""应付账款""原材料"等，由财政部统一制定。

2. 明细分类科目

明细分类科目又称明细科目，是对总分类科目做进一步分类、提供更详细和更具体会计信息的科目，企业一般根据需要自行设定。如"应收账款"科目按债务人名称或姓名设置明细科目，反映应收账款的具体对象；"应付账款"按债权人名称或姓名设置明细科目，反映应付账款的具体对象；"原材料"科目按原料及材料的类别、品种和规格等设置明细科目，反映各种原材料的具体构成内容。明细科目又可进一步细分为二级明细科目（简称子目或者二级科目）和三级明细科目（简称细目或者三级科目）。二级科目是对一级科目（总目）的进一步细分，三级科目则是对二级科目的进一步细分。如"应交税费"属于一级科目，可按交纳税种的不同设"应交增值税""应交消费税"等二级科目，其中"应交增值税"还需要区分是在购买商品或服务环节发生的增值税还是在销售商品或服务环节发生的增值税，进一步细分为"进项税额"和"销项税额"。"进项税额"和"销项税额"属于三级科目或细目。

3. 总分类科目与明细分类科目的关系

总分类科目与明细分类科目的关系是，总分类科目反映总括的信息，对其所属的明细分类科目具有统驭和控制的作用，而明细分类科目反映详细的信息，是对其所归属的总分类科目的补充和说明。总分类科目及其所属明细科目，共同反映经济业务既总括又详细的情况。

※小知识

总分类科目与明细分类科目

财政部会计司在《企业会计准则应用指南》里做了明确的规定，企业应遵从其规定开设总分类科目，但也存在一定的灵活性。例如，预收款业务较少的企业可以不使用"预收账款"科目，发生预收款业务时并入"应收账款"科目核算；一般情况下，企业核算包装物的科目应该是"周转材料"，"包装物"为"周转材料"下设的二级科目。但当企业的包装物很重要时，可以直接开设"包装物"为一级科目，不开设"周转材料"科目。

明细分类科目的开设更具有灵活性，要视企业的业务特点及管理需要而开设。例如，企业的原材料在生产中重要程度相当，则直接以"某规格某型号某材料"作为明细分类科目（二级科目），如"原材料——20 mm 圆钢"；若企业的原材料有主次之分，则需要开设"原料及主要材料、辅助材料"作为二级科目，"某规格某型号某材料"作为三级科目，如"原材料——原料及主要材料——20 mm 圆钢""原材料——辅助材料——修理用备件"。大部分科目需要开设二级或三级明细分类科目才能详尽地表达信息，但少部分科目无须开设明细分类科目（如"库存现金""本年利润"科目）。

2006 年财政部制定的《企业会计准则应用指南——会计科目和主要账务处理》（以下简称《指南》）明确规定了适用于各行各业的完整的会计科目，而本教材打算以制造业企业为例讲解会计学的基础知识，此处忽略部分该《指南》中规定的制造业企业不适用的会计科目，《指南》中原会计科目表里包含六类会计科目，其中"共同类"会计科目制造业企业的基本业务不涉及，此处也一并忽略，制造业企业常用的会计科目的名称及其编号如表 3-1 所示。

表 3-1　企业会计准则应用指南——会计科目（制造业企业适用）

编号	会计科目名称	编号	会计科目名称
一、资产类		二、负债类	
1001	库存现金	2001	短期借款
1002	银行存款	2002	存入保证金
1012	其他货币资金	2201	应付票据
1101	交易性金融资产	2202	应付账款
1121	应收票据	2203	预收账款

续表

编号	会计科目名称	编号	会计科目名称
1122	应收账款	2204	*合同负债
1123	预付账款	2211	应付职工薪酬
1131	应收股利	2221	应交税费
1132	应收利息	2231	应付利息
1221	其他应收款	2232	应付股利
1231	坏账准备	2241	其他应付款
1401	材料采购	2245	*持有待售负债
1402	在途物资	2501	递延收益
1403	原材料	2502	应付债券
1404	材料成本差异	2601	长期借款
1405	库存商品	2701	长期应付款
1406	发出商品	2702	未确认融资费用
1407	商品进销差价	2711	专项应付款
1408	委托加工物资	2801	预计负债
1411	周转材料	2901	递延所得税负债
1462	*合同资产	三、所有者权益类	
1463	*合同资产减值准备	4001	实收资本
1471	存货跌价准备	4002	资本公积
1481	*持有待售资产	4004	*其他综合收益
1482	*持有待售资产减值准备	4101	盈余公积
1501	*债权投资	4103	本年利润
1502	*债权投资减值准备	4104	利润分配
1503	*其他债权投资	4201	库存股
1523	*其他权益工具投资	4301	*专项储备
1524	长期股权投资	四、成本类	
1525	长期股权投资减值准备	5001	生产成本
1526	投资性房地产	5101	制造费用
1531	长期应收款	5202	劳务成本
1532	未实现融资收益	5301	研发支出
1601	固定资产	五、损益类	
1602	累计折旧	6001	主营业务收入
1603	固定资产减值准备	6051	其他业务收入
1604	在建工程	6101	公允价值变动损益
1605	工程物资	6111	投资收益
1606	固定资产清理	6115	*资产处置损益
1609	在建工程减值准备	6117	*其他收益

续表

编号	会计科目名称	编号	会计科目名称
1610	工程物资减值准备	6301	营业外收入
1611	未担保余值	6401	主营业务成本
1701	无形资产	6402	其他业务成本
1702	累计摊销	6403	*税金及附加
1703	无形资产减值准备	6601	销售费用
1711	商誉	6602	管理费用
1713	*商誉减值准备	6603	财务费用
1801	长期待摊费用	6701	资产减值损失
1811	递延所得税资产	6702	*信用减值损失
1901	待处理财产损溢	6711	营业外支出
		6801	所得税费用
		6901	以前年度损益调整

说明：此会计科目表中带"*"的会计科目，在2006年财政部制定的关于会计科目的《指南》中并不存在或者科目名称并不一致。后期陆续补充及修改了一些会计科目。这些科目可分为两类：

(1) 在2006年《指南》会计科目表的基础上修改了科目名称。例如"税金及附加"科目之前为"营业税金及附加"，"债权投资"科目之前为"持有至到期投资"，"债权投资减值准备"科目对应之前的"持有至到期投资减值准备"，"其他权益工具投资"及"其他债权投资"科目由之前的"可供出售金融资产"科目拆分而来；

(2) 为适应2006年后至今财务会计报表格式的修订、新的会计政策的制定或对相关会计准则的修订以及会计科目优化而新增的会计科目。其中"合同资产""持有待售资产""其他综合收益""信用减值损失"等科目属于这一类。

后期新增的部分科目财政部没有给出明确的科目编号，企业可根据编号规律及核算需要自己设置编号，当前表里少部分后期新增的会计科目的编号是本书编者依据编号规律添加的。

五、会计科目与会计要素的关系

会计科目按经济内容分为资产类科目、负债类科目、共同类科目、所有者权益类科目、损益类科目和成本类科目六大类。会计要素分为资产、负债、所有者权益、收入、费用、利润六大要素。会计科目的类型与会计要素的类别并没有一一对应。其中资产类、负债类、所有者权益类会计科目是对资产、负债、所有者权益要素分类的结果，存在对应关系。也就是说，资产类科目是反映资产要素的科目，负债类科目是反映负债要素的科目，损益类科目则涵盖了收入、费用、利润这三类要素，是对这三类要素分类的结果。其中，主营业务收入、其他业务收入等科目是对收入要素分类的结果，管理费用、销售费用等科目是对费用要素分类后形成的科目。营业外收入、营业外支出科目反映的信息不属于日常活动的范畴，这类科目既不是对收入要素分类的结果，也不是对费用要素分类的结果，一般认为是对利润要素分类的结果。在计算利润总额时需要考虑营业外收支的金额。另有部分科目，如"公允价值变动损益"，其反映的内容并不是单一的收入、费用或者利润，而是既反映利得，也反映损失。为了保证让所有的科目都有归属，我国会计准则的科目表里将反映收入、费用、利润要素的科目不再进行细分，而是统称为损益类科目。至于成本类科目，从反映信息的内容来看，有点类似于损益类科目中的反映费用要素的那部分科目，成本类科目与损益类（费用部分）科目都反映企业在生产经营过程中发生的耗费。但成本类科目反映的是对象化的生产耗费，而费用类科目反映的是按期间归集的耗费。典型的成本类科目如"生产成本"，其本质反映的是为了得到某种产品而发生的耗费，核算的是半成品的价值量。从这个角度来看，无论是半成品还是产成品，都属于企业的资产，因此成本类科目反映的信息本质上应该划分为资产要素。

六、本课程要求掌握的基础会计科目

会计科目和主要账务处理依据《企业会计准则》中确认和计量的规定，涵盖了各类企业的交易或事项。企业在不违反会计准则中确认、计量和报告规定的前提下，可以根据本单位的实际情况自行增设、分拆、合并会计科目。企业不存在的交易或者事项，可不设置相关会计科目。对于明细科目，企业可以参照《企业会计准则应用指南》中的相关规定自行设置。会计科目编号为企业填制会计凭证、登记会计账簿、查阅会计账目、采用会计软件提供参考，企业可结合实际情况自行确定会计科目编号。

由于本课程只介绍会计学的基础知识，涉及的科目并不广泛，为了方便学习者明确哪些科目是本课程需要掌握的，特将表 3-1 中的会计科目表进行精简，以方便初学者查阅。本课程要求掌握的会计科目如表 3-2 所示。

表 3-2　本课程要求掌握的基础会计科目

分类		编号	会计科目名称	编号	会计科目名称
资产类	流动资产	1001	库存现金	1132	应收利息
		1002	银行存款	1221	其他应收款
		1012	其他货币资金	1231	坏账准备
		1101	交易性金融资产	1401	材料采购
		1121	应收票据	1402	在途物资
		1122	应收账款	1403	原材料
		1123	预付账款	1404	材料成本差异
		1131	应收股利	1405	库存商品
	非流动资产	1511	长期股权投资	1605	工程物资
		1521	投资性房地产	1701	无形资产
		1601	固定资产	1702	累计摊销
		1602	累计折旧	1801	长期待摊费用
		1604	在建工程		
负债类	流动负债	2001	短期借款	2211	应付职工薪酬
		2201	应付票据	2221	应交税费
		2202	应付账款	2231	应付利息
		2203	预收账款	2232	应付股利
				2241	其他应付款
	非流动负债	2601	长期借款		
		2502	应付债券		
		2701	长期应付款		

续表

分类		编号	会计科目名称	编号	会计科目名称
所有者权益类	投入资本	4001	实收资本		
		4002	资本公积		
	留存收益	4101	盈余公积		
		4103	本年利润①		
		4104	利润分配		
成本类		5001	生产成本		
		5101	制造费用		
损益类		6001	主营业务收入	6401	主营业务成本
		6051	其他业务收入	6402	其他业务成本
		6111	投资收益	6403	税金及附加
		6301	营业外收入	6601	销售费用
				6602	管理费用
				6603	财务费用
				6701	资产减值损失
				6711	营业外支出
				6801	所得税费用

①表中"本年利润"科目，严格来说，其反映的内容并不属于留存收益，该科目反映各会计期间经计算应归属于所有者的净利润，需经过后续分配才能形成留存收益，为了简化所有者权益科目的具体类型的划分，将其归于"留存收益"小类

第二节　会计账户

一、会计账户的概念

（一）会计账户的含义

设置会计科目只是对会计要素的具体内容进行分类，规定每一类的名称。为了能够分门别类地对各项经济业务的发生所引起的会计要素的增减变动情况及其结果进行全面、连续、系统、准确的反映和监督，为经营管理者提供需要的会计信息，如果只有分类的名称，而没有一定的结构，还不能把会计科目本身所代表的经济业务内容的增减变动情况完整地表现出来。因此，在设置会计科目的基础上，还必须根据会计科目开设具有一定结构的账户，采用一定的记账方法对经济业务进行连续、系统、全面的记录，为管理提供各种有用的会计信息。

所谓会计账户，是指根据会计科目设置的具有一定格式，用来分类、连续地记录经济业务，反映会计要素增减变动及其结果的载体。每个账户都有一个简明的名称，账户的名称就是会计科目。会计账户是根据会计科目设置的。设置账户是会计核算的一种专门方法，运用账户

把各项经济业务的发生情况及由此引起的资产、负债、所有者权益、收入、费用和利润各要素的变化，系统地、分门别类地进行核算，以便为会计信息使用者提供所需要的各项指标。

（二）会计账户的特点

会计账户具有三个特点：
(1) 账户的名称就是会计科目。
(2) 账户具有一定的结构，即账户有一定的格式，以登记经济业务内容。
(3) 账户记录能反映会计要素增减变动及其结果。

（三）会计科目与账户的区别和联系

会计科目与账户是两个密切相关但并不相同的概念，二者既有联系又有区别。

1. 二者的联系

会计科目与账户都是对会计对象具体内容的分类，两者核算内容一致，性质相同；会计科目是账户的名称，是设置账户的依据，账户是根据会计科目开设的，是会计科目的具体应用，没有会计科目，账户便失去了设置的依据，没有账户，会计科目就无法发挥作用；二者所反映的经济内容相同。

2. 二者的区别

会计科目只是对会计要素具体内容的分类，本身没有结构，无法反映会计要素具体内容的增减变动及其结果；会计账户则有相应的结构，可以具体记录经济业务的内容，提供具体的数据资料，反映经济内容的增减变动和变动后的结果。设置会计账户是一种核算方法，能具体反映资金运用状况。会计科目只是会计账户的名称。

二、会计账户的分类

由于账户是根据会计科目开设的，会计科目是账户的名称，账户的分类与前述的会计科目的分类有一致性，账户也可根据其核算的经济内容、提供信息的详细程度及其统驭关系进行分类。

（一）按核算的经济内容分类

账户按核算的经济内容可分为资产类账户、负债类账户、共同类账户、所有者权益类账户、损益类账户和成本类账户。

（二）按提供信息的详细程度及其统驭关系分类

账户按提供信息的详细程度及其统驭关系分为总分类账户和明细分类账户。

总分类账户是指根据总分类科目设置，用于对会计要素具体内容进行总括分类核算的账户，简称总账。其能够提供某一具体内容的总括核算指标。

明细分类账户是根据明细分类科目设置，用来对会计要素具体内容进行明细分类核算的账户，简称明细账。其能够提供某一具体经济业务的明细核算指标。

总分类账户和所属明细分类账户核算的内容相同，只是反映内容的详细程度有所不同，两者相互补充、相互制约、相互核对。总分类账户统驭和控制所属明细分类账户，明细分类账户从属于总分类账户。

总分类账户与明细分类账户的关系如表3-3所示。

表 3-3　总分类账户和明细分类账户的关系

总分类账户	明细分类账户	
（一级账户）	二级	三级
原材料	原料及主要材料	圆钢、角钢
	辅助材料	润滑剂、苯酚
	燃料	汽油、原煤

三、会计账户的结构、内容与金额要素

（一）会计账户的结构

账户是用来记录经济业务的，必须具有一定的结构和内容。作为会计核算的对象，账户随着经济业务的发生在数量上进行增减变化，并产生相应的变化结果。因此，用来分类记录经济业务的账户必须确定账户的基本结构：增加的数额记在哪里，减少的数额记在哪里，增减变动后的结果记在哪里。

采用不同记账方法，账户的结构是不同的，即使采用同一记账方法，不同性质的账户结构也是不同的。但是，不管采用何种记账方法，也不论是何种性质的账户，其基本结构总是相同的。具体归纳如下：

（1）任何账户一般都可以划分为左右两方，用来分类登记经济业务及其会计要素的增加与减少，以及增减变动的结果。

（2）账户的左右两方分别记录增加额和减少额。也就是说，如果规定某账户在左方记录增加额，就应该在其右方记录减少额；反之，如果在右方记录增加额，就应该在其左方记录减少额。在具体账户的左右两个方向中究竟哪一方记录增加额，哪一方记录减少额，取决于账户所记录的经济内容的性质和所采用的记账方法。

（3）账户的余额一般与增加额在同一方向记录。

（4）账户一般具有四个金额要素，分别是期初余额、期末余额、本期增加发生额、本期减少发生额。

在会计实务中，账户具体表现为账簿中具有一定格式的账页，下面以借贷记账法为例说明账户结构。在借贷记账法下，以借方或者贷方两个方向分别登记某项信息的增加或减少额。借贷记账法下账户的基本结构如表 3-4～表 3-6 所示。

表 3-4　实际工作中账户的基本结构
［总（明细）分类账户］

账户名称：（会计科目）

年		凭证字号	摘要	借方金额	贷方金额	借或贷	余额
月	日						

表 3-5　实际工作中原材料账户的基本结构
（总分类账户）

会计科目：原材料

2019 年		凭证字号	摘要	借方金额	贷方金额	借或贷	余额
月	日						
8	1		月初余额			借	6 800
	4	（略）	购入材料	39 500		借	46 300
	8		购入材料	42 100		借	88 400
	13		生产领用材料		50 800	借	37 600
	26		购入材料	14 400		借	52 000
	31		合计	96 000	50 800	借	52 000

表 3-6　实际工作中应付账款账户的基本结构
（总分类账户）

会计科目：应付账款

2019 年		凭证字号	摘要	借方金额	贷方金额	借或贷	余额
月	日						
8	1	（略）	月初余额			贷	13 500
	5		购入材料		67 500	贷	81 000
	10		购入材料		30 000	贷	111 000
	22		归还前欠货款	55 000		贷	56 000
	31		合计	55 000	97 500	贷	56 000

（二）会计账户的内容

如表 3-4～表 3-6 所示，实际工作中的账户一般应包括如下内容：
(1) 账户名称（即会计科目）。
(2) 日期（用以说明经济业务记录的日期）。
(3) 凭证字号（表明账户记录所依据的凭证）。
(4) 摘要（概括说明经济业务的内容）。
(5) 增加额、减少额（业务价值量或实物数量的增减变化数）。
(6) 余额（包括期初余额和期末余额）。

（三）会计账户的金额要素

账户的功能在于连续、系统、完整地提供企业经济活动中各会计要素增减变动及其结果的具体信息。其中，会计要素在特定会计期间增加和减少的金额，分别称为账户的"本期增加发生额"和"本期减少发生额"，二者统称为账户的"本期发生额"；会计要素在会计期末的增减变动结果，称为账户的"余额"，具体表现为期初余额和期末余额，账户上期的期末余额转入本期，即为本期的期初余额；账户本期的期末余额转入下期，即为下期的期初余额。

账户的期初余额、期末余额、本期增加发生额和本期减少发生额称为账户的四个金额要素。其中本期增加发生额（简称本期增加额）和减少发生额（简称本期减少额）是指在一定会计期间内（月、季或年），账户左右两方分别登记的增加额合计数和减少额合计数。

对于同一账户而言，它们之间的基本关系可用如下公式表示：

期末余额=期初余额+本期增加发生额－本期减少发生额

前述表 3-5 原材料账户的四个金额要素用公式表示为：

期末余额（52 000 元）=期初余额（6 800 元）+本期增加发生额（96 000 元）－本期减少发生额（50 800 元）

前述表 3-6 应付账款账户的四个金额要素用公式表示为：

期末余额（56 000 元）=期初余额（13 500 元）+本期增加发生额（97 500 元）－本期减少发生额（55 000 元）

（四）T 形账户的结构

为了便于会计教学，在课堂讲授和教科书中，对账户的基本结构做了简化处理，省略掉部分栏目。简化后的账户结构在整体上类似于汉字"丁"和大写的英文字母"T"，因此，账户的基本结构在实务中被形象地称为"丁"字账户或 T 形账户。

T 形账户的结构如图 3-2 所示。

图 3-2　T 形账户结构

将前述表 3-5 显示的实务工作中登记的原材料账户以 T 形账户表示，其登记的内容如图 3-3 所示。

借方		原材料			贷方
期初余额		6 800			
本期增加额	（1）	39 500	本期减少额	（3）	50 800
	（2）	42 100			
	（4）	14 400			
本期发生额：		96 000	本期发生额：		50 800
期末余额：		52 000			

图 3-3　原材料 T 形账户结构

将前述表 3-6 显示的实务工作中登记的应付账款账户以 T 形账户表示，其登记的内容如图 3-4 所示。

借方		应付账款			贷方
			期初余额		13 500
本期减少额	（3）	55 000	本期增加额	（1）	67 500
				（2）	30 000
本期发生额：		55 000	本期发生额：		97 500
			期末余额：		56 000

图 3-4　应付账款 T 形账户结构

从以上账户结构安排可以发现，原材料账户的增加额在借方登记，减少额在贷方登记，余额同增加额同一个方向，都在借方登记；但应付账款账户的结构安排同原材料账户相反。由此可见，账户结构有两个基本特征：其一，一般情况下账户的余额与增加额在同一方向；其二，不同性质的账户，结构安排有可能不同。

本章小结

本章主要阐述会计科目与会计账户的概念及其区别与联系。

会计科目是对会计要素进行细分之后形成的用于会计核算的项目。会计科目可按其反映的经济内容和所提供信息的详细程度及其统驭关系分类，按前者分类，会计科目可分为资产类科目、负债类科目、所有者权益类科目、共同类科目、成本类科目、损益类科目；按照后者分类，会计科目可分为总分类科目（一级科目）和明细分类科目（二级和三级科目）；会计账户是依据会计科目开设的具有一定的结构，可用于登记经济事项的增减变动及结果的工具。设置账户是重要的核算方法之一，账户的类型同科目的类型一致。科目与账户既有区别又有联系，最大的区别在于账户有结构，可用于登记信息变化，科目没有结构，科目仅是账户的名称。实务工作中账户结构一般包括账户名称、日期、凭证字号、摘要、增加额、减少额、余额等内容。在教学中采用简化的T形账户来代替实务中的账户。

课后思考与练习

一、单项选择题

1. 会计科目是对（   ）的进一步分类。
   A. 会计对象　　　B. 会计账簿　　　C. 会计要素　　　D. 会计主体

2. 下列各项中，表达正确的是（   ）。
   A. 会计科目是会计要素的名称　　　B. 会计科目是报表项目的名称
   C. 会计科目是会计账簿的名称　　　D. 会计科目是会计账户的名称

3. 下列各项中，体现账户结构特点的是（   ）。
   A. 分为左右两方　　　B. 分为上下两部分
   C. 分为发生额、余额两部分　　　D. 分为前后两部分

4. 对会计对象的具体内容进行分类核算的标志称为（   ）。
   A. 会计科目　　　B. 会计要素　　　C. 会计账户　　　D. 会计报表

5. 下列各项中，作为开设账户依据的是（   ）。
   A. 会计准则　　　B. 会计制度规定　　　C. 会计报表　　　D. 会计科目

6. 下列各项中，一般情况下与账户余额方向一致的是（   ）。
   A. 增加额　　　B. 金额　　　C. 减少额　　　D. 发生额

7. 下列各项中，反映资产情况的账户是（   ）。
   A. 利润分配　　　B. 实收资本　　　C. 累计折旧　　　D. 主营业务成本

8. 一般来说，一个账户的增加发生额与该账户的期末余额都应该记在账户的（ ）。
   A. 借方   B. 贷方   C. 相同方向   D. 相反方向
9. 以下各项目属于会计科目的有（ ）。
   A. 应收购货单位款项   B. 应付销货单位款项
   C. 在途物资   D. 投入资本
10. 《企业会计准则》将会计要素分为六类，《企业会计准则应用指南》将会计科目分为（ ）。
   A. 六类   B. 五类   C. 七类   D. 三类

二、多项选择题

1. 账户的基本结构一般包括（ ）。
   A. 账户名称   B. 日期和摘要   C. 增减额   D. 凭证字号
   E. 余额
2. 下列各项中，属于损益类会计科目的有（ ）。
   A. 销售费用   B. 制造费用
   C. 所得税费用   D. 营业外收入
   E. 应付职工薪酬
3. 账户的哪一方记增加，哪一方记减少，取决于（ ）。
   A. 记账方法   B. 账户类别
   C. 账户结构   D. 经济管理的需要
   E. 账户所记录的经济业务内容
4. 下列各项中，体现会计科目和账户之间区别的有（ ）。
   A. 账户是依据会计科目开设的   B. 账户可提供具体的数据资料
   C. 会计科目可提供具体的数据资料   D. 账户具有登记经济业务增减变动的结构
5. 下列属于资产类会计科目的有（ ）。
   A. 累计折旧   B. 预付账款   C. 存货   D. 待处理财产损溢
6. 核算销售商品尚未收款的业务，可能涉及的会计科目有（ ）。
   A. 应付账款   B. 应收账款   C. 主营业务收入   D. 原材料
   E. 本年利润
7. 借方登记本期减少额的账户有（ ）。
   A. 资产类账户   B. 负债类账户   C. 收入类账户   D. 所有者权益类账户
8. 下列各项中，可以表示账户中各项金额之间关系的有（ ）。
   A. 本期期末余额＝本期期初余额＋本期增加发生额－本期减少发生额
   B. 本期期末余额＋本期减少发生额＝本期期初余额＋本期增加发生额
   C. 本期期末余额＝本期期初余额＋本期增加发生额＋本期减少发生额
   D. 本期期末余额＝本期期初余额
   E. 本期期末余额－本期期初余额＝本期增加发生额－本期减少发生额
9. 下列各项中，属于账户金额要素的有（ ）。
   A. 期初余额   B. 期末余额   C. 本期增加额   D. 本期减少额
   E. 期末余额的合计数

10. 核算投资者对企业追加投资的业务涉及的会计要素变化的有(   )。
   A. 资产增加　　　　　　　　　B. 负债增加
   C. 所有者权益增加　　　　　　D. 费用增加
   E. 收入增加

三、判断题

1. 所有总分类账户都要设置明细分类账户。　　　　　　　　　　　　　(   )
2. 所有的账户都是依据会计科目开设的。　　　　　　　　　　　　　　(   )
3. 所有账户的左边均记录增加额，右边均记录减少额。　　　　　　　　(   )
4. 会计科目是对会计要素的具体内容进行分类形成的用于会计核算的具体项目。(   )
5. 会计科目是对会计对象的细分。会计科目与会计账户最主要的区别是会计账户有结构，而会计科目没有结构。会计科目只是会计账户的名称。　　　　　　(   )
6. 原材料账户的借方发生额与余额一般登记在同一个方向。　　　　　　(   )
7. 设置会计科目，是根据会计对象的具体内容和经济管理的要求，事先规定分类核算的项目或标志的一种专门方法。　　　　　　　　　　　　　　　　　　(   )
8. 一个账户的借方如果用来登记增加发生额，其贷方一般用来登记减少发生额。(   )
9. 一般情况下，账户的余额与增加额在同一方向登记。　　　　　　　　(   )
10. 短期借款账户的余额正常情况下应在借方登记。　　　　　　　　　 (   )

四、简答题

1. 什么是会计科目？会计科目有哪些类型？
2. 什么是会计账户？会计账户与会计科目有何区别与联系？
3. 按经济内容分类的会计科目与会计要素有什么联系？
4. 按所提供信息的详细程度及其统驭关系分类，会计科目（账户）有哪些类型？
5. 会计账户一般包含哪些内容？
6. 会计账户一般有哪些金额要素？各金额要素之间有何内在联系？

五、业务题

1. 目的：练习常用会计科目的分类。

资料：某企业在日常会计处理过程中，经常使用以下会计科目，如表3-7所示。

表3-7　某企业经常使用的会计科目

会计科目				
银行存款	实收资本	材料采购	原材料	制造费用
应付账款	应收账款	生产成本	库存商品	主营业务收入
主营业务成本	短期借款	固定资产	累计折旧	库存现金
财务费用	本年利润	盈余公积	销售费用	管理费用

要求：按经济内容分类，判断以上会计科目分别归于哪一类？

2. 目的：分辨会计科目及类型。

资料：某企业发生的相关业务涉及以下内容：

(1) 房屋及建筑物；

（2）机器设备；

（3）运输用汽车；

（4）库存生产用钢材；

（5）燃料；

（6）商标权；

（7）完工产成品；

（8）存放在银行的款项；

（9）由出纳人员保管的现金；

（10）应收 A 公司的销售货款；

（11）预借给职工的差旅费；

（12）从银行取得的贷款；

（13）应付给光华厂的材料款；

（14）欠缴的税金；

（15）加工甲产品领用材料；

（16）投资者投入的资本；

（17）预收的销货订金；

（18）应分配给投资者的利润；

（19）广告费支出；

（20）已销售产品的成本；

（21）支付的办公费；

（22）应付给职工的工资；

（23）违约罚款支出；

（24）罚款收入；

（25）应交的所得税；

（26）购入做短期投资的股票。

要求：说明核算以上项目时应选用的会计科目，分析按经济内容分类各会计科目的类型。

第四章

复式记账

★学习目标

通过本章的学习，应理解记账方法的含义及不同类型；理解复式记账法的概念和种类；掌握借贷记账法的主要内容；掌握会计分录的概念、分类；理解借贷记账法的运用；学会运用借贷记账法对企业的基本业务进行账务处理；学会会计分录的编制方法。

★案例导入

小梅大学时学的是会计专业，刚刚被广大公司财务部聘任。今天是她来公司上班的第一天。会计科里的同事们忙得不可开交，她一问才知道，大家正在忙于月末结账。"我能做些什么？"小梅心里想着。会计科科长看她急于投入工作，也想检验一下她的工作能力，就问道："你在学校学过试算平衡表的编制方法吧？""学过。"小梅很自然地回答。"那好，你就先编制一下我们公司这个月的试算平衡表吧。"科长帮她找到了本公司所有的总账账簿。不到一个小时，一张总分类账户发生额及余额试算平衡表就完整地编制出来了。看到表格上那相互平衡的三组数字，小梅激动的心情难以言表，兴冲冲地向科长交了差。

"呀，昨天车间领材料的单据还没记到账上呢，这也是这个月的业务！"会计员小娟说。还没等小梅缓过神来，会计员小张手里拿着一些会计凭证也凑了过来，对科长说："这笔账我核对过了，应当记入'原材料'和'生产成本'的是 10 000 元，而不是 9 000 元。已经入账的那部分数字还得改一下。"

思考：试算平衡表不是已经平衡了吗，怎么还有错账呢？

第一节　记账方法

记账方法是根据一定的原理、记账符号、记账规则，采用一定的计量单位，利用文字和数字在账簿中登记经济业务的方法。

记账方法按记录方式不同，可分为单式记账法和复式记账法。

一、单式记账法

单式记账法是一项经济业务发生，一般只在一个账户进行登记的方法。单式记账法重点考虑的是现金、银行存款以及债权、债务方面发生的交易或事项，是一种比较简单、不完整的记账方法。例如，用银行存款购买材料，只记"银行存款"账，不记"原材料"账；购买材料，货款未付时，只记"应付账款"账，不记"原材料"账。它是一种不够完整的记账方法。账户与账户之间没有必然的内在联系，也没有相互对应平衡的概念。单式记账法只能反映经济业务的一个侧面，会计记录之间不存在相互钩稽关系，因此，其不能全面、系统地反映经济业务的来龙去脉，也不便于检查账簿记录的正确性，故现已很少使用。

二、复式记账法

复式记账法是从单式记账法发展演变而来的，是单式记账法的对称。这种记账方法是对所发生的经济业务，以相等的金额同时在两个或两个以上相互联系的账户中进行登记的方法。如"以银行存款2 000元购买原材料"，这笔业务在记账时，不仅记"银行存款"减少2 000元，同时还要记"原材料"增加2 000元。在复式记账法下，由于对每项经济业务都以相等的金额在相互对应的账户中做记录。因此，账户之间存在相互钩稽关系，通过对应账户可以了解每项经济业务的来龙去脉，还可以用试算平衡的方法检验账簿记录的正确性。复式记账法按记账符号、记账规则等的不同，可具体分为借贷记账法、增减记账法和收付记账法。其中，借贷记账法是目前世界上通用的记账方法，也是目前我国法定的记账方法。《企业会计准则——基本准则》以及《事业单位会计准则》等法规中明确规定"企业（事业单位）应当采用借贷记账法记账"。

复式记账法在会计核算方法体系中占有重要地位。在日常会计核算工作中，从编制会计凭证到登记账簿，都要运用复式记账法。

第二节　借贷记账法

一、借贷记账法的概念

借贷记账法是复式记账法的一种，通常又称为借贷复式记账法。它是以"资产＝负债＋所有者权益"为理论依据，以"借"和"贷"为记账符号，以"有借必有贷，借贷必相等"为记账规则，记录会计要素增减变动情况的一种复式记账法。

借贷记账法起源于13—14世纪的意大利。借贷记账法的"借""贷"两字，最初是以其本来含义记账的，反映的是"债权"和"债务"的关系。随着商品经济的发展，借贷记账法也在不断发展和完善，"借""贷"两字逐渐失去其本来含义，变成了纯粹的记账符号。1494年，意大利数学家卢卡·帕乔利的《算术、几何、比及比例概要》一书问世，标志着借贷记账法正式成为大家公认的复式记账法，同时，也标志着近代会计的开始。随后，借贷记账法传遍欧洲、美洲等地，成为世界通用的记账方法。20世纪初由日本传入我国，目前已成为我国法定的记账方法。

下面分别从理论基础、记账符号、账户结构、记账规则、试算平衡等几个方面对借贷记账法进行介绍。

二、借贷记账法的理论基础

借贷记账法的对象是会计要素的增减变动过程及结果。这个过程及结果可用公式表示为：资产＝负债＋所有者权益。这一恒等式揭示了以下三个方面的内容：

（一）会计主体各要素之间存在着金额平衡关系

一定数量的资产增加，往往同时会引起等额的另一项资产的减少或者负债和所有者权益的增加，任何经济业务所引起的要素增减变动，都不会影响这个等式的平衡。如果合理规划，通过用"借""贷"两方分别来表达同一项经济业务引起的不同项目的增减变化，则可以利用等式两边金额的平衡关系形成特定的规律，并将该规律运用于不同的经济业务，形成统一的有规律的记账方法。

（二）各会计要素增减变化相互联系

由上一章内容可以看出，任何经济业务（四类经济业务）都会引起两个或两个以上相关会计项目发生金额变动，因此当经济业务发生后，在一个账户中记录该业务引起的金额变动时，必然会有另一个或更多的账户的增减变动记录与之对应。

（三）等式中的有关因素之间的变化是对立的

需要通过特定的安排来体现这种有关因素之间的变化的对立关系，以区分发生的不同变化，也就是说，如果我们设定用账户的左方（借方）来记录资产类项目增加额，就要用该账户右方（贷方）来记录资产类项目减少额。同理，如果我们设定用右方（贷方）记录负债和所有者权益增加额，我们就需要通过左方（借方）来记录负债和所有者权益的减少额。

这三个方面的内容贯穿了借贷记账法的始终。会计等式对记账方法的要求决定了借贷记账法的账户结构、记账规则、试算平衡的基本理论，因此说会计恒等式是借贷记账法的理论基础。

三、借贷记账法的记账符号和账户结构

（一）记账符号

"借"和"贷"是借贷记账法的标志，这是一对记账符号。这对记账符号，要同借贷记账法的账户结构统一起来应用，才能真正反映出它们分别代表的会计对象要素增减变动的内容。

（二）账户结构

借贷记账法的账户基本结构分为左右两方，左方称为借方，右方称为贷方。账户结构是指在会计核算时对于某一个具体的账户，事先规定哪一个方向记录增加发生额，哪一个方向记录减少发生额，期初与期末余额应登记在哪个方向的具体安排。一般在账户借方记录的经济业务称为"借记某账户"，在账户的贷方记录的经济业务称为"贷记某账户"。至于借方和贷方究竟哪一方用来记录金额的增加，哪一方用来记录金额的减少，则要根据账户的性质来决定，不同性质的账户，其结构是不同的。

借贷记账法的账户结构安排依据会计静态恒等式"资产＝负债＋所有者权益"以及动态平衡方程"资产＋费用＝负债＋所有者权益＋收入"的结构来具体设定。充分利用等式具有"等式左边"与"等式右边"这两个不同方向,账户也具有"借方(左方)"与"贷方(右方)"这两个不同方向的共同特点,规定凡是等式左边的各类信息发生增加变化,用"借方"来表达,等式左边的各类信息发生减少变化,则用"贷方"来表达;与之相反,等式右边的信息发生增加变化,则用"贷方"来表达,等式右边的信息发生减少变化,则用"借方"来表达。这样设定的结果,既能体现会计要素之间存在的金额平衡关系,又能形成简单明确的记账规律。在借贷记账法下,对各类账户的结构安排分述如下:

1. 资产类账户

由于借贷记账法"借"在左方,"贷"在右方,因此可设定会计要素平衡等式的左边借方记录资产增加,右边贷方记录资产减少。其形式如图4-1所示。

借方		资产类账户名称		贷方
期初余额	×××			
本期增加额	×××	本期减少额	×××	
	×××		×××	
	……		……	
本期发生额:	×××	本期发生额:	×××	
期末余额:	×××			

图4-1 资产类账户结构

该类账户各金额要素之间的关系表示为:

资产类账户期末余额＝借方期初余额＋本期借方发生额－本期贷方发生额

2. 负债及所有者权益类账户

由于负债及所有者权益与资产分别处于等式的两边,为了保持会计恒等式的平衡,等式右边贷方记录负债、所有者权益增加,左边借方记录负债、所有者权益减少。其形式如图4-2所示。

借方		负债及所有者权益类账户名称		贷方
		期初余额	×××	
本期减少额	×××	本期增加额	×××	
	×××		×××	
	……		……	
本期发生额:	×××	本期发生额:	×××	
		期末余额:	×××	

图4-2 负债及所有者权益类账户结构

该类账户各金额要素之间的关系表示为:

负债及所有者权益类账户期末余额＝贷方期初余额＋本期贷方发生额－本期借方发生额

3. 费用成本类账户

企业在生产经营过程中产生各种耗费，形成成本费用类信息，而企业的生产耗费又体现出不同的特征，有些耗费导致经济利益流出企业，而又难以明确承担耗费的具体对象，如支付利息费、绿化费；有些耗费能找到明确的承担对象，如生产某产品耗用了原材料，或为了加工某产品给负责加工该产品的工人发放工资。企业应设置不同类型的账户分别反映导致经济利益流出且承担对象不明确的耗费以及能明确承担对象的耗费。为此，反映企业发生的各种耗费的账户又有成本类账户与费用类账户之分，前者反映有明确承担对象的耗费，按对象归集数据；后者反映承担对象不明确且导致企业经济利益流出的耗费，按期间归集数据。这两类账户在结构安排上比较近似，而又有不同。如"生产成本"是典型的成本类账户，用来归集在生产过程中为生产某产品所发生的应由该产品来承担的各种耗费，也就是生产成本反映的是企业的半成品的价值量，按其信息类型属于资产要素，因此其账户结构与资产类账户类似，成本类账户可能有余额，也可能没有余额。以"生产成本"账户为例，会计期末若产品全部完工结转入库，此时该账户没有余额，若期末尚有未完工的半成品，则该账户有余额，表达的是期末半成品的价值量；费用类账户在期末时由于计算利润的需要，其发生额需要结转到本年利润账户，因此没有余额。成本类账户及费用类账户的结构分别如图4-3、图4-4所示。

借方		成本类账户名称		贷方
期初余额	×××			
本期增加额	×××	本期减少额	×××	
	×××		×××	
	……		……	
本期发生额：	×××	本期发生额：	×××	
期末余额	×××			

图4-3 成本类账户结构

成本类账户各金额要素之间的关系表示为：

成本类账户期末余额 = 借方期初余额 + 本期借方发生额 − 本期贷方发生额

借方		费用类账户名称		贷方
本期增加额	×××	本期减少（转出）额	×××	
	×××		×××	
	……		……	
本期发生额：	×××	本期发生额：	×××	

图4-4 费用类账户结构

4. 收入类账户

收入类账户的结构与负债及所有者权益账户的结构比较接近，收入的增加额记入账户的贷方，收入转出（减少额）则记入账户的借方，由于期末计算利润的需要，收入类账户的贷方记录的收入发生额一般要通过借方转出到"本年利润"账户，所以该类账户通常也没有期末余额。其结构如图4-5所示。

借方	收入类账户名称		贷方
本期减少（转出）额 ×××		本期增加额	×××
×××			×××
……		……	
本期发生额： ×××		本期发生额：	×××

图4-5　收入类账户结构

将各类账户的结构归纳起来，如表4-1所示。

表4-1　借贷记账法下各类账户的结构安排

借　方	贷　方	余额方向
资产增加	资产减少	借方
负债减少	负债增加	贷方
所有者权益减少	所有者权益增加	贷方
成本增加	成本减少	一般在借方或无余额
费用增加	费用（减少）转出	一般无余额
收入（减少）转出	收入增加	一般无余额

四、借贷记账法的记账规则

记账规则是进行会计记录和检查账簿登记是否正确的依据。不同的记账方法具有不同的记账规则。借贷记账法的记账规则可以用一句话概括："有借必有贷，借贷必相等。"这一记账规则要求：

（1）任何一笔经济业务都必须同时分别记录到两个或两个以上的账户中去。

（2）所记录的账户可以是同类账户，也可以是不同类账户，但必须是两个记账方向，既不能都记入借方，也不能都记入贷方。

（3）记入借方的各账户的金额合计数必须等于记入贷方的各账户的金额合计数。

五、借贷记账法的运用

（一）借贷记账法的运用方法

在实际运用借贷记账法的记账规则登记经济业务时，一般要按五个步骤进行：

（1）根据发生的经济业务判断有没有引起会计要素的变化，是否应该入账，若应该入账，则根据复式记账法原理至少选择两个或两个以上的账户来对该业务进行记录，根据科目的设置及各科目的核算范围确定应选用哪些会计账户（科目）来记录该业务。

（2）判断所选的该业务所涉及的各账户的性质，是什么类型的账户（即是资产类、负债类、所有者权益类、成本类、损益类的费用性质的账户，还是损益类的收入性质的账户中的哪一类或哪几类），各账户对应的价值量是增加了还是减少了等。

（3）判断每个账户所要表达的信息对应的价值量，即各账户应入账的金额。

(4) 依据前面描述的各账户的基本结构安排确定每个账户的结构，即应记录的方向是借方还是贷方。凡涉及资产及费用成本的增加、负债及所有者权益的减少、收入的减少或转出，都应记入该账户的借方；凡涉及资产及费用成本的减少、费用的减少或转出、负债及所有者权益的增加、收入的增加，都应记入该账户的贷方。

(5) 依据"有借必有贷，借贷必相等"的记账规则确认前面几个步骤的选择与判断是否正确。

（二）借贷记账法运用案例

资料：宏达公司 2019 年 12 月 31 日资产、负债及所有者权益类各账户的期末余额如表 4-2 所示。

表 4-2　资产、负债及所有者权益余额表

2019 年 12 月 31 日　　　　　　　　　　　　　　　　　　元

资产类账户	金　额	负债及所有者权益类账户	金　额
库存现金	2 000	短期借款	180 000
银行存款	58 000	应付账款	120 000
应收账款	100 000	应付职工薪酬	30 000
原材料	200 000	应付利润	50 000
固定资产	600 000	实收资本	500 000
		资本公积	80 000
总计	960 000	总计	960 000

从表 4-2 中可以看出，资产（960 000 元）= 负债（380 000 元）+ 所有者权益（580 000 元）。假定宏达公司次年 1 月份发生以下业务：

【例 4-1】 1 月 3 日，宏达公司收到某投资者追加投入货币资金 800 000 元，手续已办妥，款项已转入本公司的存款账户。

该项业务的发生，一方面使公司"银行存款"增加，另一方面使公司"实收资本"的规模也会扩大。"银行存款"属于资产类账户，"实收资本"属于所有者权益类账户。根据借贷记账法下的账户结构，资产的增加记借方，所有者权益的增加记贷方。此业务应借记"银行存款"800 000 元，贷记"实收资本"800 000 元，如图 4-6 所示。该业务属于等式两边资产与所有者权益等额增加的业务。

借	银行存款	贷	借	实收资本	贷
(1) 800 000				(1) 800 000	

图 4-6　例 4-1 账户结构

【例 4-2】 1 月 6 日，宏达公司向材料供应商新民公司购买甲材料，材料已收到，由于资金周转困难，材料款 100 000 元尚未支付（忽略相关税金）。

该项业务的发生一方面使公司"原材料"增加，另一方面使公司欠款"应付账款"也同

时增加。"原材料"属于资产类账户,"应付账款"属于负债类账户。根据借贷记账法下的账户结构,资产增加记借方,负债增加记贷方。此业务应借记"原材料"100 000元,贷记"应付账款"100 000元,如图4-7所示。该业务属于等式两边资产与负债等额增加的业务。

图4-7 例4-2账户结构

【例4-3】 1月9日,宏达公司通过银行转账偿还于本月到期的期限为3个月的银行贷款90 000元。

该项业务一方面使公司的"银行存款"减少90 000元,另一方面使公司的"短期借款"减少90 000元。"银行存款"属于资产类账户,"短期借款"属于负债类账户。根据借贷记账法下的账户结构,资产的减少记贷方,负债的减少记借方。此业务应借记"短期借款"90 000元,贷记"银行存款"90 000元,如图4-8所示。该业务导致等式两边的资产与负债同时等额减少。

图4-8 例4-3账户结构

【例4-4】 1月16日,宏达公司开出转账支票60 000元,购买一台电子仪器(忽略相关税金)。

该项业务的发生一方面使公司新的电子仪器"固定资产"增加60 000元,另一方面使公司的"银行存款"减少60 000元。"固定资产"和"银行存款"都属于资产类账户。根据借贷记账法下的账户结构,资产的增加通过账户的借方反映,减少通过账户的贷方反映。此业务应借记"固定资产"60 000元,贷记"银行存款"60 000元,如图4-9所示。该业务属于等式左边的资产要素一增一减的业务。

图4-9 例4-4账户结构

【例4-5】 1月18日,宏达公司开出一张面值为50 000元的商业汇票,以抵偿前期欠东方公司的材料款。

该项经济业务一方面使公司的"应付票据"增加了50 000元,另一方面使公司的"应付账款"减少了50 000元。"应付票据"和"应付账款"都属于公司的负债类账户。根据借贷记账法下的账户结构，负债的增加通过账户的贷方反映，减少则通过账户的借方反映。此业务应借记"应付账款"50 000元，贷记"应付票据"50 000元，如图4-10所示。该业务属于等式右边的负债要素一增一减的业务。

图4-10 例4-5账户结构

【例4-6】 1月20日，宏达公司按法定程序将资本公积80 000元转增资本金。

该业务的发生一方面使公司的"实收资本"增加80 000元，另一方面使公司的"资本公积"减少80 000元。"资本公积"和"实收资本"都属于所有者权益类账户。根据借贷记账法下的账户结构，所有者权益的增加通过账户的贷方反映，减少则通过账户的借方反映。此业务应借记"资本公积"80 000元，贷记"实收资本"80 000元，如图4-11所示。该业务属于等式右边的所有者权益要素一增一减的业务。

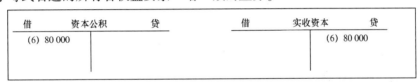

图4-11 例4-6账户结构

从以上举例可以看出，无论哪种类型的经济业务，都是以相等的金额同时记入一组账户的借方和另一组账户的贷方。所有的业务按借贷记账法的账户结构进行记录的结果都具有"有借必有贷，借贷必相等"的规律，这验证了前述借贷记账法的记账规则。

六、借贷记账法下的会计分录

（一）账户的对应关系和对应账户

从以上举例可以看出，在运用借贷记账法进行核算时，在有关账户之间存在着应借、应贷的相互关系，账户之间的这种相互关系称为账户的对应关系。存在对应关系的账户称为对应账户。例如，将现金1 000元存入银行，将导致"银行存款"增加1 000元以及"库存现金"减少1 000元这一同步变化，企业应分别在"银行存款"账户的借方和"库存现金"账户的贷方记录这一变化。因此"银行存款"与"库存现金"账户因为反映同一项业务引起的因果变化而联系起来，只有运用这两个账户来同步反映信息才能表达清楚同一件事情的前因后果。这两个账户因此发生了对应关系，两个账户也就成了对应账户。掌握账户的对应关系很重要，通过账户的对应关系可以了解经济业务的内容，检查对经济业务的处理是否合理合法。

（二）会计分录

会计分录简称分录。在借贷记账法下，会计分录是指标明某项经济业务应借应贷方向、科目名称和金额的记录。会计分录由应借应贷方向、对应账户（科目）名称及应记金额三要素构成。借与贷的对应关系有单一型和复合型。单一型即"一借一贷",借方只有一个会计科目,贷方也只有一个会计科目。复合型有"一借多贷""多借一贷""多借多贷"。"一借多贷"是指一个借方会计科目对应两个或两个以上的贷方会计科目;"多借一贷"是指多个借方会计科目对应一个贷方会计科目;"多借多贷"是指借方多个会计科目对应贷方多个会计科目,一般只在一笔经济交易或事项客观存在复杂关系时才使用。

由于涉及的对应账户的数量不同,会计分录分为简单会计分录和复合会计分录。

1. 简单会计分录

简单会计分录是指具有单一型对应关系,即"一借一贷"的分录。上述依据宏达公司2020年1月发生的六项经济业务编制的会计分录都属于简单会计分录。将上述核算事项用会计分录表示为:

(1) 借:银行存款　　　　　　　　　　　　　　　　800 000
　　　贷:实收资本　　　　　　　　　　　　　　　　　　800 000
(2) 借:原材料　　　　　　　　　　　　　　　　　100 000
　　　贷:应付账款　　　　　　　　　　　　　　　　　　100 000
(3) 借:短期借款　　　　　　　　　　　　　　　　 90 000
　　　贷:银行存款　　　　　　　　　　　　　　　　　　 90 000
(4) 借:固定资产　　　　　　　　　　　　　　　　 60 000
　　　贷:银行存款　　　　　　　　　　　　　　　　　　 60 000
(5) 借:应付账款　　　　　　　　　　　　　　　　 50 000
　　　贷:应付票据　　　　　　　　　　　　　　　　　　 50 000
(6) 借:资本公积　　　　　　　　　　　　　　　　 80 000
　　　贷:实收资本　　　　　　　　　　　　　　　　　　 80 000

2. 复合会计分录

复合会计分录是指具有复合型对应关系,涉及两个以上账户的分录,即"一借多贷""多借一贷""多借多贷"的分录。下面举一个应编制复合会计分录的业务例子。

【例4-7】 1月23日,宏达公司向材料供应商阳光公司购买乙材料一批,价值90 000元,其中已用银行存款支付40 000元,其余款项尚未支付(忽略相关税金),材料已收到。

该项业务涉及资产类账户的"原材料"账户、"银行存款"账户和负债类账户的"应付账款"账户,编制复合会计分录如下:

借:原材料　　　　　　　　　　　　　　　　　　 90 000
　　贷:银行存款　　　　　　　　　　　　　　　　　　 40 000
　　　　应付账款　　　　　　　　　　　　　　　　　　 50 000

(三) 会计分录的编制步骤

由于会计分录由会计账户名称、记账方向(符号)、应记金额三个要素构成,编制会计分录的过程也就是依次确定这三个要素的过程。

(1) 确定核算某项经济业务涉及哪些账户,每一个账户表达的信息的价值量是增加还是减少。

(2) 分别确定所涉及的每一个账户类型，是资产、费用、成本还是权益或收入。

(3) 依据借贷记账法的账户结构确定选定涉及的账户的发生额或余额应记入借方还是贷方。

(4) 将按前三个步骤判断的结果形成会计分录，根据会计分录的对应结果再次确定前面三个步骤的判断是否正确、会计分录是否符合借贷记账法的记账规则。

七、借贷记账法的试算平衡

企业对日常发生的经济业务都要记入有关账户，记账稍有疏忽，便有可能发生差错。因此，对全部账户的记录必须定期进行试算，借以验证账户记录是否正确。所谓试算平衡，是指在借贷记账法下，根据会计恒等式"资产＝负债＋所有者权益"以及"有借必有贷，借贷必相等"的借贷记账法的记账规则，通过汇总、检查和验算确定所有账户记录是否正确的过程。它包括发生额试算平衡和余额试算平衡。

（一）试算平衡的原理与方法

1. 发生额试算平衡法

发生额试算平衡法的理论依据是"有借必有贷，借贷必相等"这一记账规则。在借贷记账法下，每一项经济业务的发生，都至少应在一个或一个以上账户的借方登记一个发生额，而同时必然有一个或一个以上账户的贷方记录与借方账户相对应，并且其借方与贷方的发生额必然相等。因此，在一定时期内根据会计分录登记有关账户之后，则全部账户的借方本期发生额合计数和全部账户的贷方发生额合计数也必然相等。发生额试算平衡法是根据本期所有账户借方发生额合计数与贷方发生额合计数的恒等关系，检验本期发生额记录是否正确的方法。其公式表达为：

$$\sum 全部账户本期借方发生额 = \sum 全部账户本期贷方发生额$$

2. 余额试算平衡法

余额平衡是指某个日期所有账户的借方余额之和与所有账户的贷方余额之和相等。余额试算平衡法就是根据此恒等关系，来检验本期记录是否正确的方法。这是由"资产＝负债＋所有者权益"的恒等关系决定的。在某一时点上，有借方余额的账户应是资产类账户，有贷方余额的账户应是权益类账户，分别合计其金额，就是具有相等关系的资产与权益总额。根据余额的时间不同，可分为期初余额平衡和期末余额平衡。本期的期末余额若平衡，则意味着下一期的期初余额平衡。

根据试算平衡时选择的余额指标不同，又可将余额试算平衡法分为期初余额试算平衡法与期末余额试算平衡法两类。其公式分别表达为：

$$\sum 全部账户本期借方期初余额 = \sum 全部账户本期贷方期初余额$$

$$\sum 全部账户本期借方期末余额 = \sum 全部账户本期贷方期末余额$$

（二）试算平衡表

在实际会计核算中，试算平衡工作一般是在月末结出每个账户的借方发生额、贷方发生额以及期末余额后，通过编制试算平衡表的方法来进行的。具体又有两种不同的做法：其一是分别编列发生额试算平衡表与余额试算平衡表；其二是将发生额与余额的试算平衡合并在一张平衡表中。不同类型的试算平衡表的格式分别如表4-3～表4-5所示。

表 4-3　本期发生额试算平衡表

年　月　　　　　　　　　　　　　　　　　　　　　　　　　元

账户名称	借方发生额	贷方发生额
合　计		

表 4-4　期末（初）余额试算平衡表

年　月　　　　　　　　　　　　　　　　　　　　　　　　　元

账户名称	期初（末）借方余额	期初（末）贷方余额
合　计		

表 4-5　本期发生额及余额试算平衡表

年　月　　　　　　　　　　　　　　　　　　　　　　　　　元

账户名称	期初余额		本期发生额		期末余额	
	借方	贷方	借方	贷方	借方	贷方
合　计						

依据前述宏达公司 2020 年 1 月的业务（例 4-1～例 4-7）编制的试算平衡表如表 4-6 所示。

表 4-6　宏达公司本期发生额及余额试算平衡表

2020 年 1 月　　　　　　　　　　　　　　　　　　　　　　元

账户名称	期初余额		本期发生额		期末余额	
	借方	贷方	借方	贷方	借方	贷方
库存现金	2 000				2 000	
银行存款	58 000		800 000	190 000	668 000	
应收账款	100 000				100 000	
原材料	200 000		190 000		390 000	
固定资产	600 000		60 000		660 000	
短期借款		180 000	90 000			90 000
应付票据				50 000		50 000
应付账款		120 000	50 000	150 000		220 000
应付职工薪酬		30 000				30 000
应付利润		50 000				50 000
实收资本		500 000		880 000		1 380 000
资本公积		80 000	80 000			
合　计	960 000	960 000	1 270 000	1 270 000	1 820 000	1 820 000

（三）试算平衡的局限

应该看到，试算平衡表只是通过借贷金额是否平衡来检查账户记录是否正确，而有些错误对于借贷双方的平衡并不发生影响，无法通过试算平衡检测出该类错误。因此，在编制试算平衡表时对以下问题应引起注意：

（1）必须保证所有账户的发生额（余额）均已记入试算平衡表。因为会计等式是对六项会计要素整体而言的，缺少任何一个账户的发生额（余额），都会造成期初或期末借方与贷方发生额（余额）合计不相等。

（2）如果借贷不平衡，肯定账户记录有错误，应认真查找，直到实现平衡为止。

（3）即使借贷平衡，也并不意味着账户记录绝对正确，因为有些错误对于借贷双方的平衡并不发生影响。例如：

①借贷双方发生同等金额的记录错误。

②漏记或重复记录同一项经济业务。

③账户记录发生借贷方向颠倒。

④用错会计科目等。

本章小结

本章主要阐述了记账方法，重点介绍了复式记账法中的借贷记账法。

记账方法有单式记账法与复式记账法之分，复式记账法有利于反映经济业务的因果变化，得到了广泛的采用。

借贷记账法是当前国际通行的记账方法。其记账符号分别为"借"和"贷"。记账规则为"有借必有贷，借贷必相等"。资产、成本、费用这几类账户在价值量增加时登记在借方，减少时登记在贷方；负债、所有者权益、收入类账户的结构与之相反。损益类账户期末余额一般为零。期末，账户处理完成后，企业可以通过发生额或余额的试算平衡来检查当期账务处理是否正确。试算平衡也存在局限性。

课后思考与练习

一、单项选择题

1. 以下各项增加时在借方登记的账户是（　　）。
   A. 应付债券　　　B. 短期借款　　　C. 应付利息　　　D. 固定资产

2. 借贷记账法记账规则的确定是依据（　　）。
   A. 复式记账的原理　　　　　　　　　B. 有借必有贷，借贷必相等
   C. 经济业务引起资金变动的几种情况　　D. 借贷记账法账户的基本结构

3. 在期末，费用、成本类账户（　　）。
   A. 一般有借方余额
   B. 一般有贷方余额
   C. 一般没有余额

D. 费用类账户没有余额，但成本类账户可能有余额

4. 在下列账户中，与负债类账户结构相同的是(　　)类账户。

   A. 资产　　　　　B. 收入　　　　　C. 费用　　　　　D. 所有者权益

5. 在借贷记账法下，负债类账户的期末余额等于(　　)。

   A. 期初借方余额 + 本期借方发生额 – 本期贷方发生额

   B. 期初贷方余额 + 本期贷方发生额 – 本期借方发生额

   C. 期初借方余额 + 本期贷方发生额 – 本期借方发生额

   D. 期初贷方余额 + 本期借方发生额 – 本期贷方发生额

6. 简单会计分录是指(　　)的会计分录。

   A. 一借多贷　　　B. 一借一贷　　　C. 一贷多借　　　D. 多借多贷

7. 费用、成本类账户在记账方向上与(　　)类账户相同。

   A. 资产　　　　　B. 负债　　　　　C. 所有者权益　　D. 收入

8. "应付账款"账户的期初余额为8 000元，本期增加额为12 000元，期末余额为6 000元，则该账户本期减少额为(　　)元。

   A. 10 000　　　　B. 14 000　　　　C. 2 000　　　　D. 4 000

9. 负债类账户的期末余额一般在(　　)。

   A. 贷方　　　　　B. 借方　　　　　C. 借方或贷方　　D. 没有余额

10. 下列各账户中，期末余额一般在借方的是(　　)账户。

    A. 短期借款　　　B. 累计折旧　　　C. 银行存款　　　D. 实收资本

11. 按照借贷记账法的记录方法，下列四组账户中，增加额均记在贷方的是(　　)。

    A. 资产类和负债类　　　　　　　　B. 负债类和所有者权益类

    C. 成本类和损益类　　　　　　　　D. 损益类中的收入和费用类

12. 会计科目与账户之间的区别在于(　　)。

    A. 反映的经济内容不同　　　　　　B. 账户有结构，而会计科目无结构

    C. 分类的标准不同　　　　　　　　D. 反映的结果不同

13. 月末应无余额的账户是(　　)。

    A. 固定资产　　　B. 银行存款　　　C. 管理费用　　　D. 实收资本

14. 制造费用科目属于(　　)类科目。

    A. 资产　　　　　B. 成本　　　　　C. 负债　　　　　D. 损益

15. 借贷记账法产生于(　　)。

    A. 英国　　　　　B. 美国　　　　　C. 意大利　　　　D. 法国

二、多项选择题

1. 在借贷记账法下账户贷方登记(　　)。

   A. 资产增加　　　B. 负债减少　　　C. 费用减少　　　D. 所有者权益增加

2. 负债类账户的金额的关系可用(　　)表示。

   A. 本期期末余额 = 期初余额 + 本期增加发生额 – 本期减少发生额

   B. 本期期末余额 = 期初贷方余额 + 本期贷方发生额 – 本期借方发生额

   C. 本期期末余额 + 本期减少发生额 = 借方期初余额 + 本期增加发生额

D. 本期期末余额 = 期初借方余额 + 本期贷方发生额 – 本期借方发生额

3. 应用借贷记账法记录经济业务时，必须考虑(　　)。

　　A. 经济业务涉及哪些账户

　　B. 所用的账户属于哪一类别

　　C. 经济业务引起会计要素增加还是减少

　　D. 在账户上的借方还是贷方登记

4. 在借贷记账法下，"借"表示(　　)。

　　A. 资产的增加额　　　　　　　　B. 所有者权益的减少额

　　C. 负债的增加额　　　　　　　　D. 收入的减少额

5. 以下账户在贷方登记增加数的有(　　)。

　　A. 短期借款　　B. 预收账款　　C. 预付账款　　D. 应收账款

6. 会计账户结构一般应包括的内容有(　　)。

　　A. 账户的名称　　　　　　　　　B. 账户的方向

　　C. 账户的余额　　　　　　　　　D. 账户的使用年限

7. 下列会计科目中，属于损益类科目的有(　　)。

　　A. 应收账款　　B. 投资收益　　C. 主营业务成本　　D. 生产成本

8. 以下属于成本类科目的是(　　)。

　　A. 主营业务成本　　B. 生产成本　　C. 制造费用　　D. 管理费用

9. 下列表述正确的是(　　)。

　　A. 会计科目只是账户的名称　　　　B. 会计科目与账户是同一个概念

　　C. 会计科目无结构，账户有结构　　D. 会计科目与账户反映的内容相同

10. 下列账户期末余额一般应在借方的有(　　)。

　　A. 银行存款　　B. 预付账款　　C. 生产成本　　D. 无形资产

三、判断题

1. 企业必须按《企业会计准则应用指南》所规定的会计科目设置本企业的会计科目，不得自行增加、减少或合并会计科目。（　　）

2. 借贷记账法的记账规则是：有借必有贷，借贷必相等。（　　）

3. 企业核算"收到某投资者以货币资金投资"这一业务，涉及的对应账户是"银行存款"账户及"实收资本"账户，其中"实收资本"账户应借记。（　　）

4. 只要实现了期初余额、本期发生额和期末余额三栏的平衡关系，就说明账户记录正确。（　　）

5. 资产类、成本类、损益类账户在贷方记增加，在借方记减少。（　　）

6. 我国会计准则要求企业采用借贷记账法进行会计核算。（　　）

7. 生产成本账户的期末余额一般在贷方，表示在产品的价值。（　　）

8. 账户和会计科目都是按照相同的经济内容来设置的。（　　）

9. 复式记账法是指对每一项经济业务，都以相等的金额，在相互联系的两个或两个以上账户中进行登记的一种记账方法。（　　）

10. 借贷记账法的账户借方表示增加，贷方表示减少。（　　）

四、简答题

1. 什么是记账方法？什么是借贷记账法？
2. 在借贷记账法下账户结构是怎样的？
3. 什么是会计分录？编制会计分录的步骤有哪些？会计分录有哪些类型？
4. 什么是试算平衡？试算平衡的公式有哪些？
5. 发生额试算平衡表与余额试算平衡表分别应怎样编制？
6. 试算平衡存在哪些局限性？

第五章

制造业企业主要经济业务的核算

★ 学习目标

通过本章的学习，应了解制造业企业的主要经营过程及主要经济业务类型；理解制造业企业会计确认与计量的主要内容；掌握制造业企业主要经营过程的会计核算以及相关账户的性质、用途和结构，并能熟练运用有关账户。

★ 案例导入

关敏所在的腾飞公司为增值税一般纳税人，关敏在公司担任稽核工作，在对2019年11月的会计记录稽核过程中，关敏先后发现下面一些会计记录：

（1）2019年11月购进并入库了一批价值100 000元的甲材料，发票显示公司除了价款还支付了13 000元的增值税，材料已收到入库，款项已支付，制单填制的记账凭证显示的会计分录内容如下：

借：原材料　　　　　　　　　　　　　　　　　　　113 000
　　贷：银行存款　　　　　　　　　　　　　　　　　　113 000

（2）2019年11月，在购进乙、丙材料时，共支付了10 000元的外地运杂费，为简化核算起见，制单时把运杂费核算为管理费用处理，会计分录如下：

借：管理费用　　　　　　　　　　　　　　　　　　　10 000
　　贷：银行存款　　　　　　　　　　　　　　　　　　10 000

（3）2019年11月，企业开具支票支付给广告公司广告费5 000元，制单编制的会计分录如下：

借：管理费用　　　　　　　　　　　　　　　　　　　5 000
　　贷：银行存款　　　　　　　　　　　　　　　　　　5 000

关敏在复核时认为以上会计分录都是错误的，你认为关敏的判断正确吗？正确的会计分录应该是怎样的？

不同行业的企业在经营内容及业务类型方面具有一定的差异，但会计核算方法是统一的。

为使初学者掌握相关内容，本章以制造业企业日常发生的主要经济业务为例，较为系统地介绍账户的设置与借贷记账法的运用，同时介绍购入材料、购入设备和自制产成品成本的计算。

制造业企业的基本经营过程如图5-1所示。

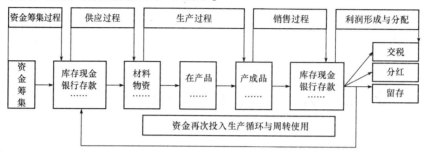

图5-1 制造业企业的基本经营过程

由图5-1可知，制造业企业的主要经济业务可分为资金筹集业务、供应业务、生产业务、销售业务、利润形成及分配业务。下面将对各经济业务的核算进行分类说明。

第一节 资金筹集业务的核算

一、资金筹集业务概述

企业要生存与发展，必须取得资金。企业筹集资金主要有两个渠道：一是由投资者投入资金，二是向债权人借入资金。

企业可以通过吸收直接投资或者发行股票等方式向投资者筹集资金，吸收直接投资时，投资者可以用现金进行投资，也可以用材料物资、固定资产、无形资产等进行投资。投资者投入企业的、属于注册资本范围内的资金（资本），在企业正常生产经营期间，除依法转让外，一般不得抽回。向企业提供资本的投资者是企业的所有者，其投入的资金构成企业所有者权益的组成部分，称为所有者权益资金或权益资金。

企业也可以向银行等金融机构借入资金或向社会发行债券来筹集资金，这部分资金需要按约定的期间偿还本金及利息，其与所有者投资的资金具有不同性质，称为债务资金。

根据两类不同性质的资金来源，企业资金筹集业务包括所有者权益资金筹集业务及债务资金筹集业务两个部分。

二、所有者权益资金筹集业务的核算

（一）所有者权益资金筹集业务核算设置的主要账户

为了总括地对所有者权益资金筹集过程中的主要业务进行核算，应根据其经济业务的具体内容，相应地开设"实收资本（股本）""资本公积""银行存款""固定资产"等账户。

1. 实收资本（股本）

"实收资本（股本）"账户属于所有者权益类账户，用于核算企业投资者按照企业章程或合同、协议的约定，实际投入企业，属于注册资本范围内的资本金（"股本"账户运用于股份有限公司，"实收资本"账户运用于除股份公司以外的其他企业）。其贷方登记按约定投资份额接受的投资金额,借方登记按规定报经批准减少的注册资本,余额一般在贷方,表示企业实有的资本总额。该账户区分投资者进行明细核算,体现投资者投资的份额。("股本"账户则分为优先股与普通股进行明细核算)

2. 资本公积

"资本公积"账户属于所有者权益类账户,用于核算企业收到的投资者出资额中,超出按约定其在注册资本或股本中应占份额的部分。其贷方登记实际收到的资产的价值超过其在注册资本或股本中应占份额的差额,借方登记因转增资本等原因减少的金额,贷方余额表示"资本公积"账户的余额。该账户设有两个明细账户:其一为"资本(股本)溢价",其二为"其他资本公积"。

3. 银行存款

"银行存款"账户属于资产类账户,用于核算企业存入银行或其他金融机构、日常收付的存款。其借方登记银行存款增加的金额,贷方登记银行存款减少的金额,余额一般在借方。该账户应区分存款银行及币种、存款种类进行明细核算。

4. 固定资产

"固定资产"账户属于资产类账户,用于核算企业持有的固定资产原始价值。其借方反映企业拥有或控制的已达到预定可使用状态的房屋建筑物、机器设备、运输工具、办公用具等固定资产的原始价值,贷方反映因报废、出售等原因而减少的固定资产的原始价值,期末余额在借方,反映企业期末尚拥有或控制的固定资产的原始价值。本账户可按固定资产类别和项目进行明细核算。

(二) 所有者权益资金筹集业务核算示例

企业所有者权益资金筹集业务的会计处理流程如图 5-2 所示。

图 5-2 所有者权益资金筹集业务的会计处理流程

此处以宏达有限责任公司(以下简称宏达公司)及民胜股份有限公司(以下简称民胜公司)为例。宏达公司的背景信息如下:制造业企业,增值税一般纳税人,在工商银行开立了基本存款账户;民胜公司的背景信息如下:制造业企业,增值税一般纳税人,在建设银行开立了基本存款账户。两家公司均适用增值税税率13%,20××年(以下例题叙述中年份省略)5月两家公司分别发生了以下基本业务。

【例 5-1】 宏达公司于5月1日收到法人企业振华公司以原材料(甲材料)形式投入的资本1 000 000元,材料已验收入库。(假定暂不考虑增值税)

该笔经济业务,一方面使会计要素中的资产——原材料增加了1 000 000元,另一方面使会计要素中的所有者权益——实收资本同时增加了1 000 000元。这两个方面的变化应分别通过"原材料"和"实收资本"两个账户核算。根据借贷记账法,资产——原材料增加1 000 000元,应记入"原材料"账户的借方;所有者权益——实收资本增加1 000 000元,应记入"实收资本"账户的贷方。编制的会计分录如下:

借：原材料——甲材料　　　　　　　　　　　　　　　　　　1 000 000
　　贷：实收资本——振华公司　　　　　　　　　　　　　　　　　1 000 000

【例5-2】 宏达公司于5月2日收到外商L公司投入的设备10台，评估价值5 100 000元，已交付使用。双方约定外商在注册资本中所占份额为5 000 000元。

该笔经济业务，一方面使会计要素中的资产——固定资产增加了5 100 000元，另一方面使会计要素中的所有者权益——实收资本增加了5 000 000元。其差额100 000元则应记入会计要素中的所有者权益——资本公积（资本溢价）。这三个方面的变化应分别通过"固定资产""实收资本"及"资本公积"三个账户核算。根据借贷记账法，资产——固定资产增加5 100 000元，应记入"固定资产"账户的借方；所有者权益——实收资本增加5 000 000元，应记入"实收资本"账户的贷方；所有者权益——资本公积增加100 000元，应记入"资本公积"账户的贷方。编制的会计分录如下：

借：固定资产——机械设备　　　　　　　　　　　　　　　　5 100 000
　　贷：实收资本——L公司　　　　　　　　　　　　　　　　　5 000 000
　　　　资本公积——资本溢价　　　　　　　　　　　　　　　　　100 000

【例5-3】 宏达公司5月10日吸收个人股东张威投入资本银行存款500 000元，款项已收到并存入公司账户。

该笔经济业务，一方面使会计要素中的资产——银行存款增加了500 000元，另一方面使会计要素中的所有者权益——实收资本增加了500 000元。这两个方面的变化应分别通过"银行存款"和"实收资本"两个账户核算。根据借贷记账法，资产——银行存款增加500 000元，应记入"银行存款"账户的借方；所有者权益——实收资本增加500 000元，应记入"实收资本"账户的贷方。编制的会计分录如下：

借：银行存款——工商银行　　　　　　　　　　　　　　　　　500 000
　　贷：实收资本——张威　　　　　　　　　　　　　　　　　　　500 000

【例5-4】 民胜股份有限公司于5月10日发行普通股票100万股，溢价发行，每股面值1元，售价2元。股款已收存银行。

该笔经济业务，一方面使会计要素中的资产——银行存款增加了2 000 000元，另一方面使会计要素中的所有者权益——股本增加了1 000 000元。其差额1 000 000元应记入会计要素中的所有者权益——资本公积（股本溢价）。这三个方面的变化应分别通过"银行存款""股本"及"资本公积"三个账户核算。根据借贷记账法，资产——银行存款增加2 000 000元，应记入"银行存款"账户的借方；所有者权益——股本增加1 000 000元，应记入"股本"账户的贷方；所有者权益——资本公积增加1 000 000元，应记入"资本公积"账户的贷方。编制的会计分录如下：

借：银行存款——建设银行　　　　　　　　　　　　　　　　2 000 000
　　贷：股本——普通股　　　　　　　　　　　　　　　　　　1 000 000
　　　　资本公积——股本溢价　　　　　　　　　　　　　　　1 000 000

三、债务资金筹集业务的核算

企业向银行或其他金融机构借入的资金按偿还期限的长短分为短期借款和长期借款。短期借款是指企业向银行或其他金融机构借入的还款期限在1年或长于1年的一个营业周期（后面简称"营业周期"）以内的各种借款。长期借款是指企业向银行或其他金融机构借入的还款期限在 1 年或一个营业周期以上的各种借款。企业债务资金筹集业务的核算内容一般包括四个方面的内容：其一，借款的取得；其二，利息费用的计算；其三，利息的支付；其四，本金的偿还。为了总括地对企业债务资金筹集过程中的主要业务进行核算，应根据其经济业务的具体内容，相应地开设"短期借款""长期借款""应付利息""财务费用"等账户。

（一）债务资金筹集业务核算设置的主要账户

1. 短期借款

"短期借款"账户属于负债类账户，用于核算企业向银行或其他金融机构借入的期限在 1 年以下（含 1 年）或一个营业周期以内的各项借款的本金的变动情况。其贷方登记借入的短期借款的本金金额，借方登记已归还的短期借款的本金金额，余额一般在贷方，表示企业尚未偿还的短期借款的本金。该账户一般按贷款种类进行明细核算。短期借款产生的应付而未付利息不在本科目核算，而是通过"应付利息"账户核算。

2. 长期借款

"长期借款"账户属于负债类账户，用于核算企业向银行或其他金融机构借入的期限在 1 年以上（不含 1 年）以及长于一个营业周期的各项借款。其贷方登记借入的长期借款的本金金额以及付息期长于 1 年的利息金额，借方登记已归还的长期借款的本金金额以及付息期长于 1 年的利息金额，余额一般在贷方，表示企业尚未偿还的长期借款的本金。该账户按贷款种类进行明细核算。

3. 应付利息

"应付利息"账户属于负债类账户，用于核算企业按照合同约定在 1 年内（含 1 年）应支付的利息。其贷方登记应付的借款利息，借方登记已偿还的借款利息，余额一般在贷方，表示公司尚未偿还的借款利息。该账户可按债权人（贷款人）进行明细核算。

4. 财务费用

"财务费用"账户属于损益类账户，用于核算企业为筹集生产经营所需资金等而发生的筹资费用，包括利息费用（利息收入）、汇兑损益以及相关的手续费、企业发生的现金折扣等。其借方登记本期发生的各项财务费用，贷方登记企业取得存款利息收入以及期末转入"本年利润"账户的数额。结转后期末无余额。该账户可按费用项目进行明细核算。

（二）债务资金筹集业务核算示例

1. 借款的取得与偿还

企业借款取得与偿还的会计处理流程如图 5-3 所示。

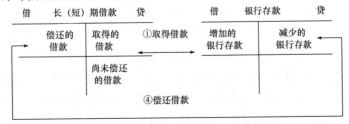

图 5-3　借款取得与偿还的会计处理流程

2. 期末利息的核算

企业借款计息与付息的会计处理流程如图5-4所示。

图5-4 借款计息与付息的会计处理流程

【例5-5】 宏达公司由于生产周转资金的需求，于5月1日向工商银行借款600 000元，期限3个月，年利率6%，约定到期一次还本付息。款项已存入银行。

该笔经济业务，一方面使会计要素中的资产——银行存款增加了600 000元，另一方面使会计要素中的负债——短期借款增加了600 000元。这两个方面的变化应分别通过"银行存款"和"短期借款"两个账户核算。根据借贷记账法，资产——银行存款增加600 000元，应记入"银行存款"账户的借方；负债——短期借款增加600 000元，应记入"短期借款"账户的贷方。编制的会计分录如下：

  借：银行存款——工商银行   600 000
    贷：短期借款——工商银行生产周转借款   600 000

【例5-6】 宏达公司于5月31日计提5月份应负担的短期借款利息：

$$600\ 000 \times 6\% \times 1/12 = 3\ 000（元）$$

根据权责发生制原则，5月31日虽然企业没有实际结算5月份的利息给银行，但应该承担起一笔属于5月份责任范围的利息支出。该笔经济业务，一方面使企业增加了属于5月份的利息费用，使得会计要素中的费用——财务费用增加3 000元，另一方面因为还没有到利息结算日，该笔利息暂时还欠银行未付，使会计要素中的负债——应付利息增加3 000元。这两个方面的变化应分别通过"财务费用"和"应付利息"两个账户核算。根据借贷记账法，费用——财务费用增加3 000元，应记入"财务费用"账户的借方；负债——应付利息增加3 000元，应记入"应付利息"账户的贷方。编制的会计分录如下：

  借：财务费用——利息费   3 000
    贷：应付利息——工商银行   3 000

6月末、7月末，宏达公司同样需要计提当月应负担的短期借款利息，并做相同的账务处理。

【例5-7】 8月1日，宏达公司开出#5808转账支票归还工商银行短期借款本金600 000元及3个月的利息9 000元，共计609 000元。

该笔经济业务，随着企业对贷款本息的偿还，一方面使会计要素中的负债——短期借款减少600 000元，另一方面使会计要素中的负债——应付利息减少9 000元（3个月的利息），此外，还使会计要素中的资产——银行存款减少609 000元。这三个方面的变化应分别通过"短期借款""应付利息"和"银行存款"三个账户核算。根据借贷记账法，负债——短期借款减少600 000元，应记入"短期借款"账户的借方；负债——应付利息减少9 000元，应记入"应付利息"账户的借方，资产——银行存款减少609 000元，应记入"银行存款"账户的贷方。编制的会计分录如下：

借：短期借款——工商银行生产周转借款　　　　　　　　　　600 000
　　应付利息——工商银行　　　　　　　　　　　　　　　　　9 000
　　贷：银行存款——工商银行　　　　　　　　　　　　　　　609 000

【例 5-8】 5 月 10 日，宏达公司向农业银行借入三年期借款 500 000 元，用于购建厂房，款项已存入银行。

该笔经济业务，一方面使会计要素中的负债——长期借款增加 500 000 元，另一方面使会计要素中的资产——银行存款增加 500 000 元。这两个方面的变化应分别通过"长期借款"和"银行存款"两个账户核算。根据借贷记账法，负债——长期借款增加 500 000 元，应记入"长期借款"账户的贷方；资产——银行存款增加 500 000 元，应记入"银行存款"账户的借方。编制的会计分录如下：

借：银行存款——农业银行　　　　　　　　　　　　　　　500 000
　　贷：长期借款——农业银行基建工程借款　　　　　　　　500 000

第二节　供应业务的核算

一、供应过程主要业务概述

企业以营利为经营的基本目标。制造业企业取得资金后，通过供、产、销等一系列过程实现资金价值的增值，取得利润。供应过程是为生产产品做准备的过程，是企业经营过程中的重要环节。制造企业为了生产产品，就要做好多方面的物质准备工作，其中较为重要的就是准备劳动资料（即购置固定资产）以及准备劳动对象（即购买原材料）等。

（一）购置固定资产业务

厂房、设备等固定资产是企业生产经营的基础。按照我国《企业会计准则》的定义，固定资产是指同时具有下列两个特征的有形资产：一是为生产商品、提供劳务、出租或经营管理而持有的；二是使用寿命超过一个会计年度（使用寿命是指企业使用固定资产的预计期间，或者该固定资产所能生产产品或提供劳务的数量）。也就是说，固定资产是指企业使用期限超过 1 年的房屋、建筑物、机器设备、运输工具以及其他与生产、经营有关的设备、器具、工具等。固定资产是企业的劳动手段，也是企业赖以生产经营的主要资产。

固定资产应当按照成本进行初始计量。外购固定资产的成本，包括购买价款、相关税费，以及使固定资产达到预定可使用状态前所发生的可归属于该项资产的运输费、装卸费、安装费和专业人员服务费等。自行建造固定资产的成本，由建造该项资产达到预定可使用状态前所发生的必要支出构成。投资者投入固定资产的成本，应当按照投资合同或协议约定的价值确定，但合同或协议约定价值不公允的除外。固定资产的成本也称为固定资产的原始价值。

（二）采购材料业务

购进原材料是制造企业生产产品的前提。采购材料业务是指从采购材料开始，直到材料验收入库的整个过程。

在这个过程中，企业要与供应单位或其他有关单位办理相关款项的结算，以支付采购材料的货款和运输费、装卸费等各项采购费用。购买价款、相关税费、运输费、装卸费、保险费以及其他可归属于存货采购成本的支出构成了材料采购成本。

固定资产及材料货款的结算、采购费用的支付、固定资产及材料采购成本的计算、固定资产及材料验收入库等均为供应过程中发生的主要经济业务。

在与供应单位或其他有关单位办理款项结算时，由于结算款项与购入固定资产及材料发生的时间先后顺序不同，可能会出现三种不同的购买方式：

（1）购货与付款同时发生，即一手给钱、一手给货，简称现购。
（2）先购进货物，延期付款，即先收货、后付款，简称赊购。
（3）预付定金购货，即先付款、后收货，简称预购。

二、购置固定资产业务的核算

为了对购置固定资产业务进行核算，应根据其经济业务的具体内容，相应地开设"固定资产""应付账款""银行存款""应交税费"等账户。

（一）购置固定资产业务核算设置的主要账户

1. 固定资产

"固定资产"账户属于资产类账户，用于核算企业持有的不需要安装、已达到使用状态的固定资产原始价值（需要安装才能使用的固定资产通过"在建工程"账户核算）。其借方反映企业拥有或控制的已达到预定可使用状态的房屋建筑物、机器设备、运输工具、电子设备、办公器具等固定资产的原始价值，贷方反映因报废、毁损、出售等原因而减少的固定资产的原始价值，期末借方余额反映企业期末尚拥有或控制的固定资产的原始价值。本账户可按固定资产类别和项目进行明细核算。固定资产因使用而损耗导致的固定资产价值减少通过另一账户"累计折旧"核算。

融资租入的固定资产，可在本科目下设置"融资租入固定资产"明细科目进行核算。

2. 应付账款

"应付账款"账户属于负债类账户，用于核算企业因购买材料、商品和接受劳务供应等而应付给供应单位的款项。该账户的贷方登记购入材料、商品等以及接受劳务等尚未支付的数额；借方登记已偿付的应付款项；期末余额在贷方，表示企业尚未支付的应付账款。本账户一般按债权人进行明细核算。

3. 应交税费

"应交税费"账户属于负债类账户，用于核算企业应交纳的各种税费。其包括增值税、消费税、企业所得税、资源税、土地增值税、城市维护建设税、房产税、土地使用税、车船使用税、教育费附加、矿产资源补偿费等。企业代扣代交的个人所得税等，也通过本科目核算。本科目可按具体的税费项目进行明细核算。

例如增值税是我国商品交易中普遍征收的一种税，企业可设置"应交增值税"明细分类账户（二级账户）核算应交纳的增值税。应交增值税还应分别按"进项税额""销项税额"等设置专栏（即三级账户）。由于增值税的一般纳税人采用抵扣制进行核算，即应交增值税＝销项税额－进项税额，因此，"应交增值税"明细分类账户借方主要登记企业购进货物或接受应税劳务时支付给供应方的增值税额（进项税额），贷方主要登记企业销售货物或提供应税劳务时向购买方收取的增值税额（销项税额）。

（二）购置固定资产业务核算示例

企业购置固定资产业务的会计处理流程如图5-5所示。

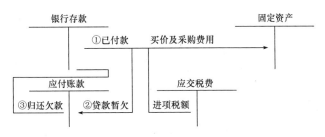

图 5-5　企业购置固定资产业务的会计处理流程

【例 5-9】　5 月 5 日，宏达公司购入不需要安装的 B 机器设备一台，增值税专用发票上注明的价款 150 000 元，增值税 19 500 元，另支付物流公司运费 2 000 元及增值税 180 元，全部款项以银行存款支付，该机器设备已投入使用。

按我国税收法规的相关规定，企业购买机器设备时支付给供应商及其他相关企业的增值税额可以在实际缴纳增值税时予以抵扣。因此，购入机器设备时支付的增值税不计入机器设备的原始价值，而是作为"进项税额"处理。即购入机器设备的原始价值 = 150 000 + 2 000 = 152 000（元）。

该笔经济业务，一方面使会计要素中的资产——固定资产增加了 152 000 元（含买价及采购费用），另一方面使会计要素中的负债——应交税费（应交增值税）减少了 19 680 元（含支付给供应商及物流公司等的增值税），此外还使会计要素中的资产——银行存款减少了 171 680 元。这三个方面的变化应分别通过"固定资产""应交税费（应交增值税）"和"银行存款"三个账户核算。根据借贷记账法，资产——固定资产增加 152 000 元，应记入"固定资产"账户的借方；负债——应交税费减少 19 680 元，应记入"应交税费"账户的借方，资产——银行存款减少 171 680 元，应记入"银行存款"账户的贷方。编制的会计分录如下：

借：固定资产——机械设备（B 设备）　　　　　　　152 000
　　应交税费——应交增值税（进项税额）　　　　　　19 680
　　贷：银行存款——工商银行　　　　　　　　　　　　　171 680

【例 5-10】　5 月 8 日，宏达公司从外地明华公司购入不需要安装的设备 A 一套，增值税专用发票上注明的价款 6 000 000 元，增值税 780 000 元，由于企业资金短缺，约定 2 个月后支付上述款项，A 设备已投入使用。

该笔经济业务，一方面使会计要素中的资产——固定资产增加 6 000 000 元，另一方面由于购买机器设备时应支付给供应方的增值税额按我国税法的规定可以在实际缴纳增值税时予以抵扣，从而使会计要素中的负债——应交税费（应交增值税）减少 780 000 元，此外，由于款项还没有支付，从而使会计要素中的负债——应付账款增加 6 780 000 元。这三个方面的变化应分别通过"固定资产""应交税费（应交增值税）"和"应付账款"三个账户核算。根据借贷记账法，资产——固定资产增加 6 000 000 元，应记入"固定资产"账户的借方；负债——应交税费减少 780 000 元，应记入"应交税费"账户的借方，负债——应付账款增加 6 780 000 元，应记入"应付账款"账户的贷方。编制的会计分录如下：

借：固定资产——机械设备（A 设备）　　　　　　　　　　　6 000 000
　　应交税费——应交增值税（进项税额）　　　　　　　　　　780 000
　　贷：应付账款——明华公司　　　　　　　　　　　　　　　　6 780 000

【例 5-11】 7月8日，宏达公司开出#5816转账支票向设备供应商明华公司支付购买上述 A 设备的货款与税款 6 780 000 元。

企业支付买设备的款项的过程是一个还债的过程，与例 5-10 的欠债有联系。该笔经济业务，一方面使会计要素中的负债——应付账款减少 6 780 000 元，另一方面使会计要素中的资产——银行存款减少 6 780 000 元。这两个方面的变化应分别通过"应付账款"和"银行存款"两个账户核算。根据借贷记账法，负债——应付账款减少 6 780 000 元，应记入"应付账款"账户的借方；资产——银行存款减少 6 780 000 元，应记入"银行存款"账户的贷方。编制的会计分录如下：

借：应付账款——明华公司　　　　　　　　　　　　　　　　6 780 000
　　贷：银行存款——工商银行　　　　　　　　　　　　　　　　6 780 000

三、采购材料业务的核算

为了对企业的采购材料业务进行核算，应根据其经济业务的具体内容，相应地开设"在途物资""原材料""应付账款""应付票据""银行存款""应交税费"等账户。

（一）采购材料业务核算设置的主要账户

1. 在途物资

"在途物资"账户属于资产类账户，用于核算企业采用实际成本法进行材料物资日常核算时已购入但尚未验收入库材料物资的实际采购成本。其借方登记购入材料物资的买价和采购费用（按实际采购成本登记），贷方登记已验收入库转入"原材料"等账户的材料物资的实际采购成本，借方余额表示尚在途中或已到达企业但尚未验收入库的材料物资的实际采购成本。为核算不同材料物资的采购成本，应按供应单位和材料物资品种或类别设置明细账户。

2. 原材料

"原材料"账户属于资产类账户，用于核算包括原料及主要材料、辅助材料、外购半成品（外购件）、修理用备件（备品备件）、包装材料、燃料等物资的收入、发出和结存情况。该账户的借方登记验收入库材料物资的实际成本；贷方登记领用的材料物资的实际成本；期末余额在借方，表示期末结存原材料及其他物资的实际成本。本科目可按材料的保管地点（仓库）、材料的类别、品种和规格等进行明细核算。

3. 应付票据

"应付票据"账户属于负债类账户，用于核算企业在赊购方式下购买材料、商品和接受劳务供应等而开出、承兑的商业汇票。商业汇票按承兑人不同分为银行承兑汇票和商业承兑汇票两种。该账户的贷方登记购货时开出商业汇票而形成的应付但尚未支付款项的金额，借方登记商业汇票到期时已偿付的金额，期末余额在贷方，反映企业尚未到期支付的商业汇票的金额。该账户需要按商业汇票的种类及债权人进行明细核算。

（二）采购材料业务核算示例

企业采购材料业务的会计处理流程如图5-6所示。

【例5-12】 5月4日，宏达公司从东方工厂购入丙材料5 000千克，每千克9.8元，共计49 000元，增值税税率13%，计6 370元，材料运输费1 000元及物流公司收取的运输费增值税额90元由东方工厂代垫，材料已运达企业验收入库。但货款及相关款项尚未支付。

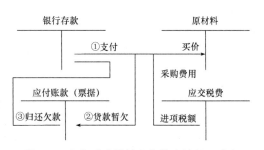

图5-6 企业采购材料业务的会计处理流程

按照我国税收法规的相关规定，企业购买生产产品所需的原材料时支付给供应方的增值税额以及支付给物流公司的增值税额可以在实际缴纳增值税时予以抵扣。因此，购入原材料时支付的增值税不计入原材料的采购成本，而是作为进项税额处理，即

购入原材料的采购成本 = 49 000 + 1 000 = 50 000（元）

增值税进项税额 6 370 + 90 = 6 460（元）

该笔经济业务，一方面使会计要素中的资产——原材料（丙材料）增加了50 000元，另一方面由于购买材料时支付给供应方的增值税额按我国税法的规定可以确认为进项税额在实际缴纳增值税时予以抵扣，所以使会计要素中的负债——应交税费（应交增值税）减少了6 460元，此外，由于款项还没有支付，所以使会计要素中的负债——应付账款增加了56 460元。这三个方面的变化应分别通过"原材料""应交税费（应交增值税）"和"应付账款"三个账户核算。根据借贷记账法，资产——原材料（丙材料）增加50 000元，应记入"原材料——丙材料"账户的借方；负债——应交税费减少6 460元，应记入"应交税费"账户的借方；负债——应付账款增加56 460元，应记入"应付账款"账户的贷方。编制的会计分录如下：

借：原材料——丙材料　　　　　　　　　　　　　　　　　50 000
　　应交税费——应交增值税（进项税额）　　　　　　　　 6 460
　　　贷：应付账款——东方工厂　　　　　　　　　　　　　　　　56 460

【例5-13】 5月7日，宏达公司从南方公司购入甲材料5 000千克，单价12元，货款60 000元；购入乙材料4 000千克，单价10元，货款40 000元，增值税额共13 000元，全部款项以银行存款支付。材料已入库。

该笔经济业务，一方面使会计要素中的资产——原材料（甲材料）增加60 000元以及原材料（乙材料）增加40 000元，另一方面使会计要素中的负债——应交税费（应交增值税）减少13 000元，此外，支付相关款项会使会计要素中的资产——银行存款减少113 000元。这三个方面的变化应分别通过"原材料""应交税费（应交增值税）"和"银行存款"三个账户核算。根据借贷记账法，资产——原材料（甲材料）增加60 000元，应记入"原材料——甲材料"账户的借方，原材料（乙材料）增加40 000元，应记入"原材料——乙材料"账户的借方；负债——应交税费减少13 000元，应记入"应交税费"账户的借方；资产——银行存款减少113 000元，应记入"银行存款"账户的贷方。编制的会计分录如下：

借：原材料——甲材料	60 000
——乙材料	40 000
应交税费——应交增值税（进项税额）	13 000
贷：银行存款——工商银行	113 000

【例 5-14】 5 月 8 日，宏达公司从北方公司购入甲材料，增值税发票注明共买入 10 000 千克，每千克 11 元，计 110 000 元，增值税税率 13%，计 14 300 元，材料已运达企业，验收入库。企业采取商业汇票结算方式，签发并承兑 3 个月期的商业承兑汇票，金额 124 300 元，用于该项交易的结算。

该笔经济业务，一方面使会计要素中的资产——原材料（甲材料）增加 110 000 元，另一方面使会计要素中的负债——应交税费（应交增值税）减少 14 300 元，此外，由于货款采取商业汇票结算方式，企业签发并承兑商业承兑汇票使会计要素中的负债——应付票据增加 124 300 元。这三个方面的变化应分别通过"原材料""应交税费（应交增值税）"和"应付票据"三个账户核算。根据借贷记账法，资产——原材料（甲材料）增加 110 000 元，应记入"原材料——甲材料"账户的借方；负债——应交税费减少 14 300 元，应记入"应交税费"账户的借方；负债——应付票据增加 124 300 元，应记入"应付票据"账户的贷方。编制的会计分录如下：

借：原材料——甲材料	110 000
应交税费——应交增值税（进项税额）	14 300
贷：应付票据——北方公司	124 300

【例 5-15】 承例 5-12，5 月 15 日，宏达公司开出转账支票支付东方工厂购买丙材料的款项 56 460 元。

该业务与例 5-12 的欠债有联系。企业支付买丙材料的款项的过程是一个还债的过程，该业务一方面使会计要素中的负债——应付账款减少 56 460 元，另一方面使会计要素中的资产——银行存款减少 56 460 元。这两个方面的变化应分别通过"应付账款"和"银行存款"两个账户核算。根据借贷记账法，负债——应付账款减少 56 460 元，应记入"应付账款"账户的借方；资产——银行存款减少 56 460 元，应记入"银行存款"账户的贷方。编制的会计分录如下：

借：应付账款——东方工厂	56 460
贷：银行存款——工商银行	56 460

【例 5-16】 承例 5-14，8 月 8 日，宏达公司开出#5833 转账支票支付之前购买北方公司甲材料开具的商业承兑汇票。

该业务与例 5-14 的欠债有联系。企业支付买甲材料的款项的过程是一个还债的过程，该业务一方面使会计要素中的负债——应付票据减少 124 300 元，另一方面使会计要素中的资产——银行存款减少 124 300 元。这两个方面的变化应分别通过"应付票据"和"银行存款"两个账户核算。根据借贷记账法，负债——应付票据减少 124 300 元，应记入"应付票据"账户的借方；资产——银行存款减少 124 300 元，应记入"银行存款"账户的贷方。编制的会计分录如下：

借：应付票据——北方公司　　　　　　　　　　　　　　　　124 300
　　贷：银行存款——工商银行　　　　　　　　　　　　　　　　124 300

第三节　生产业务的核算

一、生产过程主要业务概述

（一）制造成本与期间费用

生产过程就是从企业利用前期已取得的设备对购买的原材料进行加工开始直到产品完工为止的过程。在产品生产过程中，必然会发生各种人力、物力和财力的耗费，如材料费、人工费、厂房与设备的折旧费、水电费、办公费等。可以说，企业的生产过程就是一个价值消耗的过程，也是产品价值形成的过程。

为了准确地记录和反映生产过程中发生的各种耗费，正确计算产品的实际生产成本，将在生产经营活动中发生的各种耗费统称为生产费用。

生产费用可以按照一定的对象进行归集。费用归集对象主要包括两类：一类是按具体的物资对象为归集对象，如为某类（批）产品或某项劳务发生的生产费用；另一类是按一定期间为归集对象，一般按月，如归属于5月的费用、归属于6月的费用。

生产费用按归集对象的不同可以划分为制造成本和期间费用两个部分。

1. 制造成本

按某类（批）产品为对象而归集的生产费用称为产品制造成本。产品制造成本是为生产一定数量的产品而发生的各项生产费用的总和。生产费用按其计入产品成本的方式不同，可以分为直接费用和间接费用。直接费用是指企业在生产产品的过程中实际消耗的直接材料和直接人工；间接费用是指企业为生产产品和提供劳务而发生的各项间接支出，通常称为制造费用。直接费用的特点是在发生时就可以分清是哪种产品所耗用，可以直接计入该种产品的成本；间接费用的特点是发生时不能或难以分清是生产哪类（批）产品所耗用的，不能直接计入该类（批）产品的成本。一般来说，产品生产的材料费与人工费是直接费用，而电费、办公费等制造费用为间接费用。

直接材料、直接人工和制造费用等项目是生产费用按其经济用途所进行的分类，会计上一般称其为产品成本项目。各个产品成本项目的具体构成内容为：直接材料是指企业在生产产品和提供劳务的过程中所消耗的，直接用于产品生产、构成产品实体的各种原材料及主要材料、外购半成品以及有助于产品形成的辅助材料；直接人工是指企业在生产产品和提供劳务的过程中，为直接从事产品生产的工人支付的工资、津贴、补贴和福利费等各项职工薪酬；制造费用是指企业内的各分厂或车间，在生产产品和提供劳务的过程中为组织和管理生产所发生的各项间接费用，包括分厂或车间内的管理人员工资、设备的折旧费、修理费、办公费、水电费、差旅费、劳保费、机物料消耗费等。

2. 期间费用

以某个期间为对象而归集的生产费用往往称为期间费用。期间费用一般不能直接归属于某个特定产品。它与某期间产品的管理和产品销售直接相关，容易确定其发生的期间，而难以判别其所应归属的产品，因而不列入产品制造成本。期间费用在发生费用的期间直接计入当期损益，从当期实现的收入中得到补偿。典型的期间费用包括管理费用、销售费用及财务费用。

（二）生产过程业务核算的主要内容

（1）材料费用的核算。

（2）人工费用的核算。

（3）制造费用的核算。

（4）期间费用的核算。

（5）产品成本的计算与核算。

二、生产过程主要业务的核算

（一）生产过程业务核算设置的主要账户

1. 生产成本

"生产成本"账户属于成本类账户，用于核算企业生产各种产品的过程中所发生的各项能确定具体产品成本计算对象的生产费用，以计算确定产品的实际生产成本。其借方登记当期发生时即能明确由何种产品承担的应计入该产品成本的直接材料费、直接人工费及期末按照一定标准分配给各产品承担的制造费用，贷方登记期末结转的完工产品的实际生产成本，月末如有余额，应在借方，表示仍处于生产过程中尚未完工的各项在产品的实际生产成本。该账户可按产品品种或成本计算对象进行明细核算，并按"直接材料""直接人工"及"制造费用"等设置专栏。

2. 制造费用

"制造费用"账户属于成本类账户，用于核算车间或分厂为组织和管理生产所发生的各项制造费用。其借方登记某月发生的各种制造费用，贷方反映该月末确定了应由各种受益产品负担，因而按一定标准分配后结转入"生产成本"账户的制造费用，月末一般无余额。该账户应按不同车间或分厂设置明细账户，并按费用项目设置专栏，进行明细核算。

3. 管理费用

"管理费用"账户属于损益类账户，用于核算企业行政管理部门为组织和管理生产经营活动而发生的各项管理费用，包括企业行政管理部门人员的薪酬，行政管理部门固定资产的折旧费，行政管理部门的办公费、水电费、业务招待费、耗用的材料费，企业的工会经费、劳动保险费等。其借方登记当月发生的各项管理费用，贷方登记期末转入"本年利润"账户的数额，期末结转后该账户无余额。"管理费用"按费用项目设置明细账，进行明细分类核算。

4. 应付职工薪酬

"应付职工薪酬"账户属于负债类账户，用于核算企业根据有关规定应付给职工的各种薪酬。职工薪酬是指企业为获得职工提供的服务而给予各种形式的报酬以及其他相关支出。职工薪酬包括职工工资、奖金、津贴和补贴；职工福利费；医疗保险费、养老保险费、失业保险费、工伤保险费和生育保险费等社会保险费；住房公积金；工会经费和职工教育经费；非货币性福利；因解除与职工的劳动关系给予的补偿；其他与获得职工提供的服务相关的支出。该账户的贷方登记应支付的职工薪酬总额，借方反映实际支付的薪酬数额，期末贷方余额反映企业期末尚未支付的职工薪酬。该账户按"工资""职工福利""社会保险费""设定提存计划""设定受益计划""住房公积金""工会经费"

"职工教育经费""非货币性福利""辞退福利""股份支付"等具体的为职工发生的人工费项目进行明细核算。

5. 库存商品

"库存商品"账户属于资产类账户,用于核算企业已生产完工验收入库的可供销售的产成品的增减变动及结存情况。该账户借方登记生产完工并验收入库产成品的实际成本(由"生产成本"账户转入),贷方登记发出的各种产品的实际生产成本,期末余额在借方,表示期末库存产成品的实际成本。该账户应按商品的品种、规格、名称或类别设置明细账户,进行明细核算。

6. 累计折旧

"累计折旧"账户属于资产类账户,用来核算企业固定资产累计计提的折旧。固定资产折旧是指企业的固定资产在使用过程中因磨损或过时等原因而逐渐损耗的那部分价值。该账户的贷方登记按月计提的固定资产折旧额,借方登记已计提固定资产折旧的减少或转销数额,期末余额在贷方,表示现有固定资产已累计计提的折旧额。该账户可按固定资产的类别或项目进行明细核算,也可以不进行明细核算。

值得注意的是,按月计提的固定资产折旧额登记在"累计折旧"账户的贷方,实际反映的是固定资产价值的减少,因此,"累计折旧"账户是"固定资产"账户的一个备抵调整账户。

计提折旧而导致的固定资产价值减少不直接在"固定资产"账户贷方反映,这是有原因的。对于原材料等流动资产,一方面其实物会随耗用而减少,另一方面取得该资产时的支出属于收益性支出,其价值消耗一般在一个会计年度内会体现出来。因此,企业在账务处理时,可以直观地只用某一个资产账户借方来反映增加发生额,贷方来反映减少发生额,期末借方余额则表示剩余的该项资产金额。但固定资产则不同,一方面其在耗用过程中会保持原有的形态,另一方面取得固定资产的支出属于资本性支出,其实物资产会长期存在,其价值损耗将在若干会计年度内进行分摊。因此,企业对固定资产进行核算时与对流动资产项目进行核算的账务处理会有所不同,既要反映依然存在的实物资产取得时的原值,又要依据原值计算并反映各会计期间消耗的价值,从而提供逐渐陈旧或过时的各期固定资产的价值(净值)。具体的做法就是分设两个账户来反映。"固定资产"账户只反映原值的变化,即取得固定资产时增加的价值(按原值)以及失去固定资产时减少的价值(按原值)。另开设"累计折旧"账户来反映已消耗的部分固定资产价值量。期末两者差额则为该固定资产净值。固定资产与累计折旧的账户结构如图5-7所示。

图5-7 固定资产与累计折旧的账户结构

这两个账户都属于资产类账户，都用来反映固定资产的价值变化，但两者的账户结构有一定的区别。"固定资产"账户的结构符合一般资产类账户的特征，即增加记借方，减少记贷方。但"累计折旧"账户设置的初衷是用来登记固定资产已消耗的价值，折旧费的增加则意味着固定资产价值的减少，"累计折旧"账户本身是"固定资产"账户的备抵调整账户，从性质上看其依然是资产类账户，是核算固定资产价值变化的账户，因此，折旧额的增加表示固定资产价值的减少，依据借贷记账法，资产类账户价值量增加在借方登记，价值量减少在贷方登记。故折旧额的增加应在"累计折旧"账户的贷方登记，折旧额的减少或转出则应该在"累计折旧"账户的借方登记。

（二）生产过程业务核算示例

企业生产过程业务的会计核算处理流程如图 5-8 所示。

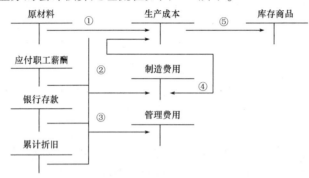

图 5-8　企业生产过程业务的会计核算处理流程

1. 材料费用的核算示例

企业生产经营过程中耗费的材料，按受益对象不同分别进行归集处理。生产产品直接消耗的材料，构成产品制造成本中的直接材料成本，直接借记"生产成本"账户；生产车间一般耗用的消耗性材料，属于产品制造成本中的制造费用，发生时先记入"制造费用"账户；企业的行政管理部门耗用的材料，属于企业的管理费用，发生时记入"管理费用"账户。

【例 5-17】　5 月宏达公司仓库发出的材料如表 5-1 所示。

表 5-1　材料耗用汇总表　　　　　　　　　　第 0005 号

20××年 5 月 31 日　　　　　　　　　　　　　　　元

用途	甲材料			乙材料			金额合计
	数量	单价	金额	数量	单价	金额	
生产 A 产品耗用	1 000	5.00	5 000	800	6.00	4 800	9 800
生产 B 产品耗用	2 000	5.00	10 000	1 000	6.00	6 000	16 000
小计	3 000	5.00	15 000	1 800	6.00	10 800	25 800
生产车间一般消耗	500	5.00	2 500	300	6.00	1 800	4 300
企业管理部门消耗	600	5.00	3 000	500	6.00	3 000	6 000
合计	4 100	5.00	20 500	2 600	6.00	15 600	36 100

会计主管：张灵　　　　　　　　　　　　　　　　　　　　　　　制单：李伟

根据表5-1显示的信息，企业发生了材料的耗费，分别用于A、B产品的生产、车间一般消耗及企业管理部门消耗。

该笔经济业务，一方面使生产耗费增加36 100元，其中，A产品生产成本增加9 800元，B产品生产成本增加16 000元，制造费用增加4 300元，管理费用增加6 000元；另一方面由于原材料被耗用会导致资产——原材料（甲材料）及原材料（乙材料）分别减少20 500元及15 600元。这些变化应分别通过"生产成本""制造费用""管理费用"和"原材料"四个账户核算。根据借贷记账法，资产（成本类账户反映）——生产成本（A产品）增加9 800元以及生产成本（B产品）增加16 000元，应分别记入"生产成本——A产品"账户和"生产成本——B产品"的借方；资产（成本类账户反映）——制造费用增加4 300元，应记入"制造费用"账户的借方，费用——管理费用增加6 000元，应记入"管理费用"账户的借方，资产——原材料（甲材料）及原材料（乙材料）分别减少20 500元及15 600元，应分别记入"原材料——甲材料"及"原材料——乙材料"账户的贷方。编制的会计分录如下：

```
借：生产成本——A产品（直接材料）            9 800
         ——B产品（直接材料）              16 000
    制造费用——材料费                        4 300
    管理费用——材料费                        6 000
    贷：原材料——甲材料                             20 500
             ——乙材料                               15 600
```

2. 人工费用的核算示例

人工费用是企业生产经营过程中发生的活劳动的消耗。企业发生的职工薪酬，应按其用途分配计入有关的成本费用中：直接从事产品生产的生产工人的职工薪酬，构成产品制造成本中的直接人工成本，发生时应记入"生产成本"账户；生产车间管理人员的职工薪酬，属于产品制造成本中的制造费用，发生时先记入"制造费用"账户；企业的行政管理部门人员的职工薪酬，属于企业的管理费用，发生时记入"管理费用"账户。

【例5-18】 5月31日，宏达公司分配本月应付职工工资100 000元，其中，生产工人工资60 000元（其中：生产A产品工人工资40 000元，生产B产品工人工资20 000元），车间管理人员工资10 000元，公司行政管理人员工资30 000元。

该项经济业务的发生，一方面使生产费用增加100 000元，其中，A产品生产成本增加40 000元，B产品生产成本增加20 000元，制造费用增加10 000元，管理费用增加30 000元；另一方面，由于工资发放的特点，属于5月份的工资将于下月的某个时间发放，对于5月31日这天来说，5月份的工资应付而未付，形成企业的一项债务。因此，导致负债——应付职工薪酬增加100 000元。这些变化应分别通过"生产成本""制造费用""管理费用"和"应付职工薪酬"四个账户核算。根据借贷记账法，A产品生产成本增加40 000元、B产品生产成本增加20 000元，应分别记入资产（成本类账户反映）——"生产成本——A产品"与"生产成本——B产品"账户的借方，资产（成本类账户反映）——制造费用增加10 000元，应记入"制造费用"账户的借方，费用——管理费用增加30 000元，应记入"管理费用"账户的借方。负债——应付职工薪酬增加100 000元，应记入"应付职工薪酬"账户的贷方。编制的会计分录如下：

```
借：生产成本——A产品（直接人工）              40 000
        ——B产品（直接人工）              20 000
    制造费用——职工薪酬                    10 000
    管理费用——职工薪酬                    30 000
    贷：应付职工薪酬——工资                        100 000
```

【例5-19】 5月9日宏达公司开出现金支票，从银行提取现金100 000元准备用于发放4月份职工工资。

该项经济业务的发生，一方面使会计要素中的资产——库存现金增加100 000元，另一方面使会计要素中的资产——银行存款减少100 000元。这两个方面的变化应分别通过"库存现金"和"银行存款"两个账户核算。根据借贷记账法，资产——库存现金增加100 000元，应记入"库存现金"账户的借方；资产——银行存款减少100 000元，应记入"银行存款"账户的贷方。编制的会计分录如下：

```
借：库存现金                                100 000
    贷：银行存款——工商银行                        100 000
```

【例5-20】 承例5-19，5月10日宏达公司用前一天提取的现金发放了4月份职工工资。

该项经济业务的发生，一方面会使会计要素中的负债——应付职工薪酬减少100 000元，另一方面会使会计要素中的资产——库存现金减少100 000元。这两个方面的变化应分别通过"应付职工薪酬"和"库存现金"两个账户核算。根据借贷记账法，负债——应付职工薪酬减少100 000元，应记入"应付职工薪酬"账户的借方；资产——库存现金减少100 000元，应记入"库存现金"账户的贷方。编制的会计分录如下：

```
借：应付职工薪酬——工资                      100 000
    贷：库存现金                                  100 000
```

3. 制造费用的核算示例

制造费用是企业的生产车间（或分厂）为生产产品而发生的间接费用，即制造费用发生时，不能直接归属于某种特定产品的成本，需要人为地按照一定的分配标准进行分配，然后才能计入某种特定产品的成本。因此，会计实务中为简化平时会计核算的工作量，对发生的制造费用，先在"制造费用"账户进行归集。期末，按一定分配标准，将本期发生的全部制造费用一次分配计入各种产品的成本后，再从"制造费用"账户结转到"生产成本"账户。

【例5-21】 5月1日宏达公司支付本月生产车间的机器设备租赁费5 200及增值税676元，用银行存款支付。

该项经济业务的发生，一方面会使会计要素中的资产（成本类账户反映）——制造费用增加5 200元，另一方面支付的增值税属于进项税额，从而使负债——应交税费（应交增值税）减少676元，此外，还会使会计要素中的资产——银行存款减少5 876元。这三个方面的变化应分别通过"制造费用""应交税费（应交增值税）"和"银行存款"三个账户核算。根据借贷记账法，资产——制造费用增加5 200元，应记入"制造费用"账户的借方；负债——应交税费（应交增值税）减少676元，应记入"应交税费（应交增值税）"账户的借方；资产——银行存款减少5 876，应记入"银行存款"账户的贷方。编制的会计分录如下：

借：制造费用——租赁费　　　　　　　　　　　　　　　　　　　　5 200
　　应交税费——应交增值税（进项税额）　　　　　　　　　　　　676
　　贷：银行存款——工商银行　　　　　　　　　　　　　　　　　　5 876

【例 5-22】 5月10日宏达公司接到银行付款通知，已转账代付水电费，其中车间耗用8 000元，管理部门耗用2 000元，共支付增值税税款1 300元。

该项经济业务的发生，一方面会使得生产费用增加10 000元，其中：资产（成本类账户反映）——制造费用增加了8 000元，费用——管理费用增加了2 000元；另一方面，购买水电时支付给供应方的增值税额属于进项税额，从而会使得会计要素中的负债——应交税费（应交增值税）减少了1 300元，此外，还使会计要素中的资产——银行存款减少了11 300元。这些变化应分别通过"制造费用""管理费用"和"应交税费——应交增值税"及"银行存款"四个账户核算。根据借贷记账法，资产（成本类账户反映）——制造费用增加8 000元，应记入"制造费用"账户的借方；费用——管理费用增加2 000元应记入"管理费用"账户的借方；负债——应交税费（应交增值税）减少1 300元应记入"应交税费（应交增值税）"账户的借方；资产——银行存款减少11 300元应记入"银行存款"账户的贷方。编制的会计分录如下：

借：制造费用——水电费　　　　　　　　　　　　　　　　　　　　8 000
　　管理费用——水电费　　　　　　　　　　　　　　　　　　　　2 000
　　应交税费——应交增值税（进项税额）　　　　　　　　　　　　1 300
　　贷：银行存款——工商银行　　　　　　　　　　　　　　　　　　11 300

【例 5-23】 5月12日宏达公司用银行存款支付日常办公费6 000元，其中，车间办公费2 000元，行政管理部门办公费4 000元。

该项经济业务的发生，一方面使生产费用增加6 000元，其中，资产（成本类账户反映）——制造费用增加2 000元，费用——管理费用增加4 000元；另一方面使会计要素中的资产——银行存款减少6 000元。这些变化应分别通过"制造费用""管理费用"和"银行存款"三个账户核算。根据借贷记账法，资产（成本类账户反映）——制造费用增加2 000元，应记入"制造费用"账户的借方；费用——管理费用增加4 000元，应记入"管理费用"账户的借方；资产——银行存款减少6 000元，应记入"银行存款"账户的贷方。编制的会计分录如下：

借：制造费用——办公费　　　　　　　　　　　　　　　　　　　　2 000
　　管理费用——办公费　　　　　　　　　　　　　　　　　　　　4 000
　　贷：银行存款——工商银行　　　　　　　　　　　　　　　　　　6 000

【例 5-24】 5月30日宏达公司计算出本月固定资产折旧费25 000元，其中，生产车间使用的固定资产应提折旧费20 000元，行政管理部门使用的固定资产应提折旧费5 000元。

该项经济业务的发生，一方面使生产费用增加25 000元，其中，资产（成本类账户反映）——制造费用增加20 000元，费用——管理费用增加5 000元；另一方面使会计要素中的资产——固定资产因折旧导致价值减少25 000元。这些变化应分别通过"制造费用""管理费用"和"累计折旧"三个账户核算。根据借贷记账法，资产（成本类账户反映）——制造费用增加20 000元，应记入"制造费用"账户的借方；费用——管理费用增加5 000元，应记入"管理费用"账户的借方；资产——固定资产价值减少25 000元，应记入"累计折旧"账户的贷方。编制的会计分录如下：

借：制造费用——折旧费 20 000
　　管理费用——折旧费 5 000
　　贷：累计折旧 25 000

（三）本期完工产品制造成本的计算和结转

1. 制造费用的分配和结转核算示例

发生时先在"制造费用"账户中归集的各项制造费用，是应由本期生产的全部产品共同负担的制造费用。由于制造费用属于间接费用，并没有一个直接的依据或标准可以将其归属于某种产品的成本，因此，到了期末，为了计算出各种产品的生产成本，企业只能间接地选择一个合理的分配标准，将其人为地分配到各种产品的产品成本中。

制造费用分配可供选择的分配标准有很多种，如生产工时、生产工人工资、机器工时等。其分配的基本公式是：

制造费用分配率＝应分配的制造费用总额/分配标准总量

某种产品应分配的制造费用＝该产品的分配标准数量×制造费用分配率

制造费用分配到各产品成本中之后，账务处理上则是做一个结转：将分配的制造费用金额从"制造费用"账户结转到"生产成本"账户。结转后，"制造费用"账户一般没有余额。

【例5-25】 5月31日宏达公司按生产A、B两种产品的生产工人的工资比例分配本月制造费用49 500元。

根据前面的资料，编制制造费用分配表，如表5-2所示。

表5-2　制造费用分配表　　　　　　　　　　　　　　　　　　　　　　　元

20××年5月

产品名称	生产工人工资	分配率	分配金额
A产品	40 000	0.825	33 000
B产品	20 000	0.825	16 500
合计	60 000	49 500/60 000＝0.825	49 500

根据上面的制造费用分配表，该笔经济业务的发生，一方面，由于将5月份发生的全部制造费用分配给A、B两种产品来承担，所以资产（成本类账户反映）——生产成本（A产品）及生产成本（B产品）分别增加了33 000元及16 500元，另一方面，分配的制造费用从"制造费用"账户中结转到"生产成本"账户，将导致"制造费用"账户中借方归集的制造费用减少49 500元。这些变化应分别通过"生产成本"和"制造费用"账户核算。根据借贷记账法，生产成本（A产品）及生产成本（B产品）分别增加33 000元及16 500元，应记入"生产成本"账户的借方；制造费用减少49 500元，应记入"制造费用"账户的贷方。编制的会计分录如下：

借：生产成本——A产品（制造费用） 33 000
　　　　　　——B产品（制造费用） 16 500
　　贷：制造费用 49 500

月末制造费用结转业务会计核算处理流程如图5-9所示。

```
          制造费用                          生产成本——A产品
(17)    4 300       │
(18)   10 000       │  (25) 33 000  →结转→  (25) 33 000
(21)    5 200       │
(22)    8 000       │                       生产成本——B产品
(23)    2 000       │       16 500  →结转→
(24)   20 000       │                       (25) 16 500
借方发生额: 49 500  │ 贷方发生额: 49 500
```

图 5-9　月末制造费用结转业务会计核算处理流程

2. 产品成本的计算和结转核算示例

根据前面发生的各项业务编写的会计分录，登记到"生产成本"账户后，各明细账户中的记录如图 5-10 中的 T 型账户所示。

```
借              生产成本——A产品              贷
  期初余额           0
  (17) 直接材料    9 800
  (18) 直接人工   40 000
  (25) 制造费用   33 000
  本月发生额:    82 800

借              生产成本——B产品              贷
  期初余额           0
  (17) 直接材料   16 000
  (18) 直接人工   20 000
  (25) 制造费用   16 500
  本月发生额:    52 500
```

图 5-10　生产成本账户

由此可见，通过上面各项的核算以后，属于本期生产产品的产品成本的直接材料、直接人工和制造费用等各项成本项目的金额都已归集到"生产成本"账户的借方。因此，根据"生产成本"账户借方归集的生产费用，就可以计算出产品制造成本：

如果在本月投产的产品本月全部完工，则"生产成本"明细账内归集的生产费用总额就是完工产品的总成本；

如果在本月生产的产品全部没有完工的情况下，"生产成本"账户借方归集的生产费用合计数，就是在产品的总生产成本；

如果本月投产的产品，到月末时，一部分完工，一部分尚未完工，为了计算出本期完工产品（产成品）的产品成本，就还需要将"生产成本"明细账内归集的费用总额在本月完工产品和月末在产品之间进行计算分配，然后才能计算出完工产品的总成本。计算分配的基本方法留待后续课程"成本会计"继续学习，本章暂不做阐述。

完工产品的总成本除以本月该种产品的完工产量就是产品的单位成本。

完工产品成本计算出来以后，账务处理上需要做一个结转：将完工产品成本的金额从"生产成本"账户结转到"库存商品"账户。结转以后，如果"生产成本"账户有余额，这个余额表示期末在产品的成本。

【例5-26】 5月31日，宏达公司本月初投产的A产品200件，B产品100件，月末均全部完工，并已经验收入库。编制出产品成本计算单（表5-3、表5-4），结转完工产品制造成本。

表5-3　产品成本计算单

第0011号

产品：A产品　　　　　　　　　20××年5月31日　　　　　　　　　产量200件

项　目	总成本/元	单位成本/元
直接材料	9 800	49
直接人工	40 000	200
制造费用	33 000	165
合　计	82 800	414

会计主管：张灵　　　　　　　　　　　　　　　　　　　　　　　　制单：王天

表5-4　产品成本计算单

第0012号

产品：B产品　　　　　　　　　20××年5月31日　　　　　　　　　产量100件

项　目	总成本/元	单位成本/元
直接材料	16 000	160
直接人工	20 000	200
制造费用	16 500	165
合　计	52 500	525

会计主管：张灵　　　　　　　　　　　　　　　　　　　　　　　　制单：王天

该项经济业务的发生，一方面会使得资产——库存商品（A产品）及库存商品（B产品）分别增加82 800元及52 500元；另一方面随着产品完工，原来由生产成本（A产品）及生产成本（B产品）来登记的未完工的产品成本将转移给反映完工入库产品的库存商品来登记，这将导致资产（成本类账户反映）——生产成本（A产品）及生产成本（B产品）分别减少82 800元及52 500元。这些变化应分别通过"库存商品"和"生产成本"账户核算。根据借贷记账法，资产——库存商品（A产品）及库存商品（B产品）分别增加82 800元及52 500元，应记入"库存商品"账户的借方；资产——生产成本（A产品）及生产成本（B产品）分别减少82 800元及52 500元，应记入"生产成本"账户的贷方。编制的会计分录如下：

借：库存商品——A产品　　　　　　　　　　　　　　　　　　82 800
　　　　　　——B产品　　　　　　　　　　　　　　　　　　52 500
　　贷：生产成本——A产品　　　　　　　　　　　　　　　　82 800
　　　　　　　　——B产品　　　　　　　　　　　　　　　　52 500

完工产品结转入库业务核算会计处理流程如图5-11所示。

```
        生产成本——A产品                              库存商品——A产品
  (17)  9 800  |                              |  (26) 82 800  |
  (18) 40 000  |  (26) 82 800   结转完工        |
  (25) 33 000  |                A产品成本       |
  ────────────────────────────
  借方发生额：82 800  | 贷方发生额：82 800

        生产成本——B产品                              库存商品——B产品
  (17) 16 000  |                              |  (26) 52 500  |
  (18) 20 000  |  (26) 52 500   结转完工        |
  (25) 16 500  |                B产品成本       |
  ────────────────────────────
  借方发生额：52 500  | 贷方发生额：52 500
```

图 5-11 完工产品结转入库业务核算会计处理流程

第四节 销售业务的核算

一、销售业务概述

(一) 销售业务

销售过程是企业生产经营活动的重要阶段。这个阶段最主要的工作是将生产阶段生产出来的产成品销售出去，取得产品销售收入，及时地收回货币资金，从而完成资金由成品资金形态转化为货币资金形态的过程，保证企业的再生产活动能顺利进行。对于制造业企业来讲，生产出符合社会需要的产品并销售出去，从而实现盈利，是企业主要从事的日常活动，称为主营业务。因此，产品销售取得的收入称为主营业务收入。

在产品销售过程中，企业为了获得产品销售收入也要付出相应的代价、发生相关的一些支出。依据配比原则的要求，在确认收入实现的同时，必须确认与实现收入相关的成本费用。为下阶段的利润核算工作打好基础。与收入实现相关的成本费用包括：①产品销售成本，即销售产品的制造成本；②销售费用，即销售产品所发生的费用，如广告费、运输费、装卸费、推销费、包装费等；③销售税金，按照税法的规定，企业只要实现了销售，就必须依据税法向国家缴纳的相关税金。

当然，企业除了销售产品取得收入之外，还可能通过销售多余的材料，出租企业闲置的资产等方式取得一定的收入。销售多余的材料、出租企业闲置的资产等这些活动属于企业日常经营活动中附带从事的业务，称为其他业务。企业销售材料取得的收入以及出租资产取得的租金收入称为其他业务收入。为了取得这些收入，相应也要付出一定的成本或发生相关的一些支出，这些成本与支出统称为其他业务成本。此外，企业从事其他业务也可能需要按照税法的规定缴纳相关税金。

(二) 产品销售过程业务核算的主要内容

产品销售过程业务核算主要有销售收入的确认及货款的结算、产品销售成本的计算与结转、税金及附加和销售费用的核算等。

1. 销售收入的确认及货款的结算

按照我国《企业会计准则》的规定，当企业与客户之间的合同同时满足下列条件时，企业应当在客户取得相关商品控制权时确认收入：

（1）合同各方已批准该合同并承诺将履行各自义务；

（2）该合同明确了合同各方与所转让商品或提供劳务（以下简称转让商品）相关的权利和义务；

（3）该合同有明确的与所转让商品相关的支付条款；

（4）该合同具有商业实质，即履行该合同将改变企业未来现金流量的风险、时间分布或金额；

（5）企业因向客户转让商品而有权取得的对价很可能收回。

货款的结算有多种方式。按货款结算方式的不同，产品销售可分为三种不同的销售方式：第一种方式是销售与收款同期完成，即一手收钱一手发货，简称现销。第二种方式是先发货后收款，简称赊销。赊销又存在约定以商业汇票方式结算、不以商业汇票方式结算两种不同的情况。第三种方式是先收款（定金）后发货，简称预销。

制造业企业销售收入的取得遵循权责发生制，通过"主营业务收入"账户进行核算，对应于不同的销售方式，可能与"应收账款、应收票据、预收账款、银行存款"等账户发生对应关系。此外，销售收入的增加往往还伴随着增值税销项税额的确认。

2. 产品销售成本的计算与结转

企业为了从客户那里获得产品销售收入，需要把前期按一定的制造成本制造出来的产品提供给客户，这导致同所销售产品制造成本等值的经济利益流出企业，其是为了换取销售收入而必然付出的代价。销售产品的生产成本就称为产品销售成本。根据收入与费用配比原则的要求，企业在确认产品销售收入的当期，应确认相应的产品销售成本。账务处理上，就是将销售产品的生产成本从"库存商品"账户结转到"主营业务成本"账户。

产品销售成本的计算方法可详见第九章第二节中"发出存货的计价方法"。

3. 税金及附加的核算

在销售阶段，缴纳税金及教育费附加也是基本的业务内容。税金及附加是指根据税法的规定，企业在取得主营业务收入和其他业务收入时应交纳的相关税费，主要包括消费税、资源税、城市维护建设税及教育费附加等。

经国务院批准，我国自2016年5月1日起，在全国范围内全面推开营业税改征增值税（以下称"营改增"）试点，在"营改增"之前，因缴纳营业税发生的支出也属于"税金及附加"的重要内容。

税金及附加的支出会导致企业经济利益的流出，应通过费用账户"税金及附加"（此账户2016年前为"营业税金及附加"）核算，由于我国的税收征管采取的是按照一定的周期（如按月）申报缴纳的模式，税金及附加的发生往往会经历两个阶段：第一阶段，依据权责发生制，计算应该缴纳的各项税金的金额并申报纳税，此时由于税款并未支付，形成对税务部门的负债，"税金及附加"的增加与"应交税费"对应核算；第二阶段，在经税务部门审核认定申报的税金无误后，实际缴纳税金及附加，并在缴纳后及时核算"应交税费"的减少，一般与"银行存款"对应核算。

4. 销售费用的核算

销售费用的发生也是企业销售阶段的重要业务内容，企业因此要对销售费用进行核算。销售费用是企业在销售商品的过程中发生的各项支出。主要包括两类支出：一类是独立的销售机构发生的各项支出，如为了销售的便利在外地设立了销售网点或售后服务网点等，该网点发生的房屋租金（或购置的房屋的折旧费）、办公费、水电费、邮电通信费、职工薪酬、差旅费、业务费、维修费等各种运营支出；另一类是企业本部为了促进销售或完成销售任务、达到销售目的而发生的物流保险费、包装费、展览费、广告费、商品维修费、预计产品质量保证损失、运输费、装卸费等。

销售费用的发生通过"销售费用"账户进行核算。与其对应的账户主要是"银行存款"。也可能与"应付职工薪酬、累计折旧"等账户对应核算。

二、主营业务收支的核算

（一）产品销售业务收支核算设置的主要账户

1. 主营业务收入

"主营业务收入"账户属于损益类（收入小类）账户，用于核算企业在一定会计期间日常业务中因销售商品、提供劳务而取得的收入。其贷方登记取得的主营业务收入，借方登记因销货退回减少的主营业务收入数额以及期末转入"本年利润"账户的金额，期末结转后无余额。该账户按主营业务的种类设置明细账户，进行明细核算。

2. 主营业务成本

"主营业务成本"账户属于损益类（费用小类）账户，用于核算企业日常业务中因销售商品、提供劳务等而发生的实际成本。具体表现为将商品交付给顾客从而导致失去具有一定价值量的库存商品，或在提供劳务过程中发生的人工、材料支出等实际成本。其借方登记销售产品、提供劳务等发生的实际成本，贷方登记因退货等原因应冲减的销售成本及期末转入"本年利润"的金额，期末结转后无余额，该账户按主营业务的种类设置明细账户，进行明细核算。

3. 税金及附加

"税金及附加"账户属于损益类（费用小类）账户。用于核算企业税金及附加的增减变动情况。该账户的借方登记企业按规定计算出来的应缴纳的消费税、资源税等税金及教育费附加的数额，贷方登记期末转入"本年利润"账户的数额，期末结转后无余额。该账户可按税种设置明细账，进行明细核算。

2016年5月1日前，此账户的名称为"营业税金及附加"，核算的内容主要包括企业经营活动发生的营业税、消费税、城市维护建设税、资源税、教育费附加。依据"财政部关于印发《增值税会计处理规定》的通知（财会〔2016〕22号）"，全面试行营业税改征增值税后，"营业税金及附加"科目名称调整为"税金及附加"科目，核算范围也较之前扩大了，该科目核算企业经营活动发生的消费税、城市维护建设税、资源税、教育费附加及房产税、土地使用税、车船使用税、印花税等相关税费。

4. 销售费用

"销售费用"账户属于损益类（费用小类）账户，用于核算企业销售费用的增减变动情况。其借方登记发生的各项销售费用，贷方登记期末转入"本年利润"账户的数额，结转后期末无余额。本账户按费用项目设置明细账户进行明细核算。

5. 应收账款

"应收账款"账户属于资产类账户，用于核算企业因销售商品、提供劳务等应向购货单位或接受劳务单位收取的款项。其借方登记发生应收账款时形成的应收而未收的款项，贷方登记已收回的账款，余额一般在借方，表示期末尚未收回的账款（期末余额如在贷方则表示企业预收的账款）。该账户按购货单位或接受劳务的单位设置明细账户，进行明细核算。

6. 应收票据

"应收票据"账户属于资产类账户，用于核算企业销售商品、提供劳务等业务活动同客户约定了以商业汇票结算方式进行款项的结算，收到客户开具的商业汇票（包括银行承兑汇票和商业承兑汇票）而形成的债权，其借方登记票据未到期而未收取的款项，贷方登记票据已到期收回的款项，余额一般在借方，表示期末企业尚持有未到期的商业汇票，尚未收取的金额。该账户按开出、承兑商业汇票的单位进行明细核算。

（二）产品销售业务收支核算示例

产品销售业务会计核算处理流程如图 5-12 所示。

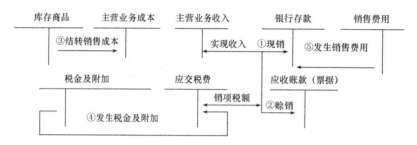

图 5-12 产品销售业务会计核算处理流程

【例 5-27】 5 月 1 日宏达公司向红星公司销售 A 产品 1 000 件，每件售价 800 元，即货款 800 000 元，销项税额为 104 000 元，货款及增值税款已收到并存入银行。

该项经济业务的发生，一方面收款使会计要素中的资产——银行存款增加 904 000 元，另一方面由于收到的款项来源于销售产品的销售收入，会导致收入——主营业务收入增加 800 000 元，此外，根据税法相关规定，销售商品的企业还应在货款之外向购买方收取相应的增值税销项税额，该增值税将于后期同税务机关结算，从而使会计要素中的负债——应交税费（应交增值税）增加 104 000 元。这三个方面的变化应分别通过"银行存款""主营业务收入"和"应交税费"三个账户核算。根据借贷记账法，资产——银行存款增加 904 000 元，应记入"银行存款"账户的借方；收入——主营业务收入增加 800 000 元，应记入"主营业务收入"账户的贷方；负债——应交税费（应交增值税）增加 104 000 元，应记入"应交税费"账户的贷方。编制的会计分录如下：

借：银行存款——工商银行　　　　　　　　　　　　904 000
　　贷：主营业务收入——A 产品　　　　　　　　　　　800 000
　　　　应交税费——应交增值税（销项税额）　　　　　104 000

【例 5-28】 5 月 2 日宏达公司向南海公司销售 B 产品 200 件，每件售价 1 000 元，共计货款 200 000 元，销项税额为 26 000 元，约定以托收承付方式结算。货款及增值税款已向银行办理托收。

该项经济业务的发生，一方面，还没有收到买方的款项，于是会计要素中的资产——应收账款增加 226 000 元，另一方面，销售产品取得销售收入，这会导致收入——主营业务收入增加 200 000 元，此外，应确认增值税销项税额，使会计要素中的负债——应交税费（应交增值税）增加 26 000 元。这三个方面的变化应分别通过"应收账款""主营业务收入"和"应交税费"三个账户核算。根据借贷记账法，资产——应收账款增加 226 000 元，应记入"应收账款"账户的借方；收入——主营业务收入增加 200 000 元，应记入"主营业务收入"账户的贷方；负债——应交税费（应交增值税）增加 26 000 元，应记入"应交税费"账户的贷方。编制的会计分录如下：

借：应收账款——南海公司　　　　　　　　　　　　　　　　　226 000
　　贷：主营业务收入——B 产品　　　　　　　　　　　　　　　200 000
　　　　应交税费——应交增值税（销项税额）　　　　　　　　　26 000

【例 5-29】 5 月 3 日宏达公司向兴达公司销售 A 产品 160 件，每件售价 800 元，计货款 128 000 元，销项税额为 16 640 元，约定以商业汇票结算方式结算。兴达公司开出并承兑商业汇票一张，三个月后付款。

该项经济业务的发生，一方面，因还没有收到买方的款项，且采取的是商业汇票结算方式，使会计要素中的资产——应收票据增加了 144 640 元；另一方面由于销售产品取得销售收入，导致收入——主营业务收入增加了 128 000 元，此外，应确认增值税销项税额，使会计要素中的负债——应交税费（应交增值税）增加了 16 640 元。这三个方面的变化应分别通过"应收票据""主营业务收入"和"应交税费"三个账户核算。根据借贷记账法，资产——应收票据增加 144 640 元，应记入"应收票据"账户的借方；收入——主营业务收入增加 128 000 元，应记入"主营业务收入"账户的贷方；负债——应交税费（应交增值税）增加 16 640 元，应记入"应交税费"账户的贷方。编制的会计分录如下：

借：应收票据——兴达公司　　　　　　　　　　　　　　　　　144 640
　　贷：主营业务收入——A 产品　　　　　　　　　　　　　　　128 000
　　　　应交税费——应交增值税（销项税额）　　　　　　　　　16 640

【例 5-30】 承例 5-28，5 月 10 日宏达公司接到银行通知，托收南海公司购买 B 产品的款项 226 000 已经收到。

该项经济业务的发生，一方面使会计要素中的资产——银行存款增加了 226 000 元；另一方面，收到的款项是以前客户欠下的"应收账款"，使会计要素中的资产——应收账款因收到减少了 226 000 元。这两个方面的变化应分别通过"银行存款"和"应收账款"两个账户核算。根据借贷记账法，资产——银行存款增加 226 000 元，应记入"银行存款"账户的借方；资产——应收账款减少 226 000 元，应记入"应收账款"账户的贷方。编制的会计分录如下：

借：银行存款——工商银行　　　　　　　　　　　　　　　　　226 000
　　贷：应收账款——南海公司　　　　　　　　　　　　　　　　226 000

【例 5-31】 5 月 12 日宏达公司开出转账支票支付广告费 5 000 元，另支付增值税税款 300 元。

该项经济业务的发生，一方面使会计要素中的费用——销售费用增加了 5 000 元；另一方面使会计要素中的资产——银行存款减少了5 300元，由于进项税额的发生还使负债——应交税费（应交增值税）减少了300元。这三个方面的变化应分别通过"销售费用""应交税费"和"银行存款"三个账户核算。根据借贷记账法，费用——销售费用增加5 000元，应记入"销售费用"账户的借方；负债——应交税费（应交增值税）减少300元，应记入"应交税费（应交增值税）"账户的借方；资产——银行存款减少5 300元，应记入"银行存款"账户的贷方。编制的会计分录如下：

  借：销售费用——广告费   5 000
    应交税费——应交增值税（进项税额）   300
    贷：银行存款——工商银行   5 300

【例5-32】 5月31日宏达公司结转已售A、B两种产品的实际成本，已售A产品的生产成本是580 000元，已售B产品的生产成本是118 000元。

该项经济业务的发生，一方面使会计要素中的费用——主营业务成本共增加698 000元；另一方面仓库库存的产成品会减少，使会计要素中的资产——库存商品（A产品）及库存商品（B产品）分别减少580 000元及118 000元。这些变化应分别通过"主营业务成本"和"库存商品"两个账户核算。根据借贷记账法，费用——主营业务成本共增加698 000元，应记入"主营业务成本"账户的借方；资产——库存商品（A产品）及库存商品（B产品）分别减少580 000元及118 000元，应记入"库存商品"账户的贷方。编制的会计分录如下：

  借：主营业务成本——A产品   580 000
         ——B产品   118 000
   贷：库存商品——A产品   580 000
       ——B产品   118 000

【例5-33】 5月31日宏达公司计算本月应交纳城市维护建设税6 000元，教育费附加2 000元。

该项经济业务的发生，一方面使会计要素中的费用——税金及附加共增加了8 000元；另一方面，由于纳税业务一般是在月底计算，次月再与税务部门进行结算，因此，5月末计算出5月份该交的税款时，因尚未结算形成企业的一项负债，使会计要素中的负债——应交税费增加了8 000元。这两个方面的变化应分别通过"税金及附加"和"应交税费"两个账户核算。根据借贷记账法，费用——税及附加增加8 000元，应记入"税及附加"账户的借方；负债——应交税费增加8 000元，应记入"应交税费"账户的贷方。编制的会计分录如下：

  借：税金及附加——城市维护建设税   6 000
       ——教育费附加   2 000
   贷：应交税费——应交城市维护建设税   6 000
      ——应交教育费附加   2 000

【例5-34】 5月10日宏达公司开出转账支票支付4月份的增值税30 000元（4月份销项税额150 000元，进项税额120 000元），支付城市维护建设税6 000元及教育费附加2 000元。

该项经济业务的发生，一方面使会计要素中的负债——应交税费共减少38 000元；另一方面使会计要素中的资产——银行存款减少38 000元。这两个方面的变化应分别通过

"应交税费"和"银行存款"两个账户核算。根据借贷记账法，负债——应交税费减少 38 000 元，应记入"应交税费"账户的借方；资产——银行存款减少 38 000 元，应记入"银行存款"账户的贷方。编制的会计分录如下：

借：应交税费——应交增值税　　　　　　　　　　　　　　　30 000
　　　　　　——应交城市维护建设税　　　　　　　　　　　　6 000
　　　　　　——应交教育费附加　　　　　　　　　　　　　　2 000
　　贷：银行存款——工商银行　　　　　　　　　　　　　　38 000

三、其他业务收支的核算

（一）其他业务收支核算设置的主要账户

1. 其他业务收入

"其他业务收入"账户属于损益类（收入小类）账户，用于核算企业在一定会计期间内从其他业务中取得的收入。其贷方登记取得的各项其他业务收入，包括出租固定资产、出租无形资产、出租包装物和商品、销售材料等实现的收入。借方登记期末转入"本年利润"账户的金额，结转后期末无余额。该账户按其他业务的种类设置明细账户，进行明细核算。

2. 其他业务成本

"其他业务成本"账户属于损益类（费用小类）账户，用于核算企业一定会计期间内从事其他业务所发生的各项成本费用。包括销售材料的成本、出租固定资产的折旧额、出租无形资产的摊销额、出租包装物的成本或摊销额等。该账户的借方登记企业发生的各项其他业务成本金额；贷方登记转入"本年利润"账户的数额；期末结转后本账户应无余额。可按其他业务成本的种类进行明细核算。

（二）其他业务收支核算示例

【例 5-35】 5 月 15 日宏达公司销售甲材料 700 千克，单位售价 16 元，货款 11 200 元，增值税 1 456 元，款项已全部收到并存入银行。

该项经济业务的发生，一方面使会计要素中的资产——银行存款增加 12 656 元；另一方面由于收到的款项来源于销售材料的收入，所以收入——其他业务收入增加 11 200 元；此外，销售商品时应确认销项税额，从而使会计要素中的负债——应交税费（应交增值税）增加 1 456 元。这三个方面的变化应分别通过"银行存款""其他业务收入"和"应交税费"三个账户核算。根据借贷记账法，资产——银行存款增加 12 656 元，应记入"银行存款"账户的借方；收入——其他业务收入增加 11 200 元，应记入"其他业务收入"账户的贷方；负债——应交税费（应交增值税）增加 1 456 元，应记入"应交税费"账户的贷方。编制的会计分录如下：

借：银行存款——工商银行　　　　　　　　　　　　　　　12 656
　　贷：其他业务收入——销售甲材料　　　　　　　　　　11 200
　　　　应交税费——应交增值税（销项税额）　　　　　　 1 456

【例 5-36】 5 月 15 日宏达公司结转已销售甲材料的实际成本 8 400 元。

该项经济业务的发生，一方面使会计要素中的费用——其他业务成本增加 8 400 元；另一方面使会计要素中的资产——原材料（甲材料）减少 8 400 元。这些变化应分别通过"其他业务成本"和"原材料"两个账户核算。根据借贷记账法，费用——其他业务成本增加

8 400元，应记入"其他业务成本"账户的借方；资产——原材料（甲材料）减少8 400元，应记入"原材料"账户的贷方。编制的会计分录如下：

借：其他业务成本——销售甲材料　　　　　　　　　　　　　　8 400
　　贷：原材料——甲材料　　　　　　　　　　　　　　　　　　　　8 400

第五节　利润形成及分配业务的核算

一、利润形成及分配业务概述

（一）利润形成

利润是指企业在一定会计期间的经营成果，包括收入减去费用后的净额、直接计入当期利润的利得和损失等。它是反映企业一定时期生产经营活动的综合性指标，表现为盈利或亏损。

财务成果是企业在一定时期内进行生产经营活动最终在财务上所实现的成果，即净利润或净亏损。一般情况下，根据利润形成的过程，企业的财务成果可以划分为三个层次：营业利润、利润总额和净利润。营业利润是企业日常经营活动带来的利润，也就是上述的"收入（狭义）—费用（狭义）"这一部分；利润总额除了包括营业利润，还包括非日常经营活动带来的利润，也就是上述的"利得—损失"这一部分。净利润则是企业在依法缴纳所得税后的净收益。

有关利润的计算公式如下：

1. 营业利润

营业利润 = 营业收入 – 营业成本 – 税金及附加 – 销售费用 – 管理费用 – 财务费用 – 资产减值损失 + 公允价值变动净收益（或减其净损失）+ 投资净收益（或减其净损失）

2. 利润总额

利润总额 = 营业利润 + 营业外收入 – 营业外支出

3. 净利润

净利润 = 利润总额 – 所得税费用

所得税费用 = 应纳税所得额 × 所得税税率

所得税是企业依据其实现的利润而按照税法的规定必须缴纳的一种税，是国家参与企业利润分配的一种方式。但从企业净收益实现的过程分析，缴纳所得税是企业获得净利润时必须发生的一项支出，具有费用的性质，所以，在会计核算上，将所得税看作应计入企业当期损益的一项费用来核算。

（二）利润分配

企业实现的利润，应按照国家有关法律的规定和投资者的决议进行合理的分配。我国大多数企业的利润分配按年进行，一般在次年年度财务报告公布之后制定并宣告分红政策，对上年企业实现的经营成果进行分配。企业获取的利润总额在缴纳所得税前可先用于弥补以前年度亏损（税法规定用利润补亏的年限不超过五年，若亏损次年开始连续五年都未能弥补完全部的亏损，则从第六年开始不允许用税前利润补亏），之后缴纳企业所得税，企业缴纳所得税后剩余的利润为净利润。

我国《公司法》规定，企业的净利润应按以下顺序进行分配：

（1）弥补企业以前年度亏损（已超过税法规定的 5 年的税前补亏期限的）。

（2）提取法定盈余公积金（按税后净利润的 10% 提取，达到注册资本的 50% 时，可以不再提取）。

（3）提取任意盈余公积金（由公司董事会决定，可提可不提，不限比例）。

（4）向投资者分红（先优先股后普通股）。

二、利润形成业务的核算

（一）利润形成业务核算设置的账户

1. 投资收益

"投资收益"账户属于损益类账户，用于核算企业对外投资时确认的投资收益或投资损失。该账户的贷方登记企业取得投资收益数；借方登记发生的投资损失数；期末结转该账户前投资收益账户的余额表示投资的净收益。期末应将本账户余额转入"本年利润"账户，结转后本账户无余额。该账户可按投资项目进行明细核算。

2. 营业外收入

"营业外收入"账户属于损益类账户，用于核算企业发生的与生产经营活动没有直接关系的各项利得。主要包括债务重组利得、固定资产盘盈利得、捐赠利得、罚款净收入等。该账户的贷方登记营业外收入的增加数，借方登记期末转入"本年利润"账户的营业外收入数，期末结转后本账户无余额。该账户按收入项目设置明细账户，进行明细核算。

3. 营业外支出

"营业外支出"账户属于损益类账户，用于核算企业发生的与经营业务无直接关系的各项损失。包括债务重组损失、公益性捐赠支出、非常损失、盘亏损失、非流动资产毁损报废损失、罚款支出等。该账户的借方登记营业外支出的发生数，贷方登记期末转入"本年利润"账户的营业外支出数，期末结转后本账户无余额。该账户按支出项目设置明细账户，进行明细核算。

4. 本年利润

"本年利润"账户属于所有者权益类账户，用于核算企业当期实现的净利润（或发生的净亏损）。该账户的贷方登记由"主营业务收入""其他业务收入""营业外收入""投资收益"等各收入账户的转入数，以累计本期的总收入；借方登记由"主营业务成本""其他业务成本""税金及附加""管理费用""销售费用""财务费用""营业外支出""资产减值损失""所得税费用"等各费用账户的转入数，以累计本期的总费用。期末余额若在贷方，表明企业累计实现的净利润，期末余额若在借方则表示累计发生的亏损。会计年度终了时，须将全年实现的累计净利润由本账户借方结转到"利润分配"账户的贷方，或将全年累计发生的净亏损从本账户的贷方结转到"利润分配"账户的借方，做了该年度终了的结转后，本账户无余额。本账户不需要进行明细核算。

5. 所得税费用

"所得税费用"账户属于损益类（费用小类）账户。用于核算企业确认的应从当期利润总额中扣除的所得税费用。其借方登记按税法规定依据当期应纳税所得额计算缴纳的所得税费用，贷方登记期末结转到"本年利润"账户的数额，期末结转后本账户无余额。该账户应区分"当期所得税费用""递延所得税费用"进行明细核算。

(二)利润形成业务核算示例

企业本期取得的各项收入和发生的各项费用全部确认并登记到相关的损益类账户后,期末就可以核算当期的经营成果。

为此,需要将各收入账户的金额结转到"本年利润"账户的贷方,各费用账户的金额结转到"本年利润"账户的借方。期末做了这一收支结转以后,"本年利润"账户的借、贷方就汇集了本期全部的费用和收入,因此,根据"本年利润"账户的记录,就可以计算:

本期利润总额="本年利润"账户贷方本期发生额-"本年利润"账户借方
本期发生额(借方发生额不含所得税费用)

计算并核算所得税费用后,将所得税费用也从"所得税费用"账户结转到"本年利润"账户的借方以后,根据"本年利润"账户的记录,就可以计算:

本期净利润总额="本年利润"账户贷方本期发生额-"本年利润"
账户借方本期发生额(借方发生额包含所得税费用)

各期实现的利润,只有到会计年度终了时才结转到"利润分配"账户,因此,平时"本年利润"账户的余额反映的是企业累计实现的净利润或净亏损。年终结转后,"本年利润"账户无余额。

利润形成业务核算会计处理流程如图5-13所示。

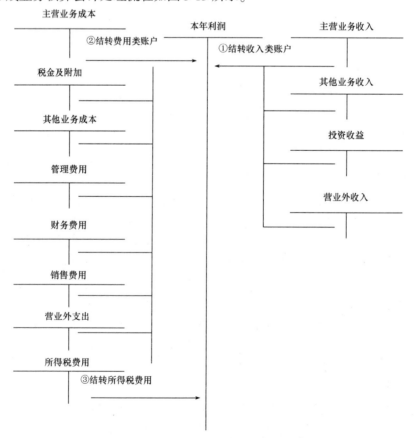

图5-13 利润形成业务核算会计处理流程

【例 5-37】 5 月 6 日，宏达公司向其投资的企业鸿飞公司宣布分红，宏达公司应分得红利 10 000 元。

被本公司投资的企业宣布分红，表明企业的投资获得了收益。因此，该项经济业务的发生，一方面会使得会计要素中的收入——投资收益增加 10 000 元；另一方面，由于仅仅宣布了分红的政策，红利还没有实际收取，所以会计要素中的资产——应收股利增加 10 000 元。这两个变化应分别通过"投资收益"和"应收股利"两个账户核算。根据借贷记账法，收入——投资收益增加 10 000 元，应记入"投资收益"账户的贷方；资产——应收股利增加 10 000 元，应记入"应收股利"账户的借方。编制的会计分录如下：

借：应收股利——鸿飞公司　　　　　　　　　　　　　　　10 000
　　贷：投资收益——鸿飞公司股权投资收益　　　　　　　　　10 000

【例 5-38】 5 月 8 日，宏达公司收到一笔供应商因未按时供货而支付的违约金 1 500 元，并存入银行。

违约金收入属于企业的利得。该项经济业务的发生，一方面使会计要素中的资产——银行存款增加 1 500 元；另一方面，使会计要素中的利润（利得）——营业外收入增加 1 500 元。这两个变化应分别通过"银行存款"和"营业外收入"两个账户核算。根据借贷记账法，资产——银行存款增加 1 500 元，应记入"银行存款"账户的借方；利润（利得）——营业外收入增加 1 500 元，应记入"营业外收入"账户的贷方。编制的会计分录如下：

借：银行存款——工商银行　　　　　　　　　　　　　　　1 500
　　贷：营业外收入——罚款收入　　　　　　　　　　　　　　1 500

【例 5-39】 5 月 12 日，宏达公司以银行存款 30 000 元捐赠地震灾区。

对外捐赠属于企业的损失。该项经济业务的发生，一方面使会计要素中的利润（损失）——营业外支出增加 30 000 元；另一方面使会计要素中的资产——银行存款减少 30 000 元。这两个变化应分别通过"营业外支出"和"银行存款"两个账户核算。根据借贷记账法，利润（损失）——营业外支出增加 30 000 元，应记入"营业外支出"账户的借方；资产——银行存款减少 30 000 元，应记入"银行存款"账户的贷方。编制的会计分录如下：

借：营业外支出——捐赠支出　　　　　　　　　　　　　　30 000
　　贷：银行存款——工商银行　　　　　　　　　　　　　　　30 000

【例 5-40】 5 月 31 日，宏达公司将损益类账户的本期发生额（表 5-5）结转到"本年利润"账户。

表 5-5　损益类账户的本期发生额

20××年 5 月 31 日

费用性质账户		收入性质账户	
账户名称	借方/元	账户名称	贷方/元
主营业务成本	800 000	主营业务收入	1 200 000
税金及附加	80 000	其他业务收入	80 000
其他业务成本	60 000	投资收益	14 000
管理费用	80 000	营业外收入	6 000

续表

费用性质账户		收入性质账户	
财务费用	30 000		
销售费用	40 000		
营业外支出	10 000		
合计	1 100 000	合计	1 300 000

(1) 将各收入账户结转到"本年利润"账户：

借：主营业务收入　　　　　　　　　　　　　　　　　1 200 000
　　其他业务收入　　　　　　　　　　　　　　　　　　　80 000
　　投资收益　　　　　　　　　　　　　　　　　　　　　14 000
　　营业外收入　　　　　　　　　　　　　　　　　　　　 6 000
　　贷：本年利润　　　　　　　　　　　　　　　　　　1 300 000

(2) 将各费用账户结转到"本年利润"账户：

借：本年利润　　　　　　　　　　　　　　　　　　　1 100 000
　　贷：主营业务成本　　　　　　　　　　　　　　　　 800 000
　　　　税金及附加　　　　　　　　　　　　　　　　　　80 000
　　　　其他业务成本　　　　　　　　　　　　　　　　　60 000
　　　　管理费用　　　　　　　　　　　　　　　　　　　80 000
　　　　财务费用　　　　　　　　　　　　　　　　　　　30 000
　　　　销售费用　　　　　　　　　　　　　　　　　　　40 000
　　　　营业外支出　　　　　　　　　　　　　　　　　　10 000

结转以后，根据"本年利润"账户的记录，可以计算出 5 月份实现利润总额为 200 000 元（"本年利润"账户贷方发生额 1 300 000 元减借方发生额 1 100 000 元）。

【例 5-41】 5 月 31 日，宏达公司实现利润总额 200 000 元（假设等于应纳税所得额），按 25% 的所得税率计算本月应交所得税，并转入"本年利润"账户。

(1) 核算本月所得税费用。

$$应交所得税 = 200\,000 \times 25\% = 50\,000（元）$$

该项经济业务的发生，一方面使会计要素中的费用——所得税费用增加 50 000 元；另一方面使会计要素中的负债——应交税费（应交所得税）增加 50 000 元。这两个方面的变化应分别通过"所得税费用"和"应交税费"两个账户核算。根据借贷记账法，费用——所得税费用增加 50 000 元，应记入"所得税费用"账户的借方；负债——应交税费（应交所得税）增加 50 000 元，应记入"应交税费"账户的贷方。编制的会计分录如下：

借：所得税费用——当期所得税费用　　　　　　　　　　50 000
　　贷：应交税费——应交所得税　　　　　　　　　　　　50 000

(2) 将"所得税费用"的本期发生额结转到"本年利润"账户，编制的会计分录如下：

借：本年利润　　　　　　　　　　　　　　　　　　　　50 000
　　贷：所得税费用——当期所得税费用　　　　　　　　　50 000

结转所得税费用后，可以计算出 5 月份实现的净利润为 150 000 元（利润总额 200 000

元减去所得税费用 50 000 元)。

三、利润分配业务的核算

利润分配是指企业按照国家规定的政策和比例,对已实现的净利润在企业和投资者之间进行分配。我国大多数企业的利润分配按年进行,一般在次年年度财务报告公布之后制定并宣告分红政策,对上年企业实现的经营成果进行分配。经过前述利润计算过程后,企业在年度终了将"本年利润"账户的贷方余额(本年度可供分配的净利润)结转入"利润分配"账户,开始利润分配程序。

(一)利润分配业务核算设置的主要账户

1. 利润分配

"利润分配"账户属于所有者权益类账户,用于核算企业利润的分配(或亏损的弥补)和历年分配(或弥补亏损)后的余额。"利润分配"账户通过明细核算来体现利润分配的全过程及利润分配的结果,本账户开设"提取法定盈余公积""提取任意盈余公积""应付现金股利"或"应付利润"和"未分配利润"等明细账户。

会计年度终了时,应将全年累计实现的净利润从"本年利润"账户的借方结转到"利润分配——未分配利润"明细账户的贷方。此贷方发生额表示本年度可供分配的利润金额(若本年度亏损,则将全年亏损额从"本年利润"账户的贷方结转到"利润分配——未分配利润"明细账户的借方)。

利润分配的过程通过"提取法定盈余公积""提取任意盈余公积""应付现金股利"或"应付利润"等明细账户核算,分配发生额登记在上述明细账户的借方,表示因分配利润导致所有者权益"利润分配"项目的减少额。

利润分配过程结束后,应将"提取法定盈余公积""提取任意盈余公积""应付现金股利"或"应付利润"等明细账户的借方发生额由上述明细账户的贷方分别结转到"利润分配——未分配利润"明细账户的借方,此时"利润分配——未分配利润"明细账户的借方发生额表示汇总归集的本期实际已经分配出去的各利润分配项目的总额(此项结转后"提取法定盈余公积""提取任意盈余公积""应付现金股利"或"应付利润"等明细账户的余额为零,只有"未分配利润"这一明细账年末有余额)。

利润分配结束后,"利润分配——未分配利润"明细账户的贷方(借方)余额反映企业的累计未分配利润(或未弥补亏损)。

2. 盈余公积

"盈余公积"账户属于所有者权益类账户,用于核算企业在利润分配时从净利润中提取的盈余公积。该账户贷方登记从企业的净利润中提取的盈余公积金的数额;借方登记盈余公积金的弥补亏损或转增资本等方面的数额;期末余额在贷方,表示盈余公积金的实际结存数。本账户下设"法定盈余公积""任意盈余公积"等明细账,进行明细分类核算。

3. 应付股利(应付利润)

"应付股利"账户属于负债类账户(非股份公司一般使用"应付利润"账户),用于核算企业在利润分配时分配的现金股利或利润(企业分配的股票股利不通过本科目核算)。该账户贷方登记企业通过股利分配方案应付投资者的现金股利数;借方登记企业实际支付给投资者的金额。期末余额在贷方,反映企业尚未支付的现金股利或利润。本账户按投资者设置明细账,进行明细分类核算。

(二) 利润分配业务核算会计处理流程

利润分配业务核算会计处理流程如图 5-14 所示。

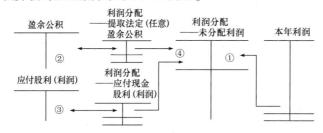

图 5-14 利润分配业务核算会计处理流程

(三) 利润分配的会计核算

【例 5-42】 12 月 31 日，民胜股份有限公司全年实现净利润 10 000 000 元。将其结转到利润分配账户。

该项经济业务发生，因为转账，一方面使会计要素中的所有者权益——本年利润金额减少 10 000 000 元；另一方面会导致可供分配的利润金额增加 10 000 000 元。这两个变化应分别通过 "本年利润" 和 "利润分配——未分配利润" 两个账户核算。根据借贷记账法，所有者权益——本年利润减少 10 000 000 元应记入 "本年利润" 账户的借方；可供分配的利润金额增加 10 000 000 元应记入 "利润分配（未分配利润）" 账户的贷方。编制的会计分录如下：

借：本年利润　　　　　　　　　　　　　　　　　　　10 000 000
　　贷：利润分配——未分配利润　　　　　　　　　　　　　　10 000 000

【例 5-43】 12 月 31 日，民胜股份有限公司对年度的净利润进行分配，全年实现净利润 1 000 万元，按税后利润 10% 提取法定盈余公积金，按税后利润 5% 提取任意盈余公积金。

应提取法定盈余公积金：10 000 000 × 10% = 1 000 000（元）

应提取任意盈余公积金：10 000 000 × 5% = 500 000（元）

该项经济业务发生，随着利润的分配，一方面使会计要素中的所有者权益——利润分配减少 1 500 000 元；另一方面使所有者权益——盈余公积增加 1 500 000 元。这两个方面的变化应分别通过 "利润分配" 和 "盈余公积" 两个账户核算。根据借贷记账法，所有者权益——利润分配减少，应记入 "利润分配" 账户的借方；所有者权益——盈余公积的增加，应记入 "盈余公积" 账户的贷方。编制的会计分录如下：

借：利润分配——提取法定盈余公积　　　　　　　　　1 000 000
　　　　　　——提取任意盈余公积　　　　　　　　　　　500 000
　　贷：盈余公积——法定盈余公积　　　　　　　　　　　1 000 000
　　　　　　　　——任意盈余公积　　　　　　　　　　　　500 000

【例 5-44】 2 月 10 日，民胜股份有限公司宣布按税后净利润 20% 对投资者分配现金股利。

应付股利：10 000 000 × 20% = 2 000 000（元）

该项经济业务发生，随着利润的分配，一方面，使会计要素中的所有者权益——利润分配减少 2 000 000 元；另一方面，由于仅仅是宣布了将要分红，并没有实际支付现金股利，所以负债——应付股利增加 2 000 000 元。这两个方面的变化应分别通过"利润分配"和"应付股利"两个账户核算。根据借贷记账法，所有者权益——利润分配的减少应记入"利润分配"账户的借方；负债——应付股利增加 2 000 000 元，应记入"应付股利"账户的贷方。编制的会计分录如下：

借：利润分配——应付现金股利　　　　　　　　　　　　　2 000 000
　　贷：应付股利——现金股利　　　　　　　　　　　　　　　2 000 000

【例 5-45】 2 月 10 日，民胜股份有限公司将"利润分配——提取法定盈余公积""利润分配——提取任意盈余公积""利润分配——应付现金股利"三个明细账户的借方余额分别转入"利润分配——未分配利润"账户的借方。

利润分配过程中，"利润分配——提取法定盈余公积""利润分配——提取任意盈余公积""利润分配——应付现金股利"这三个明细账户的发生额在借方，利润分配结束后，因为汇总核算已分配利润的需要，应将这三个明细账户的余额从相反的贷方转出，转入"利润分配——未分配利润"账户的借方，以便通过"利润分配——未分配利润"账户总结利润分配的结果。此结转业务发生后，前述三个明细账户的余额应该为零。编制的会计分录如下：

借：利润分配——未分配利润　　　　　　　　　　　　　　3 500 000
　　贷：利润分配——提取法定盈余公积金　　　　　　　　　1 000 000
　　　　　　　　——提取任意盈余公积金　　　　　　　　　　500 000
　　　　　　　　——应付现金股利　　　　　　　　　　　　2 000 000

年终结转后，假定"利润分配"账户的期初余额为零，则"利润分配——未分配利润"账户的贷方余额应为 6 500 000（10 000 000 − 3 500 000）元，反映利润分配工作结束后企业年末未分配的利润。

本章小结

本章主要介绍借贷记账法在制造业企业基本业务核算中的运用。制造业企业的基本业务按资金运动过程可人为划分为筹资业务、供应业务、生产业务、销售业务及利润形成与分配业务五个方面。资金筹集业务主要涉及权益资金与债务资金的取得、利息的核算、债务资金的偿还等内容；供应阶段主要核算固定资产的取得、原材料的购买，要区分取得财产物资的不同阶段及不同结算方式进行账务处理，还需要掌握固定资产与原材料的成本计算；生产阶段主要涉及生产费用的归集与分配、产品成本的计算等业务。生产阶段基本业务的核算主要涉及"生产成本""制造费用"等成本类账户及"管理费用"等期间费用账户，由"生产成本"及"库存商品"分别反映在产品与完工产品成本，"管理费用"则反映不应由产品承担而应归属于特定期间的企业为了经营管理发生的耗费；产品销售阶段主要核算产品销售及其他销售业务中取得的收入、发生的成本、税金及附加以及销售费用的发生；利润形成阶段由"本年利润"来归集并核算利润的形成过程，而利润分配阶段的计算与核算工作则主要由"利润分配"账户来完成。

本章重点介绍了在借贷记账法下上述各阶段基本的业务内容、为核算基本业务应设置的账户、各账户的结构以及账务处理的方法等。

课后思考与练习

一、单项选择题

1. 计算并分配当月工资费用，在会计处理上应贷记( )账户。
   A. 盈余公积　　　B. 应付福利费　　　C. 管理费用　　　D. 应付职工薪酬

2. 以下应计入产品成本的项目是( )。
   A. 管理费用　　　B. 制造费用　　　C. 财务费用　　　D. 销售费用

3. 企业核算广告费的账户是( )。
   A. 管理费用　　　B. 制造费用　　　C. 财务费用　　　D. 销售费用

4. 企业以预收款方式销售产品时，在收款时借记银行存款，贷记( )。
   A. 应付账款　　　B. 应收账款　　　C. 预付账款　　　D. 预收账款

5. 预提银行短期贷款利息的会计分录，应该是借记( )账户，贷记"应付利息"账户。
   A. 利息费用　　　B. 管理费用　　　C. 应付福利费　　　D. 财务费用

6. "本年利润"账户是用来核算企业本期( )。
   A. 实现的利润总额　　　　　　　　B. 实现的净利润或发生的净亏损
   C. 实现的营业利润　　　　　　　　D. 实现的产品销售利润

7. "本年利润"账户3月31日的贷方余额为120 000元，表示( )。
   A. 3月份利润总额　　　　　　　　B. 一季度累计净利润
   C. 营业利润额　　　　　　　　　　D. 产品销售利润额

8. "固定资产"账户的余额减去"累计折旧"账户的余额表示固定资产的( )。
   A. 可变现净值　　B. 重置价值　　　C. 账面净值　　　D. 原值

9. 某企业从外地购进甲材料，买价3 200元，外地运杂费120元，采购员差旅费105元，那么该材料实际成本是( )元。
   A. 3 425　　　　B. 3 200　　　　C. 3 325　　　　D. 3 320

10. 以下一般不计入外购存货成本的是( )。
    A. 运输途中的合理损耗　　　　　　B. 入库前的挑选整理费
    C. 自然灾害造成的损失　　　　　　D. 支付给物流公司的运费

11. 一般纳税人企业，不构成材料采购成本的是( )。
    A. 材料买价　　　B. 进项税额　　　C. 运杂费用　　　D. 其他采购费用

12. 月末对"制造费用"进行分配并转账，应转入( )账户。
    A. 生产成本　　　B. 管理费用　　　C. 主营业务成本　　　D. 销售费用

13. 企业结转全年待分配净利润时，借记"本年利润"账户，贷记( )账户。
    A. 利润分配——未分配利润　　　　B. 管理费用
    C. 主营业务收入　　　　　　　　　D. 投资收益

14. 下列不应计入营业利润的是( )。
    A. 管理费用　　　B. 财务费用　　　C. 销售费用　　　D. 营业外支出

15. 已知某企业商品销售利润480万元，管理费用120万元，财务费用8万元，销售费用 42 万元，营业外收入 12 万元，则营业利润是( )万元。
   A. 310　　　　B. 350　　　　C. 322　　　　D. 298

二、多项选择题

1. 下列账户中，应将余额转入"本年利润"账户借方的是( )。
   A. 主营业务收入　　B. 营业外收入　　C. 管理费用　　D. 财务费用
2. 核算企业计提的银行的短期贷款利息费，应记入( )科目。
   A. 应付利息　　B. 财务费用　　C. 管理费用　　D. 制造费用
3. 一般纳税人企业购入生产用机器设备，其入账价值包括( )。
   A. 买价　　　　　　　　　　　　B. 运杂费及途中保险费
   C. 进口关税　　　　　　　　　　D. 增值税进项税额
4. 下列各项中，( )属于期间费用。
   A. 制造费用　　B. 销售费用　　C. 管理费用　　D. 财务费用
5. 下列项目中，应计入销售费用的有( )。
   A. 专设销售机构销售人员的差旅费　　B. 专设销售机构人员的工资
   C. 广告费　　　　　　　　　　　　　D. 专设销售机构的业务招待费
6. 以下构成产品制造成本的项目有( )。
   A. 直接材料　　B. 制造费用　　C. 直接人工　　D. 管理费用
7. 企业实现的净利润应进行( )分配。
   A. 计算缴纳所得税　　　　　　　B. 提取法定盈余公积金
   C. 向投资者分配利润　　　　　　D. 提取任意盈余公益金
8. 材料供应过程可能发生的业务内容有( )。
   A. 支付采购材料的货款　　　　　B. 支付购货时应付的增值税进项税额
   C. 支付采购材料的各种运杂费　　D. 生产领用材料
9. 产品销售过程可能发生的业务内容有( )。
   A. 支付广告费　　　　　　　　　B. 销售商品，未收到款
   C. 计算销售商品应付的税金　　　D. 计算并结转销售商品的成本
10. 核算生产业务应该设置的主要账户有( )。
    A. 制造费用　　B. 管理费用　　C. 生产成本　　D. 销售费用

三、判断题

1. "所得税费用"是期间费用账户之一。( )
2. 将各收入账户结转到"本年利润"账户计算利润时应该贷记"本年利润"。( )
3. "固定资产"账户借方余额减去"累计折旧"账户的贷方余额后的差额，即为期末固定资产的账面净值。( )
4. 应付账款和预付账款都是企业的债权。( )
5. 企业收到预收款时应立即确认为产品销售收入。( )
6. 行政人员的工资费用应该记入"管理费用"账户。( )
7. 核算投资者实际投入资本的账户是"实收资本"或"股本"。( )
8. 留存收益包括盈余公积和未分配利润。( )
9. 企业在年终利润计算与分配后，"本年利润"账户一定没有余额。( )

10. 制造费用和管理费用直接影响本期损益。   （   ）

四、简答题

1. 制造业企业基本的经济业务活动有哪些？
2. 制造业企业的筹资业务主要有哪些内容？核算筹资业务使用的主要账户有哪些？
3. 制造业企业的供应业务主要有哪些内容？核算供应业务使用的主要账户有哪些？
4. 制造业企业的生产业务主要有哪些内容？核算生产业务使用的主要账户有哪些？
5. 制造业企业的销售业务主要有哪些内容？核算销售业务使用的主要账户有哪些？
6. 制造业企业的利润计算与分配业务主要有哪些内容？核算利润计算与分配业务使用的主要账户有哪些？

五、计算题

某企业"本年利润"账户的本年借方累计发生额为200 000元，贷方累计发生额为400 000元，"利润分配——未分配利润"账户年初贷方余额为60 000元。

要求：根据以上资料计算该企业的

(1) 本年利润；
(2) 所得税（税率为25%）；
(3) 盈余公积（只按10%计提法定盈余公积）；
(4) 应付利润（按提取盈余公积后全部可供分配利润的50%）。

六、业务题

美达多公司是增值税一般纳税人，是一家有限责任公司。2019年12月发生的部分业务如下：

(1) 向银行借入短期借款80 000元，款项已存入银行。
(2) 收到投资者投入的厂房一栋，价值750 000元。
(3) 以银行存款偿还到期的银行三年期借款100 000元。
(4) 预提应由本月负担的短期借款利息900元。
(5) 以存款支付第四季度的短期借款利息2 000元。
(6) 接到开户银行通知，本季度银行存款利息600元，已存入公司账户。
(7) 购入一批甲材料，增值税专用发票中列明的价款为20 000元，税款为2 600元。另外支付采购费用（运费）300元及增值税27元。款项已开出转账支票支付。材料已验收入库。
(8) 向广州某单位购入乙材料50吨，单价850元，货款及税款（增值税税率13%）尚未支付，材料已验收入库。
(9) 用银行存款购买价值8 000元计算机一台，作为办公设备，增值税额1 040元。
(10) 以银行存款购入报价35 000元的生产设备一台，增值税额4 550元。
(11) 用银行存款归还前购入材料所欠的款项49 000元。
(12) 本月发出材料情况：生产A产品耗用10 000元，车间一般性耗用1 000元，行政部门一般性耗用1 000元。
(13) 计算并分配本月工资费用：A产品生产工人工资为200 000元，B产品生产工人工资为160 000元，车间主任及技术人员工资为16 000元，行政管理人员工资为100 000元。
(14) 从银行提取现金470 000元准备用于发放上月职工工资。
(15) 以现金支付工资470 000元。
(16) 开支票支付本月电话费1 000元，另支付增值税90元，其中，行政部门负担600

元,车间负担400元。

(17) 计提本月固定资产折旧费33 160元,其中,车间使用固定资产折旧费17 380元,管理部门固定资产折旧费15 780元。

(18) 用银行存款支付广告费10 000元,增值税600元。

(19) 职工张宏出差借支现金1 000元。

(20) 月末,将本月发生的制造费用360 000元分配并结转入"生产成本"账户。按生产工人工资标准分配制造费用。

(21) 本月投产的A产品100件,月末均已完工,并全部验收入库。按其实际成本450 000元予以结转入库。

(22) 以存款预付行政管理部门的第三季度房屋租金1 000元,增值税90元。

(23) 以现金支付业务招待费2 000元,增值税额120元。

(24) 以银行存款1 000元支付税收滞纳金。

(25) 以转账支票预付明年上半年财产保险费2 000元,增值税120元。

(26) 职工李明报销医药费260元,以现金付讫。

(27) 以银行存款支付生产车间办公用品费300元,增值税39元。

(28) 公司财务科长刘松年出差归来,报销差旅费800元,原预借1 000元,退回现金200元。

(29) 以银行存款支付"希望工程"捐助款5 000元。

(30) 销售产品100件,售价700元/件。开出增值税专用发票计价款为70 000元,增值税9 100元。款项尚未收到。

(31) 结转已销售的100件A产品的销售成本450元/件。

(32) 收到红星公司所欠的货款和税款共计113 000元,款项已存入银行。

(33) 月末结转主营业务收入900 000元,其他业务收入60 000元,营业外收入2 000元。

(34) 月末结转主营业务成本560 000元,税金及附加6 000元,其他业务成本34 000元,管理费用15 000元。

(35) 经计算该企业本月应缴纳所得税86 750元。

(36) 以银行存款缴纳企业所得税86 750元。

(37) 计提法定盈余公积320 000元。

(38) 公司决定向投资者分配利润180 000元。

要求:

(1) 编制以上各项业务的会计分录。

(2) 根据上述资料编制账户发生额试算平衡表。

第六章 账户的分类

★学习目标

通过本章的学习，应理解账户按经济内容的分类；了解账户的用途与结构的含义；理解账户按用途和结构的分类；了解账户按其他标准的分类；能正确运用账户登记经济业务。

★案例导入

林飞是一名会计专业的在校学生，在学习了账户按照所反映的经济内容及用途与结构的分类之后，恍然大悟地说："我懂了，凡是写着费用的会计科目，除了没有期末余额之外，都与资产类账户一样，凡是成本类账户，一定没有期末余额，凡是应收款账户，一定是资产类账户，凡是应付款账户，一定是负债类账户，累计折旧也是资产账户。"

思考：林飞的说法对吗？

第一节 账户分类概述

一、账户分类的意义

账户是具有一定格式，用来序时、连续、系统地记录经济业务，反映会计要素增减变动及其结果的一种工具。通过账户记录，可以反映和监督会计对象的具体内容，取得企业生产经营管理所需的各种核算资料。为了全面核算企业生产经营过程，企业需要设置众多的账户进行核算，使之成为一个有机的整体。

账户的分类就是从账户的区别和联系入手，从不同角度按一定标准加以归类。其目的在于了解各类账户能够提供什么性质的经济指标，进一步理解各类账户之间的联系和区别及各自的使用方法，揭示账户的共性和特性，完善账户体系，以便科学地设置账户，正确地使用账户。

账户分类的重要意义可以概括为以下三个方面：

（1）有利于从理论上加深对账户的全面认识，了解账户体系的设置和运用在会计核算体系中的地位和作用，有助于正确运用设置账户这种会计核算的专门方法，建立起更加完善的会计核算体系。

（2）便于进一步了解账户体系中各类账户的共性和特性，以及各个账户之间的联系与区别，揭示账户使用的规律性，不断提高账户运用技能，从而做到正确熟练地使用账户。

（3）能够揭示全部账户在反映会计信息上存在的既分工又协作的关系，掌握会计核算的规律性与差异性。

二、账户分类的标准

账户分类的标准是用来区分账户、划分各账户类型的，按照不同的标准对账户从多角度进行分类，有利于我们更加全面地认识及理解账户，更加熟练地运用账户服务于会计核算。就当前人们对会计账户的认识来看，已经形成了众多的分类标准，包括按经济内容分类、按用途与结构分类、按提供指标的详细程度分类、按其与会计报表的关系分类等。本章重点介绍按前两个分类标准对账户进行的分类，其他的分类仅做概述。

第二节　账户按经济内容分类

一、账户按经济内容分类的意义

账户的经济内容，即账户所核算和监督的会计对象的具体内容，账户的经济内容规定着账户的性质。按经济内容分类，可以确切地了解每一个或每一类账户核算与监督的具体内容，全部账户的设置能否适应有关单位经济活动的特点，能否满足有关经济管理的需要。这对于准确区分每个账户的经济性质，准确地使用账户是十分必要的。

二、账户按经济内容分类的内容

账户按经济内容分类，是账户最基本的分类标准，我国《企业会计准则应用指南》中列举的会计科目表对账户的分类便采用了此分类标准。该分类实质上是按会计对象的具体内容进行的分类，以制造业企业的账户设置为例，账户按经济内容分类常用的有五大类，包括资产类、负债类、所有者权益类、成本类和损益类账户。此外，在《企业会计准则应用指南》的会计科目表里，还有第六类共同类账户，因制造业企业很少涉及，本章暂不做介绍。各类型账户在反映同一种性质的经济内容的基础上，还可以按其反映的具体经济内容的一些细节上的差别，进一步划分成若干小类。

（一）**资产类账户**

资产类账户是用来核算企业各类资产的增减变动及结存情况的账户。资产类账户反映的会计内容，既有货币的又有非货币的，既有有形的也有无形的。

资产类账户根据其反映的资产是否具有流动性，又可分为以下两类：

1. **反映流动资产的账户（流动资产小类）**

流动资产类账户是用来反映企业各项流动资产的增减变动及结存情况的账户。

流动资产类账户主要有"库存现金""银行存款""其他货币资金""交易性金融资产"

"应收票据""应收账款""预付账款""应收股利""应收利息""其他应收款""坏账准备""材料采购""在途物资""原材料""材料成本差异""周转材料""库存商品"等账户。

2. 反映非流动资产的账户（非流动资产小类）

非流动资产类账户是用来反映企业各项非流动资产的增减变动及结存情况的账户。

非流动资产类账户主要有"长期股权投资""债权投资""其他债权投资""其他权益工具投资""长期应收款""固定资产""累计折旧""在建工程""工程物资""无形资产""累计摊销""投资性房地产""待处理财产损溢"等账户。

（二）负债类账户

负债类账户是用来核算企业各类负债的增减变动及结存情况的账户。

负债类账户根据负债的偿还期长短具体又分为以下两类：

1. 反映流动负债的账户（流动负债小类）

流动负债类账户是用来核算企业各类流动负债的增减变动及结存情况的账户。

流动负债类账户主要有"短期借款""应付票据""应付账款""预收账款""应付职工薪酬""应交税费""应付股利""应付利息""其他应付款"等账户。

2. 反映非流动负债的账户（非流动负债小类）

非流动负债类账户是用来核算企业各类非流动负债的增减变动及结存情况的账户。

非流动负债类账户主要有"长期借款""应付债券""长期应付款""预计负债"等账户。

（三）所有者权益类账户

所有者权益类账户是用来核算企业的投资者在企业拥有的权益的增减变动及结存情况的账户。

根据所有者权益的形成过程，所有者权益类账户具体又分为以下三类：

1. 反映投资者投入资本的账户（投入资本小类）

投入资本类账户是用来核算企业实收资本和资本公积的增减变动及结存情况的账户。

投入资本类账户主要有"实收资本""股本""资本公积"等账户。

2. 反映投资者留存收益的账户（留存收益小类）

留存收益类账户是用来核算归属于企业投资者的各类留存收益的增减变动及结存情况的账户。

留存收益类账户主要有"盈余公积""利润分配"等账户。

3. 反映属于投资者利润计算过程的账户（收益计算小类）

收益计算类账户是用来核算企业利润的形成及结转情况的账户。

收益计算类账户主要有"本年利润"账户。

（四）成本类账户

成本类账户是用来反映企业为生产产品、提供劳务而付出的代价。它针对一定成本计算对象（某种产品、某类产品、某批产品、某生产步骤等），表明了由此发生的企业经济资源的耗费。

成本类账户主要有"生产成本""制造费用""劳务成本""研发支出"等账户。

（五）损益类账户

损益类账户反映企业某一会计期间实现的所有损益情况。它既包括来自生产经营方面已实现的各项收入，已耗费需要在本期配比的各项费用，也包括来自其他方面的业务收支，以及本期发生的各项营业外收支等。

损益类账户一般又可细分为以下五类：

1. **反映收入的账户（收入小类）**

收入类账户是用来核算企业日常活动中取得的各类经常性收入的增减变动情况的账户。

收入类账户主要有"主营业务收入""其他业务收入"等账户。

2. **反映费用的账户（费用小类）**

费用类账户是用来核算企业日常活动中发生的各类经常性费用的增减变动情况的账户。

费用类账户主要有"主营业务成本""其他业务成本""税金及附加""销售费用""管理费用""财务费用""资产减值损失""所得税费用"等账户。

3. **反映损益的账户（损益小类）**

损益类账户是既可用来核算企业取得的利益，也可用来核算企业发生的损失的具有双重特性的账户。

损益类账户主要有"公允价值变动损益""以前年度损益调整""投资收益""资产处置损益"等账户。

4. **反映利得的账户（利得小类）**

反映利得的账户是指用来核算企业非日常活动中发生的各类非经常性利益的增减变动的账户。

反映利得的账户主要有"营业外收入"。

5. **反映损失的账户（损失小类）**

反映损失的账户是指用来核算企业非日常活动中发生的各类非经常性耗费的增减变动的账户。

反映损失的账户主要有"营业外支出"。

损益类账户是一类很特殊的账户，除了根据账户的不同特性细分可以分出若干个小类之外，还存在某些账户具有更复杂的特性，以损益小类的"投资收益"账户为例，该账户在某些情况下反映日常活动引起的经济利益的流入或流出，按性质属于反映收入或费用要素信息的账户，例如进行投资活动取得的分红或者利息；在另一些情况下又反映非日常活动获得的利益或发生的损失，按性质属于反映利润要素信息的账户，例如对金融资产进行期末计价时发生的增值或者减值。再以损益小类的"公允价值变动损益""资产处置损益"为例，以上账户当反映的是企业利益增加时，属于利得性质的信息，当反映企业利益减少时，属于损失性质的信息。总的来说，损益小类账户反映信息内容的双重特性可能表现为既反映收入要素的信息，又反映费用要素的信息，或者既反映利润要素的利得信息，又反映利润要素的损失信息。

为了体现企业收入与费用的层次性，企业需要区分日常活动引起的经常性利益流入与非日常活动引起的非经常性利益流入，以及区分日常活动引起的经常性耗费与非日常活动引起的非经常性耗费。但反映利得的账户与反映收入的账户有一定的共同点，如都反映企业经济利益的流入，账户结构是一样的，都参与利润总额的计算。因此，在许多情况下把利得与收入合在一起视为广义的收入；同理，反映损失的账户与反映费用的账户也存在一定的共同点，如都反映企业经济利益的流出，账户结构高度一致，都参与利润的计算。因此，费用与损失合在一起又可以理解成广义的费用。前面章节学习的会计等式"收入 – 费用 = 利润",其中的收入与费用便是广义的概念。

账户按经济内容分类如图 6-1 所示(共同类账户略)。

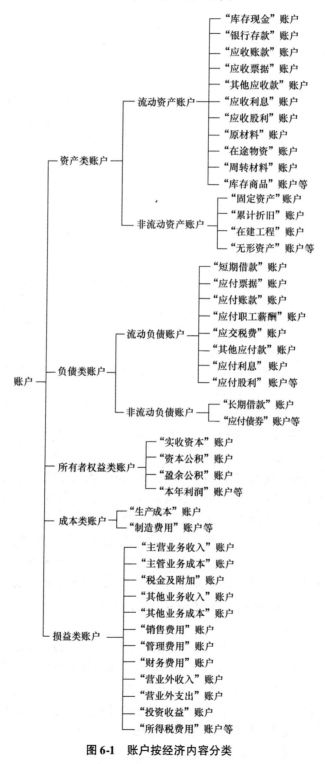

图 6-1 账户按经济内容分类

第三节　账户按用途和结构分类

一、账户按用途和结构分类的意义

账户的用途是指设置和运用账户的目的，通过账户的记录能够提供哪些会计核算指标。账户的结构是指在账户中如何记录经济业务以取得必要的核算指标，包括账户借方和贷方核算的内容，期末余额的方向及余额所表示的内容。账户按用途和结构分类的实质是对账户在会计核算中所起的作用和账户在使用中能够反映什么样的经济指标进行的分类。按账户的经济用途和结构分类，可以使我们明确各个账户不同的使用方法和具体作用。

二、账户按用途和结构分类的内容

账户按用途和结构可以分为12小类，分别是：①盘存账户；②结算账户；③资本账户；④集合分配账户；⑤跨期摊提账户；⑥成本计算账户；⑦收入账户；⑧费用账户；⑨财务成果账户；⑩调整账户；⑪暂记账户；⑫计价对比账户。

（一）盘存账户

1. 盘存账户的概念

盘存账户是用来反映和监督那些可以通过盘点方法确定各项货币资金和财产物资增减变动及实有情况的账户。盘存账户可提供财产物资及货币资金的账存数，并与实存数对比开展财产清查，核对账实是否相符。

2. 盘存账户的内容

盘存账户主要包含"库存现金""银行存款""其他货币资金""原材料""周转材料""库存商品""固定资产"等账户。

3. 盘存账户的结构

盘存账户的期初余额在借方，财产物资及货币资金本期发生额的增加数在借方登记，财产物资及货币资金本期发生额的减少数在贷方登记，期末如果有余额，则在借方。如图6-2所示。

盘存账户

期初余额：财产物资或货币资金期初实有数额 本期发生额：财产物资或货币资金本期增加数额	本期发生额：财产物资或货币资金本期减少数额
期末余额：财产物资或货币资金期末实有数额	

图6-2　盘存账户的结构

4. 盘存账户的特点

（1）所有账户都可以通过定期或不定期的实物盘点和核对账目来检查账户记录是否正确，账实是否相符。

（2）在各项财产物资和货币资金有结存的情况下，反映各项财产物资和货币资金的账户期末就应该有借方余额。

（3）该类账户中反映财产物资的账户在进行明细分类核算时，除了采用货币计量外，还需兼用实物计量。

（二）结算账户

1. 结算账户的概念

结算账户又称往来账户，是用来核算和监督企业同其他单位或个人以及企业内部各单位之间债权债务结算关系的账户。按照结算性质的不同，它可以分为债权结算账户、债务结算账户和债权债务结算账户三种。

（1）债权结算账户也称资产结算账户，是用来反映和监督企业同其他单位或个人之间的债权（应收款项）结算业务的账户。

（2）债务结算账户也称负债结算账户，是用来反映和监督企业同其他单位或个人之间的债务（应付款项）结算业务的账户。

（3）债权债务结算账户是一类比较特殊的结算类账户，它是对经济组织在与其他经济组织或个人之间同时具有债权和债务双重性质的一种账户。

2. 结算账户的内容

（1）债权结算账户主要包含"应收账款""应收票据""预付账款""应收股利""应收利息""其他应收款""长期应收款"等账户。

（2）债务结算账户主要包含"应付账款""应付票据""预收账款""其他应付款""应交税费""短期借款""应付职工薪酬""应付股利""长期借款""应付债券""预计负债""长期应付款"等账户。

（3）债权债务结算账户在不设"预收账款""预付账款"账户的情况下，主要包含同时核算应收账款和预收账款的"应收账款"账户，同时核算应付账款和预付账款的"应付账款"账户。

还有将"其他应收款""其他应付款"合并设置的"其他往来"账户，如"供应单位往来""内部往来"等账户。

3. 结算账户的结构

（1）债权结算账户的结构。债权结算账户的基本结构类似盘存类账户，即期初如果有余额，则在借方，本期发生额的增加数在借方，本期发生额的减少数在贷方，期末如果有余额，则在借方。如图6-3所示。

债权结算账户

期初余额：应收款项（债权）的期初实有额 本期发生额：应收款项（债权）的本期增加额	本期发生额：应收款项（债权）的本期减少额
期末余额：应收款项（债权）的期末实有额	

图6-3 债权结算账户的结构

（2）债务结算账户的结构。贷方登记本期债务的增加额，借方登记本期债务的减少额，期末余额在贷方，表示尚未偿付的债务实有数额。如图6-4所示。

债务结算账户

本期发生额：应付款项（债务）的本期减少额	期初余额：应付款项（债务）的期初实有额 本期发生额：应付款项（债务）的本期增加额
	期末余额：应付款项（债务）的期末实有额

图6-4 债务结算账户的结构

(3) 债权债务结算账户的结构。债权债务结算账户的期初余额可能在借方（表示债权大于债务的差额），也可能在贷方（表示债务大于债权的差额）。借方发生额表示本期债权的增加或债务的减少；本期贷方发生额表示债务的增加或债权的减少；期末如果是借方余额，表示债权大于债务的差额，如果是贷方余额，则表示债务大于债权的差额。如图 6-5 所示。

债权债务结算账户

期初余额：应收款项大于应付款项的差额	期初余额：应付款项大于应收款项的差额
发生额：应收款项的增加数或应付款项的减少数	发生额：应付款项的增加数或应收款项的减少数
期末余额：应收款项大于应付款项的差额	期末余额：应付款项大于应收款项的差额

图 6-5　债权债务结算账户的结构

4. 结算账户的特点

（1）按建立债权债务关系的单位和个人设置明细分类账户，进行明细分类核算。

（2）无论是总分类核算还是明细分类核算，都只需提供货币信息。

（3）债权结算账户的期末余额一般在借方，表示截至期末尚未收回的债权的实有额，但有时也可能出现贷方余额，这时账户就具有了债务账户的性质；债务结算账户期末余额一般在贷方，表示截至期末尚未偿付的负债的实有额，但有时也可能出现借方余额，这时账户就具有了债权账户的性质。

（三）资本账户

1. 资本账户的概念

资本账户是用来反映和监督企业从外部投资者处取得的投资（即获得的原始资本金），以及通过运作原始资本金后获得并留存的收益（即企业内部形成的积累）的增减变化及结存数额的账户。原始资本金同留存的收益共同构成了可供企业经营使用的资本金，故这类账户称为资本账户。

2. 资本账户的内容

资本账户主要包含"实收资本""资本公积""盈余公积""利润分配"等账户。

3. 资本账户的结构

资本账户结构的特点是：期初余额一般在贷方，本期发生额的增加数在贷方，本期发生额的减少数在借方，期末余额也在贷方。如图 6-6 所示。

资本账户

本期发生额：资本的减少额	期初余额：期初结存的各项资本实存额
	本期发生额：资本的增加额
	期末余额：资本期末的结存额

图 6-6　资本账户的结构

4. 资本账户的特点

（1）该类账户反映企业从外部取得的投资或内部形成的积累，在生产经营期间，反映外部投资的账户一定有贷方余额；反映企业内部积累的账户可能出现借方余额、贷方余额或无余额的情况，借方余额同贷方余额分别表示累积的亏损或利润。

（2）由于资本账户反映企业投资人对企业净资产的所有权，该类账户无论是总分类核算还是明细分类核算，都只需用货币计量，只提供金额信息。

（四）集合分配账户

1. 集合分配账户的概念

集合分配账户是企业用来汇集和分配生产经营过程中某个阶段所发生的有关生产费用，并按一定标准分配计入有关成本计算对象的账户。设置这类账户是便于将这些费用进行分配。

2. 集合分配账户的内容

典型的集合分配账户主要包含"制造费用""辅助生产成本"账户。

3. 集合分配账户的结构

集合分配账户的结构是：一般没有期初余额，借方登记各种费用的本期发生数，贷方登记期末按照一定标准分配计入各个成本计算对象的费用分配数。期末一般没有余额。如图6-7所示。

集合分配账户

期初余额：一般没有余额	
本期发生额：汇集经营过程中生产费用的增加额	本期发生额：期末分配给生产费用承担对象的数额
期末余额：一般没有余额	

图6-7 集合分配账户的结构

4. 集合分配账户的特点

（1）由于该类账户归集的成本费用一般要在期末时全部分配到各受益对象中去，成本费用经分配结转后，本类账户无余额。该类账户具有明显的过渡性质。

（2）为了考核生产费用的发生情况，该类账户一般要分费用项目进行明细分类核算。

（3）该类账户只需用货币计量，只提供金额信息。

（五）跨期摊提账户

1. 跨期摊提账户的概念

跨期摊提账户又叫跨期摊配账户，是用来反映和监督在某个会计期间一次支付但应由几个会计期间共同承担的费用，这些费用应在各个会计期间进行分摊。设置跨期摊提账户的目的在于按照配比原则和权责发生制核算基础准确计算各个会计期间应负担的费用。

2. 跨期摊提账户的内容

跨期摊提账户主要包含"长期待摊费用""预付账款"等账户。

3. 跨期摊提账户的结构

跨期摊提账户的结构：期初余额一般在借方，本期发生额的增加数在借方，本期发生额的减少数在贷方，期末如有余额，应在借方。如图6-8所示。

跨期摊提账户

期初余额：已经支付，但尚未分摊的数额	
发生额：本期发生的待摊销费用	发生额：随各期分摊而减少的数额
期末余额：应由以后各期分摊的数额	

图6-8 跨期摊提账户的结构

4. 跨期摊提账户的特点

（1）当实际支付的费用摊配完毕后账户应无余额，若某期存在期末余额，则意味着分摊尚未结束，后期还需要承担该项支出的一部分。

（2）跨期摊提账户应按费用的种类或用途开设明细分类账户，进行明细分类核算。

（六）成本计算账户

1. 成本计算账户的概念

成本计算账户是用来归集企业生产经营过程中某一阶段所发生的应计入某对象由该对象来承担的全部支出，并据以计算确定各个成本计算对象的实际成本的账户。

2. 成本计算账户的内容

成本计算账户主要包含"在途物资""材料采购""生产成本""在建工程""研发支出"等账户。

3. 成本计算账户的结构

这类账户结构的特点是：如有期初余额，表示前期累计发生的某对象的取得成本，借方登记本期发生的应由某对象承担的成本的增加额，贷方登记已完成成本计算过程的某对象的实际成本的结转金额，如有余额，应在借方，表示尚未完成成本计算过程的某对象的累计发生的实际成本。如图6-9所示。

成本计算账户

期初余额：尚未达到可使用状态的某成本计算对象前期已发生的实际成本	
发生额：本期为了获得某成本计算对象所发生的实际成本	发生额：结转已达到可使用状态的某成本计算对象的实际成本
期末余额：尚未达到可使用状态的某成本计算对象的累计实际成本	

图6-9 成本计算账户的结构

4. 成本计算账户的特点

（1）成本计算账户的余额表示尚未结束成本计算过程，尚未达到可使用状态的某成本计算对象的实际成本，如在产品、在途材料、未完工的固定资产等。

（2）成本计算账户反映的是某些半成品状态的资产的价值量，所以成本计算账户还具有盘存账户的特点，能起盘存账户的作用。

（3）成本计算账户反映的成本计算对象的取得成本由两项或以上的支出构成，所以才需要运用成本计算账户来汇总计算该对象总的取得成本。

（七）收入账户

1. 收入账户的概念

收入账户是用来反映和监督企业在一定会计期间内所取得的各种收入，借以在期末计算确定经营期内财务成果的账户。

2. 收入账户的内容

收入账户主要包含"主营业务收入""其他业务收入""营业外收入""投资收益"等账户。

3. 收入账户的结构

收入账户的结构特点：一般没有期初余额，贷方登记本期收入的增加额，借方登记本期收入的减少额和期末转入本年利润账户的金额，期末结转后无余额。如图6-10所示。

收入账户

发生额：收入的减少额和结转本年利润的金额	发生额：收入的增加额

图6-10 收入账户的结构

4. 收入账户的特点

（1）一般在当期期末要全额结转到"本年利润"账户，以便核算当期的财务成果，结转后收入账户期末无余额。

（2）为了考核收入的形成情况，收入账户一般要按商品或业务类别等分项目进行明细分类核算。

（3）收入账户只需用货币计量，只提供金额信息。

（八）费用账户

1. 费用账户的概念

费用账户是用来反映和监督企业在一定会计期间内所发生的应计入当期损益的各种费用，并据以在期末计算财务成果的账户。

2. 费用账户的内容

费用账户主要包含"主营业务成本""其他业务成本""税金及附加""销售费用""管理费用""财务费用""所得税费用""营业外支出"等账户。

3. 费用账户的结构

这类账户结构的特点是：一般没有期初余额，借方登记本期费用的增加额，贷方登记本期费用的减少额和期末转入本年利润账户的费用额，期末结转后无余额。如图6-11所示。

费用账户

发生额：本期费用的增加额	发生额：本期费用的减少额和结转本年利润的数额

图6-11 费用账户的结构

4. 费用账户的特点

（1）该类账户期末一般无余额。

（2）为了考核费用的发生情况，该类账户一般分项目进行明细分类核算。

（3）该类账户只需用货币计量，只提供金额信息。

（九）财务成果账户

1. 财务成果账户的概念

财务成果账户是指用来核算和监督企业在一定时期内财务成果形成并确定最终成果的账户。

2. 财务成果账户的内容

财务成果账户主要有"本年利润""利润分配"账户。

3. 财务成果账户的结构

以"本年利润"账户为例，其账户结构的特点是：期初没有余额，贷方登记期末从各收入账户转入的各项收入数,借方登记期末从各费用账户转入的各项费用数。期末结转前如为贷方余额,表示收入大于费用的差额,为企业本期实现的净利润;期末结转前如为借方余额,则表示费用大于收入的差额,为本期发生的净亏损。该账户期末需要将计算结果转入"利润分配——未分配利润"账户以备进行利润分配,结转后该账户期末余额为零。如图6-12所示。

财务成果账户

发生额:计算期各费用账户转入金额	发生额:计算期各收入账户转入金额
期末余额:本期亏损总额 (年终结转到"利润分配——未分配利润"账户的借方)	期末余额:本期净利润总额 (年终结转到"利润分配——未分配利润"账户的贷方)

图6-12 财务成果账户的结构

4. 财务成果账户的特点

(1)年度终了,由于企业应将本年收入和支出相抵后结出的本年实现的净利润或亏损总额全部转入"利润分配"账户,因此,年初、年末"本年利润"账户均无余额。

(2)无论总分类账还是明细分类账,均只需用货币计量,只提供金额信息。

(十)调整账户

1. 调整账户的概念

调整账户是用来调整有关账户的账面余额而设置的账户。在会计核算中,由于管理上的需要,对于某些项目需要提供两种不同的数据信息,开设两个账户来分别反映。其中一个账户用来反映某项目的原始数据,另一个账户用来反映对原始数据的调整数据。记录反映原始数据的账户称为被调整账户,记录反映调整数据的账户称为调整账户。将原始数据同调整数据相加或相减就可以求得某项指标的现有实存数据。由调整账户和被调整账户相互配合,既能全面、完整地反映同一个会计对象,又能满足管理上对不同指标的需要。

调整类账户按照调整方式的不同可以分为备抵调整账户、附加调整账户和备抵附加调整账户三类。

(1)备抵调整账户。调整账户与被调整账户的发生额登记在相反方向时,调整账户即为被调整账户的备抵账户,其调整方式是以被调整账户的期末余额减去调整账户的期末余额,以求得被调整账户调整后的现有净值。

(2)附加调整账户。调整账户与被调整账户的发生额处于同一方向时,调整账户即为被调整账户的附加账户。这类账户同备抵账户的调整方式恰好相反,是将被调整账户的期末余额与调整账户的期末余额相加,得出被调整账户调整后的实际余额。附加账户的特点是被调整账户的性质和期末余额方向与调整账户一致。例如企业溢价发行债券,发行时按债券的票面金额贷记"应付债券——面值"账户,溢价金额贷记"应付债券——利息调整"账户。"应付债券——利息调整"二级账户是"应付债券——面值"二级账户的附加调整账户,两者期末贷方余额之和表示该项债券的实际余额。目前,在实际会计工作中,一般不设立某总账账户的附加账户。

(3)备抵附加调整账户。调整账户与被调整账户的余额有处于同一方向或不同方向的两种可能性,这时的调整账户即为被调整账户的备抵附加账户。备抵附加调整账户是指既具有备抵又具有附加调整功能的账户。当其余额与被调整账户的余额方向相同时,其调整的方式与附加账户相同;当其余额与被调整账户的余额方向相反时,其调整的方式与备抵账户相同。

2. 调整账户的内容

(1) 备抵调整账户。备抵调整账户主要包含以下账户:"累计折旧"账户同"固定资产减值准备"账户抵减"固定资产"账户;"坏账准备"账户抵减"应收账款"账户;"累计摊销"账户同"无形资产减值准备"账户抵减"无形资产"账户;"长期股权投资减值准备"账户抵减"长期股权投资"账户;"存货跌价准备"账户抵减"原材料""包装物""低值易耗品""库存商品"等账户;"在建工程减值准备"账户抵减"在建工程"账户等。

(2) 附加调整账户。实务中基本没有总账账户有附加账户的情况。明细账户附加账户包含"长期借款——应计利息"账户,附加调整"长期借款——本金"账户;"应付债券——应计利息"账户,附加调整"应付债券——面值"账户等。

(3) 备抵附加调整账户。如采用计划成本进行材料日常核算情况下的"材料成本差异"账户是"原材料"账户的备抵附加账户。

3. 调整账户的结构

(1) 备抵账户的结构。

按用途与结构分类的备抵账户,绝大部分若按反映的经济内容分,属于资产类账户,以下以反映资产要素信息的备抵账户为例来说明其账户结构。该类账户的增加发生额在贷方,减少(转销)发生额在借方,期末余额一般在贷方。如图 6-13 所示。

被调整账户

期初余额:期初结存原值	
本期发生额:本期原值增加额	本期发生额:本期原值减少额
期末余额:期末结存原值	

备抵账户

	期初余额:期初累计结存金额
本期发生额:本期减少(转销)抵减额	本期发生额:本期增加抵减额
	期末余额:期末累计结存余额

图 6-13 备抵账户的结构

【例 6-1】 "累计折旧"账户是"固定资产"账户的抵减账户。如图 6-14 所示。

固定资产

期初余额:1 000 000	
本期发生额:100 000	本期发生额:80 000
期末余额:1 020 000	

累计折旧

	期初余额:200 000
本期发生额:60 000	本期发生额:100 000
	期末余额:240 000

图 6-14 "累计折旧"账户是"固定资产"账户的抵减账户

```
期初：固定资产原始价值                    1 000 000 元
    减：累计折旧额                          200 000 元
        固定资产净值                        800 000 元
期末：固定资产原始价值                    1 020 000 元
    减：累计折旧额                          240 000 元
        固定资产净值                        780 000 元
```

（2）附加账户的结构，如图 6-15 所示。

以"应付债券——应计利息"账户附加"应付债券——面值"账户为例。

应付债券——面值		应付债券——应计利息	
	期初余额：期初未偿付本金		期初余额：期初未偿付利息
本期发生额：本期已偿付本金	本期发生额：本期新增未偿付本金	本期发生额：本期已偿付利息	本期发生额：本期新增未偿付利息
	期末余额：期末剩余未偿付本金		期末余额：期末剩余未偿付利息

图 6-15　附加账户的结构

【例 6-2】 "应付债券——应计利息"账户是"应付债券——面值"账户的附加账户。如图 6-16 所示。

应付债券——面值		应付债券——应计利息	
	期初余额：1 000 000		期初余额：60 000
	本期发生额：2 000 000		本期发生额：200 000
	期末余额：3 000 000		期末余额：260 000

图 6-16　"应付债券——应计利息"账户是"应付债券——面值"账户的附加账户

（3）备抵附加账户的结构，如图 6-17 所示。

原材料		材料成本差异	
期初余额：期初库存原材料的计划成本		期初余额：期初库存原材料的超支差异	期初余额：期初库存原材料的节约差异

图 6-17　备抵附加账户的结构

【例 6-3】 "材料成本差异"账户是"原材料"账户的附加账户。如图 6-18 所示。

原材料	材料成本差异
期初余额：300 000	期初余额：2 000

图 6-18　"材料成本差异"账户是"原材料"账户的附加账户

"原材料"账户的借方余额（计划成本）	300 000元
加："材料成本差异"账户借方余额（超支额）	2 000元
原材料的实际成本	302 000元

【例6-4】"材料成本差异"账户是"原材料"账户的备抵账户。如图6-19所示。

原材料		材料成本差异	
期初余额：500 000		期初余额：3 000	

图6-19 "材料成本差异"账户是"原材料"账户的备抵账户

"原材料"账户的借方余额（计划成本）	500 000元
减："材料成本差异"账户贷方余额（节约额）	3 000元
原材料的实际成本	497 000元

4. 调整账户的特点

(1) 调整账户与被调整账户反映的经济内容相同。

(2) 调整账户不能离开被调整账户独立存在。

(3) 调整的方式是用原始数据加或减调整数据，以求得具有特定含义的数据。

(十一) **暂记账户**

1. 暂记账户的概念

某些经济业务发生时，这些经济业务的应借账户和应贷账户的一方能立刻确定，而另一方一时难以确定，此时可将一方暂记为某个账户，一旦确定另一方的账户后，则进行转账，这种用于暂时登记，具有过渡性的账户，称为暂记账户。它主要用于核算和监督企业尚未被确认的盘亏和盘盈的财产物资，以及有争议或正待审批转销的结算账款的过渡性账户。

2. 暂记账户的内容

暂记账户包含"待处理财产损溢"等账户。

3. 暂记账户的结构

以"待处理财产损溢"账户为例，其借方登记财产物资盘亏、毁损的实际数或报经批准转账的财产物资盘盈数，贷方登记财产物资的盘盈数或经批准转账的财产物资盘亏、毁损数。该账户余额如在借方，表示期末尚未批准转账的财产物资的盘亏、毁损数减去盘盈数的净损耗，该账户余额如在贷方，表示尚未批准转账的财产物资盘盈数减去盘亏、毁损数的净溢余。期末暂记账户一般无余额。如图6-20所示。

待处理财产损溢

期初余额：期初尚未批准转账的财产物资的盘亏、毁损数减去盘盈数的净损耗	期初余额：期初尚未批准转账的财产物资盘盈数减去盘亏、毁损数的净溢余
发生额：本期发生财产物资的盘亏、毁损数；报经批准转账的财产物资盘盈数	发生额：本期发生财产物资的盘盈数；报经批准转账的财产物资盘亏、毁损数
期末余额：期末尚未批准转账的财产物资盘亏、毁损数减去盘盈数的净损耗	期末余额：期末尚未批准转账的财产物资盘盈数减去盘亏、毁损数的净溢余

图6-20 暂记账户的结构

4. 暂记账户的特点

(1) 用来反映和监督某些一时难以确定其处理结果的经济业务的账户。

(2) 暂记账户是过渡性账户，一旦其处理结果已确定，即应进行转账处理。

（十二）计价对比账户

1. 计价对比账户的概念

对某项经济业务进行账务处理时，借贷方分别按两种不同的计价标准进行记录，或借贷方分别反映不同类型的信息，根据借贷双方的差额来确定其个结果的账户叫作计价对比账户。

2. 计价对比账户的内容

计价对比账户包含"材料采购""本年利润""投资损益"等账户。

3. 计价对比账户的结构

例如，"材料采购"账户的借方登记材料物资的实际采购成本，贷方登记按计划价核算的材料物资的计划采购成本，若该账户出现借方余额，则意味着采购时发生了超支差异，若该账户出现贷方余额，则意味着采购时发生了节约差异。

"本年利润"账户其贷方汇总记录由各个收入账户结转过来的企业某期的收入金额，借方汇总记录由各个费用账户结转过来的费用金额。该账户某期出现借方余额，表示企业该期经营结果为发生亏损，该账户某期出现贷方余额，则表示企业该期经营结果为取得收益。如图 6-21 所示。

计价对比账户

发生额：期初材料采购的实际成本（"材料采购"账户）或本期的各项费用总额（"本年利润"账户）或当期发生的投资损失金额（"投资收益"账户）	发生额：期初材料采购的计划成本（"材料采购"账户）或本期的各项收入总额（"本年利润"账户）或当期发生的投资收益金额（"投资收益"账户）
期末余额：本期净损失或购买材料超支差异（期末需要结转到相关账户而最终余额为零）	期末余额：本期净收益或购买材料节约差异（期末需要结转到相关账户而最终余额为零）

图 6-21 计价对比账户的结构

4. 计价对比账户的特点

(1) 计价对比账户借贷双方采用的计价标准不同或双方分别反映收入与费用。

(2) 该类账户的借贷方金额对比后差额可能在借方也可能在贷方，分别表示不同的计价对比结果。

(3) 该类账户计价对比的结果将会进行结转处理，结转后无余额。

以上 12 个分类虽然都按照用途与结构来分类，但是在具体使用账户的时候，由于账户用途上的多样性，个别账户会表现出多元化的特征，同一账户可能分别属于多种不同类别。例如，"材料采购"账户可以用来核算那些可以清点实物的已购买未入库的材料，属于盘存账户；"材料采购"账户也可以用来计算已购买材料的实际取得成本，属于成本计算账户；此外，"材料采购"账户在企业选用计划成本法核算材料时通过借贷双方区分实际成本与计划成本，其差额体现了材料采购的超支或节约差异，属于计价对比账户。又如，"财务费用"账户被用来归集企业在生产过程中由于安排资金付出的代价，属于费用账户；同时，由于它还被用于核算企业在安排资金过程中取得的利息收入等，该账户贷方反映取得的利息收入，借方反映发生的利息支出，借贷双方的差额反映了当期的净利息支出（或净利息收入）。与别的单纯核算企业付出代价的费用项目（例如"销售费用"账户）会有所区别，"财务费用"账户具有计价对比账户的特性；此外"投资收益"账户既是收入账户，又是计价对比账户，理由与"财务费用"账户类似。虽然上述很多账户在会计学基础课程中并不要求掌握，但随着进一步学习财务会计学等课程，将会接触到这些账户。账户在使用过程中既有共性也有个性，因此，我们在学习中应灵活掌握上述账户分类，切忌生搬硬套。

上述账户按用途和结构的分类如图6-22所示：

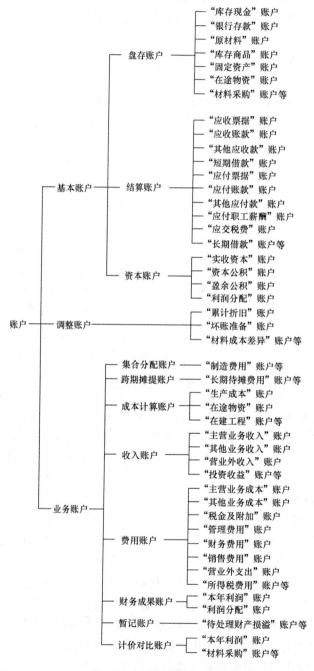

图6-22 账户按用途和结构分类

第四节 账户按其他标志分类

一、账户按提供指标的详细程度分类的内容

账户按提供指标的详细程度可分为总分类账户与明细分类账户。

总分类账户是根据一级会计科目开设的，用以总括反映各类经济信息增减变化及其结果的账户，又称一级账户。总分类账户有两个基本特点：其一，它提供某类指标的总括资料；其二，它只用货币进行计量。因总分类账户只提供总括资料，故要想取得详细资料，还应设置明细分类账户。

明细分类账户是根据明细科目开设的，用以详细反映各类经济业务的增减变化及其结果的账户，又称二级账户或三级账户。明细分类账户也有两个基本特点：其一，它提供某一总分类账户的详细资料；其二，对于反映实物资产的明细账户，要同时使用货币、实物两种量度单位。

二、账户按其与会计报表的关系分类的内容

账户按其与会计报表的关系可以分为资产负债表账户和损益表账户（或称为实账户和虚账户）两类。

实账户是指反映企业资产、负债和所有者权益信息的账户，由于这些账户在期末通常都有余额，以后各期都要在上期基础上连续登记，所以也称永久性账户。同时，由于这些账户是编制资产负债表的依据，所以又称为资产负债表账户。

虚账户是指反映企业生产经营过程中发生的收入、费用、利润信息的账户，这些账户在期末需要将数据结转到别的账户以便计算与分配最终的经营成果，期末结账后这些账户通常并无余额。由于其发生的数据最终将被结转出去，所以这些账户也称临时性账户。同时，由于这些账户是编制损益表的依据，所以又称损益表账户。

将账户分为实账户和虚账户，可以进一步了解账户所反映的经济内容、各种账户的用途和结构，以便为灵活、准确地运用各类账户打下良好的基础。

本章小结

本章主要阐述按经济内容以及按用途和结构两个不同的分类标准对账户所做的分类。

账户按经济内容分类，可以分为资产类、负债类、共同类、所有者权益类、成本类、损益类六类账户，每一类又可分为若干小类。

账户按用途和结构分类，可以分为盘存账户、结算账户、资本账户、集合分配账户、跨期摊提账户、成本计算账户、收入账户、费用账户、财务成果账户、调整账户、暂记账户、计价对比账户十二类。

此外，本章还介绍了账户按提供指标的详细程度以及按其与会计报表的关系这两个标准分类，以便能多角度地辨识账户，掌握运用账户进行核算的规律。

课后思考与练习

一、单项选择题

1. "制造费用"账户按经济内容分类,属于( )账户。
   A. 资产类　　　　B. 负债类　　　　C. 费用类　　　　D. 成本类

2. "累计折旧"账户按经济内容分类,属于( )账户。
   A. 资产类　　　　B. 负债类　　　　C. 费用类　　　　D. 利润类

3. 以下各项按用途和结构分类属于结算类账户的是( )。
   A. 应收账款　　　B. 原材料　　　　C. 主营业务收入　D. 制造费用

4. "应交税费"账户按用途和结构分类,属于( )账户。
   A. 资产类　　　　B. 负债类　　　　C. 结算类　　　　D. 跨期摊提类

5. "长期待摊费用"账户按用途与结构分类属于( )账户。
   A. 盘存类　　　　B. 结算类　　　　C. 调整类　　　　D. 跨期摊提类

6. "累计折旧"账户按用途和结构分类,属于( )账户。
   A. 资产类　　　　B. 负债类　　　　C. 费用类　　　　D. 备抵调整类

7. 债权债务结算账户的借方登记( )。
   A. 债权的增加　　　　　　　　　　B. 债务的增加
   C. 债权的增加或债务的减少　　　　D. 债务的增加或债权的减少

8. 结算类账户的期末余额( )。
   A. 在借方　　　　　　　　　　　　B. 可能在借方,也可能在贷方
   C. 在贷方　　　　　　　　　　　　D. 一般在借方,有时也会在贷方

9. 调整账户当其余额与被调整账户余额在不同方向时,执行的是( )账户的功能。
   A. 附加调整　　　B. 对比调整　　　C. 备抵调整　　　D. 集合分配

10. 下列账户中,属于调整账户的是 ( )。
    A. 应交税费　　　B. 材料采购　　　C. 坏账准备　　　D. 利润分配

二、多项选择题

1. 按用途和结构分类,以下各项属于成本计算账户的有( )。
   A. 材料采购　　　B. 生产成本　　　C. 销售费用　　　D. 在建工程

2. 以下各项属于账户按经济内容分类的有( )。
   A. 资产类　　　　B. 负债类　　　　C. 结算类　　　　D. 损益类

3. 按用途与结构分类,以下( )账户属于计价对比账户。
   A. 本年利润　　　B. 材料采购　　　C. 投资收益　　　D. 销售费用

4. 调整账户按其调整方式的不同,可划分为( )账户。
   A. 附加　　　　　B. 抵减　　　　　C. 备抵　　　　　D. 备抵附加

5. 债权债务结算类账户的贷方发生额可能表示( )。
   A. 债权增加额　　B. 债务增加额　　C. 债权减少额　　D. 债务减少额

6. 下列账户按经济内容分类属于所有者权益类账户的有 ( )。
   A. 利润分配　　　B. 实收资本　　　C. 资本公积　　　D. 盈余公积

7. 账户按用途和结构进行分类,下列账户中属于费用账户的有( )。

A. 生产成本　　　B. 制造费用　　　C. 管理费用　　　D. 销售费用
8. 账户按用途和结构进行分类，下列账户中属于盘存账户的有（　　）。
　　A. 库存现金　　　B. 库存商品　　　C. 固定资产　　　D. 原材料
9. 账户按用途和结构进行分类，下列账户中属于结算账户的有（　　）。
　　A. 应付账款　　　B. 银行存款　　　C. 短期借款　　　D. 应收账款
10. 按用途和结构进行分类，下列账户属于调整账户的有（　　）。
　　A. 坏账准备　　　B. 材料成本差异　　C. 累计折旧　　　D. 累计摊销

三、判断题

1. 按用途和结构分类，"原材料"和"固定资产"账户属于同一类。（　　）
2. 备抵调整账户和附加调整账户的余额一定在不同方向。（　　）
3. 盘存账户按经济内容分类都属于资产类账户。（　　）
4. 盘存账户余额总是在贷方。（　　）
5. 如果企业不单独设置"预付账款"账户，则企业预付购货款应记入"应付账款"账户的借方。这时，"应付账款"账户就属于债权结算账户。（　　）
6. 集合分配账户的特点是：平时归集的费用，在期末全部予以分配出去，具有过渡的性质。（　　）
7. 按用途和结构分类，"待处理财产损溢"账户应属于资产账户。（　　）
8. 账户的结构是指账户的借方核算哪些经济内容，贷方核算哪些经济内容，以及余额所在的方向及余额所表示的内容。（　　）
9. 按用途和结构分类，"材料采购"账户既属于盘存账户，又属于成本计算账户。（　　）
10. 按经济内容分类，"本年利润"账户应属于所有者权益类账户。（　　）

四、简答题

1. 按经济内容分类，账户有哪些类型？
2. 按用途和结构分类，账户有哪些类型？
3. 按用途和结构分类，企业反映资本金的账户有哪些？
4. 按用途和结构分类，调整账户有哪些类型？
5. 按用途和结构分类，集合分配账户有什么特征？
6. 按用途和结构分类，举例说明各种类型的账户。

五、案例分析题

老师在讲课时讲到，按账户与会计报表的关系分类，账户可分为实账户与虚账户。例如"原材料"账户属于实账户，它的期末余额表示原材料的期末实存价值量，"银行存款"账户的期末余额表示银行存款的期末实存价值量；而"主营业务收入""管理费用"等账户一般期末没有余额，属于虚账户。林飞同学恍然大悟，认为期末余额不为零的账户属于实账户，期末余额为零的账户则属于虚账户，你认为林飞同学的看法对吗？

第七章

会计凭证

★学习目标

通过本章的学习，应了解会计凭证的作用，理解会计凭证的种类；熟悉原始凭证的基本要素；掌握原始凭证的填制方法；熟悉记账凭证的基本要素；掌握记账凭证的填制方法，掌握原始凭证和记账凭证的审核要点；了解会计凭证传递程序及保管要求。

★案例导入

某年5月，某市国税局在一次税收专项检查中发现，某企业上年度存在利用会计凭证造假抵扣增值税款的现象。经过内查外调确认，该纳税人涉嫌伪造会计付款凭证，虚构支出，抵扣增值税进项税款150万元。

根据该纳税人上年度的纳税凭证记载，全年购进材料金额合计1 170万元（不含税），运用农产品收购发票抵扣税款150万元，货款以银行存款的形式支付，程序符合规定，一般不会引起注意。可是税务检查人员在核对记账凭证后所附原始单据——建设银行电汇凭证时发现，资金从该纳税人基本账户——中国建设银行某支行某某账号汇到多个"农业生产者"等个人账户。税务检查人员办理相应手续后，到涉及的中国建设银行各网点核对，在对该纳税人的基本账户所有资金往来进行查询时，令人意外的事情发生了，该基本账户竟然没有一笔上述各项资金的付出。再认真核对原始单据——中国建设银行电汇凭证，属于自行填开的，确实无实际的资金支出。该企业涉嫌伪造虚假会计凭证，进行虚假收购，虚抵进项税，将要受到法律的严惩。

思考：作为会计人员，为什么不能伪造虚假会计凭证？在工作中如何做到不伪造虚假会计凭证？

第一节 会计凭证的作用与种类

一、会计凭证的概念

会计凭证是用来接收、记录经济业务发生的全部数据，以便明确经济责任，并作为登记账簿依据的书面证明文件。

为了保证会计信息的客观性、真实性和可靠性，进入会计核算系统的每一个原始数据都必须有真实的凭据。任何单位在处理任何经济业务时，都必须由执行和完成该项经济业务的有关人员自行填制或从外部单位取得有关凭证，以书面形式记录和证明所发生经济业务的性质、内容、数量、金额等，并在凭证上签名或盖章，以对经济业务的合法性和凭证的真实性、正确性负责。这些会计凭证必须经过有关人员的严格审核，确认无误后，才能作为记账的依据。例如，企业采购人员从外单位购入材料时，必须由供货方的业务经办人员开具销售发票，列明经济业务内容，列明材料的名称、数量和金额，供货的时间，供货单位名称，经办人等具体信息，并在凭证上加盖销售单位财务专用章以及经办人员签章，以明确各方的经济责任，作为各方登记账簿的原始依据。在审核人员对销售发票进行审核并确认无误后，会计人员方可根据销售发票所示内容进行会计处理，登记会计账簿。

二、会计凭证的作用

会计凭证的填制和审核是会计核算工作的起点，是如实反映和有效监督企业经济业务的基础，对于如实反映和有效监督企业的经营活动，保证会计信息的真实、完整具有重要意义。会计凭证的作用主要体现在以下三个方面：

（1）通过填制会计凭证，可以全面记录企业日常的经济业务，为登记账簿提供必要的依据，同时为会计检查和会计分析提供具有法律效力的根据。在企业的日常经营过程中，所有的经济业务都应该通过会计凭证记录作为会计核算的基础资料。经办人员按规定所填制或取得的合法会计凭证，是记录和反映经济业务发生或完成的时间、经济业务的内容和数量等情况的基础资料；有关单位和人员在凭证上的签章对记录的数据的真实性具有证明作用。会计凭证作为书面凭证，也为会计工作的检查和会计分析提供了基础证据。

（2）通过审核会计凭证，可以对经济业务的合理性和合法性进行监督。由于会计凭证是经济业务的直接反映，记账之前应对会计凭证进行逐笔审核，即对每一项经济业务进行审核，以检查经济业务是否符合国家有关法律、法规、制度规定，是否符合计划、预算进度，是否有贪污盗窃和其他违反财经纪律的行为等。通过审核会计凭证，可以保护会计主体财产的安全和合理使用，保证预算和财务制度的贯彻执行，提高企业经营活动的经济效益。

（3）通过填制和审核会计凭证，可以严格企业内部的经济责任制，发生问题也便于查清责任，促进企业内部的分工协作。会计凭证除了记录有关经济业务的基本内容外，还必须由有关部门和经办人员签章。签名和盖章表明各方对会计凭证所记录经济业务的真实性、正确性、合法性、合理性表示认可，应承担相应的经济责任。会计凭证作为内部控制中重要的一环，要求经办人员在会计凭证上签章，以防止发生经济业务中的舞弊行为；通过会计凭证的审核，可以促使有关责任人在其职权范围内各司其职、各负其责。一旦出现问题，会计凭证就为合理确定经济责任提供了证据。

三、会计凭证的种类

会计凭证按其填制的程序和用途可分为原始凭证和记账凭证两类。

（一）原始凭证

原始凭证是在经济业务发生或完成时取得或填制的，用来证明经济业务的发生，明确经济责任，并作为记账依据的书面证明文件。经济业务发生时，一般会产生含有财务信息的数据，这些数据首先应当用原始凭证把它接收（记录）下来，既可作为经济业务完成情况的书面证明，又可作为会计通过确认（编制记账凭证）进行信息加工处理的依据。依据不同的分类标准，原始凭证有不同的类型。

1. 自制原始凭证和外来原始凭证

原始凭证按其取得来源不同，分为自制原始凭证和外来原始凭证。自制原始凭证是由本企业经办业务人员，在执行或完成某项经济业务时自行编制的原始凭证。例如，企业仓库保管人员在材料验收入库时所填制的收料单（表7-1），领用材料所编制的领料单（表7-2），定期盘点库存材料所编制的盘存表，以及本企业对外销售商品或劳务，开给其他单位或个人的发票副联（本企业记账的依据）等，都属于自制原始凭证。自制原始凭证的格式由各单位根据业务特点和内部控制要求自行设计。

表 7-1　收料单

年　月　日

起运站		车（船）号			送货单号		
供应单位		发票号码			提货号码		
仓库号数		检验凭证号			技术证明号		
付款方式							

材料类别	材料编号	材料名称	规格	计量单位	数量		计划成本		实际成本	
					应收	实收	单价	金额	单价	金额
备注							合计		合计	

仓库主管＿＿＿＿　　　质量检验员＿＿＿＿　　　收货员＿＿＿＿　　　材料核算员＿＿＿＿

表 7-2　领料单

年　月　日

领用部门：　　　　　　　　　　　　　　　　　　　　　　　　　　凭证编号：
用途：　　　　　　　　　　　　　　　　　　　　　　　　　　　　　发料仓库：

| 材料类别 | 材料编号 | 材料名称 | 规格 | 计量单位 | 数量 | | 单价 | 金额 |
					请领	实发		
备注								

审核＿＿＿＿　　　　　仓库保管＿＿＿＿　　　　　领用＿＿＿＿　　　　　制单＿＿＿＿

外来原始凭证则是在经济业务完成时从其他单位或个人处取得的原始凭证，如购买商品时取得的增值税专用发票（图7-1），向外单位购货时由供货单位开出的购货发票，与银行办理结算时取得的结算凭证等。

图 7-1　增值税专用发票

2. 一次凭证、累计凭证、汇总原始凭证和记账编制凭证

原始凭证按其编制方法不同，分为一次凭证、累计凭证、汇总原始凭证和记账编制凭证。

（1）一次凭证。一次凭证是指对一项或若干项同类经济业务，于业务发生或完成时一次编制完成的原始凭证。所有的外来原始凭证和大部分的自制原始凭证都属于一次凭证，如购货发票、销货发票、收料单、支票存根等。

（2）累计凭证。累计凭证是指在一定时期内（一般为一个月）在同一张凭证上分若干次连续记载同类经济业务,至期末按累计数作为记账依据的原始凭证。通常对于频繁发生的同类经济业务,采用这种凭证形式来记录。例如,在企业生产中通常会频繁发生材料领用业务,如果每次领用均填写完整的领料凭证,则手续复杂。采用累计凭证的形式,生产部门在每次领用时在凭证上填写本次的领用量,定期进行结算,这样不仅简化了领料手续,而且可以减少凭证数量,控制领料数量,并且简化核算手续。工业企业的限额领料单(表7-3)就是一种典型的自制累计凭证。

表7-3 限额领料单

年 月

领料部门: 用 途: 计划产量:
材料编号: 名称规格: 计量单位:
单 价: 消耗定量: 领用限额:

年		请领		实发				
月	日	数量	领料部门负责人	数量	累计	发料人	领料人	限额结余
累计实发金额(大写)								

供应部门负责人_____ 生产计划部门负责人_____ 仓库负责人_____

(3)汇总原始凭证。汇总原始凭证是指对于一定时期内反映经济业务内容相同的若干张一次或累计凭证,按照一定标准汇总编制的原始凭证。对于一些经常重复发生的经济业务,可定期将若干份记录同类型业务的原始凭证进行汇总,据此编制汇总原始凭证,作为记账的依据,可以大大简化编制记账凭证和登账的手续。如工资结算汇总表,根据多张收货单编制的收货汇总表,根据多张领料单或限额领料单编制的领料凭证汇总表(表7-4)等。

表7-4 领料凭证汇总表

年 月 日

领料单位	材料名称	规格	用途	单位	数量	单价	总成本
合计							

(4)记账编制凭证。记账编制凭证是根据账簿记录和经济业务的需要编制的一种自制原始凭证。记账编制凭证是把某一项经济业务加以归类、整理和计算编制的。例如,在计算产品成本时,编制的制造费用分配表就是根据制造费用明细账记录的全月总的发生额,按一

定的分配标准将制造费用计算分配给各种产品而填制的原始凭证。

由于财务会计系统的数据处理对象是过去的经济业务，无论是自制原始凭证还是外来原始凭证，都是证明经济业务已经执行或已经完成，因而在审核后就可以作为会计记账的依据，将其数据输入复式簿记系统。凡是不能证明经济业务已经实际执行或完成的文件，如材料请购单、车间派工单等，只反映预期的经济业务，这些业务既然尚未实际执行，其有关数据自然不能进入复式簿记系统加工处理。所以，这些文件不属于会计的原始凭证，不能单独作为会计记账的根据。企业签订的购销合同也不属于原始凭证，会计上的原始凭证的一个重要特点是对经济业务发生或者完成情况的书面证明。一般来说，购销合同发生在经济业务实施之前，既不能证明经济业务已经发生，也不能证明经济业务已经完成。所以购销合同不是原始凭证。公司签订的购销合同只能作为记账凭证的入账附件，并不能单独作为原始凭证。购货时，合同可以作为购货的依据，以附件的形式保存。编制记账凭证时，应以购货发票和入库签收单等作为原始凭证；销售时，合同也只是作为销货的依据，应以销货发票的副本和出库单等作为原始凭证。

（二）记账凭证

记账凭证是由会计人员根据已审核的原始凭证编制的，用来确定会计分录，作为登记账簿直接依据的会计凭证。会计部门接收原始凭证，只是说明会计这一信息系统把可能进入系统处理的经济数据先收集起来。这些原始凭证所记载的数据是否输入会计信息系统，还必须通过会计确认。会计确认是决定数据是否记录和如何记录，以及已记录并在账户中加工的信息是否列入报表和如何列入报表的会计程序。确认分两次完成：初次确认，决定在会计处理上正式加以记录的数据；再次确认，决定在会计报表上正式予以揭示的信息。很明显，初次确认是基础，作为一个过程，初次确认从原始凭证的审核开始，到编制成记账凭证、登记账簿结束。

原始凭证的审核，完成了第一次会计确认的第一步，即确认了原始凭证上的数据可不可以输入会计信息系统。第一次会计确认的第二步则是把可以输入的会计数据，采用会计特有的方式（运用账户进行复式记账）来表述其中含有的财务信息，那就是编制成会计分录。会计分录通常填写在记账凭证上。记账凭证不论采取何种形式，具有哪些种类，它与原始凭证的本质区别在于它记载有会计分录。原始凭证上记载的一切可以用货币计量的内容和数据，会计分录都已由原始数据转化为专门的信息。虽然会计分录作为信息还是初始的，尚有待进一步加工，但对比原始凭证上的数据来说，它已经从中提炼出合乎最终输出的信息雏形，实现了从数据到信息的一次具有决定意义的转换。因此，编制成会计分录，只有编制记账凭证，并据此登记有关账簿，才标志着初次会计确认的结束。这样输入会计信息系统的数据就被分类汇总到正处于加工的会计信息群体中。

1. 专用记账凭证和通用记账凭证

专用记账凭证是根据不同类型的经济业务分别编制不同类型的记账凭证，企业的经济业务按内容可以区分为收款业务、付款业务与转账业务，可相应地编制收款凭证、付款凭证、转账凭证；通用记账凭证是指对于发生的各类经济业务，企业都编制同一种记账凭证，一般称为记账凭证。

（1）收款凭证。收款凭证是根据库存现金和银行存款收款业务的原始凭证填制的，用来记录库存现金和银行存款收款业务的记账凭证，其格式如表 7-5 所示。

表 7-5 收款凭证

总　号
字第　号

借方科目：　　　　　　　　　　　　　年　月　日

摘要	贷方科目		金额									记账
	总账科目	明细科目	千	百	十	万	千	百	十	元	角	分	
附件　张	合计												

财务主管：　　　　记账：　　　　出纳：　　　　审核：　　　　制单：

（2）付款凭证。付款凭证是根据库存现金和银行存款付款业务的原始凭证填制的，用来记录库存现金和银行存款付款业务的记账凭证，其格式如表 7-6 所示。

表 7-6 付款凭证

总　号
字第　号

贷方科目：　　　　　　　　　　　　　年　月　日

摘要	借方科目		金额									记账
	总账科目	明细科目	千	百	十	万	千	百	十	元	角	分	
附件　张	合计												

财务主管：　　　　记账：　　　　出纳：　　　　审核：　　　　制单：

在实际经济生活中，会发生从银行提取现金或将现金存入银行等导致库存现金和银行存款彼此增减的经济业务。对这类业务，目前的惯例是统一以减少方为准填制付款凭证，以避免重复记账，即从银行提取现金业务，编制银行存款付款凭证；将现金存入银行业务，编制库存现金付款凭证。

（3）转账凭证。转账凭证是根据有关转账业务的原始凭证编制的，用来记录不涉及现金和银行存款收付业务的记账凭证，其格式如表 7-7 所示。

表 7-7 转账凭证

总　号
字第　号

年　月　日

摘要	总账科目	明细科目	借方									贷方									记账
			百	十	万	千	百	十	元	角	分	百	十	万	千	百	十	元	角	分	
合计	附单据　张																				

会计主管：　　　　审核：　　　　出纳：　　　　记账：　　　　制单：

上述凭证专门用来记录某类经济业务，因此统称为专用记账凭证。使用专用记账凭证，有利于区别不同经济业务，有利于经济业务的检查，有利于记账凭证的汇总。使用专用记账凭证来记账，适用于经济业务复杂、规模较大、收付款业务较多的单位。在实际工作中，为了便于识别及减少差错，不同类型的记账凭证往往采用不同颜色分别印制。

（4）记账凭证。在经济业务较简单、规模较小、收付款业务较少的单位，可以使用一种通用格式的记账凭证。这种记账凭证不再区分收款、付款及转账业务，而将所有经济业务统一编号，在同一格式的凭证中进行记录，因此称为通用记账凭证，其格式与转账凭证基本相同，如表7-8所示。

表7-8 记账凭证

年 月 日　　　　　　　　　　　　　字第　号

摘要	总账科目	明细科目	借方									贷方									记账
			百	十	万	千	百	十	元	角	分	百	十	万	千	百	十	元	角	分	
合计	附单据	张																			

会计主管：　　　　审核：　　　　出纳：　　　　记账：　　　　制单：

2. 单式记账凭证和复式记账凭证

记账凭证按其填制的方式不同，又可分为单式记账凭证和复式记账凭证两种。单式记账凭证便于分工记账，但是不能反映某项经济业务的全貌和所涉及的会计科目之间的对应关系。

单式记账凭证也称单项记账凭证、单科目记账凭证，简称单式凭证，是指将一项经济业务涉及的各个会计科目分别填制在几张凭证上，即一张凭证中只填列一个会计科目的记账凭证。只填写借方科目的称为借项记账凭证，只填写贷方科目的称为贷项记账凭证。借项记账凭证与贷项记账凭证一般采用不同颜色的纸张印制，以示区别。采用单式记账凭证，便于汇总每一会计科目的借方发生额和贷方发生额，便于分工记账；但不能在一张凭证上反映一项经济业务的全貌，不便于查账，而且记账凭证的数量和填制工作都很大。为了便于检查和平衡，在设计单式记账凭证时，应在上面标明对应科目的名称。单式凭证上的对方科目只供参考，不据以记账。

单式记账凭证一般适用于业务量较大，会计部门内部分工比较细的单位。其一般格式如表7-9、表7-10所示。

表7-9 借项记账凭证

年 月 日　　　　　　　　　　　凭证编号　第　号

摘要	总账科目	明细科目	账页	金额	附件
					张
对应总账科目					

会计主管：　　　　记账：　　　　复核：　　　　出纳：　　　　制单：

表 7-10　贷项记账凭证

年　月　日　　　　　　　　　　　凭证编号　第　号

摘要	总账科目	明细科目	账页	金额	
					附件
对应总账科目					
					张

会计主管：　　　　　记账：　　　　　复核：　　　　　出纳：　　　　　制单：

复式记账凭证是将一项经济业务所涉及的应借、应贷的各个会计科目，都集中填列在一张凭证中的记账凭证。复式记账凭证可以在一张凭证上集中反映一项经济业务会计科目的对应关系，便于了解有关经济业务会计科目的对应关系及有关经济业务的全貌，可以减少凭证的张数，但不便于汇总计算每一会计科目的发生额。前面所述的专用记账凭证同通用记账凭证都属于复式记账凭证。复式记账凭证以企业的资产总额和权益总额必然相等的平衡关系作为反映生产经营活动的记账基础，使记账有一个完整的计算和反映体系，从而对企业经济活动起到全面控制的作用。实际工作中大部分企业采用复式记账凭证进行会计核算。

3. 汇总记账凭证和单一记账凭证

记账凭证按照是否经过汇总，可分为汇总记账凭证和单一记账凭证。

（1）汇总记账凭证。汇总记账凭证是根据许多同类的单一记账凭证定期加以汇总而重新编制的记账凭证，目的是简化登记总分类账的手续。汇总记账凭证按其汇总的方法和范围，可分为分类汇总记账凭证和全部汇总记账凭证。分类汇总记账凭证主要是对收款凭证、付款凭证和转账凭证分别进行汇总，形成汇总收款凭证、汇总付款凭证和汇总转账凭证；全部汇总记账凭证即按各会计账户名称分别进行汇总，形成科目汇总表。分类汇总凭证以汇总收款凭证及汇总转账凭证为例，格式如表 7-11、表 7-12 所示。科目汇总表的格式如表 7-13 所示。

表 7-11　汇总收款凭证

借方科目：银行存款　　　　　　　202×年×月　　　　　　　　汇收字第　　号

贷方科目	金额				总账页数	
	1—10 日收款 凭证第　号至　号	11—20 日收款 凭证第　号至　号	21—31 日收款 凭证第　号至　号	合计	借方	贷方
合计						

会计主管：　　　　　记账：　　　　　审核：　　　　　　　　　制单：

表 7-12　汇总转账凭证

贷方科目：原材料　　　　　　　　　　　202×年×月　　　　　　　　　　　汇转字第　　号

借方科目	金额				总账页数	
	1—10日转账凭证第　号至　号	11—20日转账凭证第　号至　号	21—31日转账凭证第　号至　号	合计	借方	贷方
合计						

会计主管：　　　　　　　记账：　　　　　　　审核：　　　　　　　制单：

表 7-13　科目汇总表

　　　　　　　　　　　　　　　　　　　　　　　　　　　　　　　　　　　　　第　　号
　　　　　　　　　　　　　　　年　月　日至　日　　　　　　　　　　　　附单据　张

会计科目	1—10日		11—20日		21—31日		合计		总账页数
	借方	贷方	借方	贷方	借方	贷方	借方	贷方	
合计									

会计主管：　　　　　　　记账：　　　　　　　审核：　　　　　　　制单：

（2）单一记账凭证。单一记账凭证是根据原始凭证编制的，只反映某项经济业务会计分录的记账凭证。前述的专用记账凭证、收款凭证、付款凭证、转账凭证和通用记账凭证均属于单一记账凭证。

第二节　原始凭证

一、原始凭证的基本要素

原始凭证记录各种经济业务发生的原始数据，各种原始凭证的具体内容有所不同。例如，收料单记录的是收入某种材料的数量、单价和金额等原始数据，而领料单所记录的则是领用某项材料的数量和成本等原始数据，两者的内容显然不同。但所有的原始凭证作为经济数据的载体，都应当起到证明经济业务已发生或实际完成的作用，撇开不同凭证的特殊形式和具体内容，它们都应当具备说明经济业务完成情况和明确有关人员经济责任等若干基本要素。正是这些要素载有会计所需的数据和信息。原始凭证的基本要素包括以下几个方面：

（一）原始凭证的名称

原始凭证的名称有销货发票、购货发票、限额领料单、制造费用分配表等。原始凭证的名称能基本体现该凭证所代表的经济业务的类型。

（二）填制原始凭证的日期

原始凭证上记录的凭证填制日期，表明了业务的发生日期，是确定经济业务入账时间的基础依据。对少数不能及时填制凭证的经济业务，也应在经济业务发生后尽快填制完成。

（三）原始凭证的编号

原始凭证的连续编号是内部控制的重要环节，可以有效防止原始凭证的伪造。

（四）填制或接收原始凭证的单位名称

原始凭证应填写发生经济活动的单位名称，以明确是哪一个会计主体发生的经济业务。对于涉及两个不同会计主体的经济业务的发生，原始凭证还应载明交易双方单位的名称，以便准确地反映双方的经济责任。会计信息的客观性或可验证性的检验，一个重要内容就是审查原始凭证的真实性。如果一份原始凭证没有明确的交易主体，就很难确定其真实性。

（五）经济业务的内容

原始凭证对经济业务内容的反映，可以通过凭证内专门的摘要栏等进行，也可以通过凭证本身来体现。例如，一张购货发票本身就代表了购货活动，而不论该发票是否设置专门的摘要栏；同样地，一张火车票，它所反映的经济业务也很清楚，当然不需要在火车票上再专门说明这是乘坐火车的经济活动。如果有些原始凭证（如通用发票）本身不足以反映经济业务的内容，就需要在专门的摘要栏中注明。

（六）经济业务所涉及的单价、数量和金额

涉及商品交易的经济活动的原始凭证应包括经济业务所涉及的商品或材料等的型号、数量、单位、单价、总金额等具体内容。不涉及商品交易的经济活动的原始凭证，可以不记录单价、数量，但至少应有金额数据。这是对经济活动予以真实、完整反映所要求的，没有金额的原始凭证（如劳务合同等），就不能作为会计的记账依据。

（七）填制单位签章或有关经办人员的签名、盖章

涉及两个不同会计主体之间交易的经济业务的原始凭证（如销售发票），应有本单位的签章以及经办人员的签名或盖章，只涉及本单位业务活动的自制原始凭证（例如制造费用分配表、收料单等）至少应有相关经办人员的签章。这是为明确具体的经济责任所必需的。如果是外来凭证（如购货发票），需要加盖对方单位公章以及对方单位经办人员的签名或盖章。

二、原始凭证的填制

（一）原始凭证的填制方法

对于一次凭证、累计凭证、汇总原始凭证和记账编制凭证应采用不同的填制方法。

1. 一次凭证的填制方法

一次凭证在业务发生或完成时根据业务的内容直接一次填制完成。自制原始凭证由本单位业务经办人于业务发生或完成时填制完成，外来原始凭证相当于外单位的自制原始凭证，由外单位经办人员根据相同的填制要求一次填制完成。

（1）收料单的填制。收料单是在外购的材料验收入库时，由仓库的保管人员根据验收材料的实际数量而填制的凭证。收料单一般一式三联：一联留仓库由保管人员据以登记明细账，一联随发票账单交会计部门办理有关结算等手续，一联交采购部门存查。

（2）领料单的填制。领料单是在领用材料的业务发生或完成时，由领料员（经办人）填制的原始凭证。领用原材料须经领料的车间负责人批准，领料经办人员根据所需材料的情况填写领料单，仓库保管员根据领料单，审核其用途后，发放材料，并在领料单上签字盖章。为了便于控制材料的消耗，一般设有领料单位、日期、用途、名称、规格、请领数量、实发数量、单价、金额、领料人、发料人等内容。领料单一般一式三联：一联留领料部门备查，一联留仓库据以登记材料物资明细账，一联转会计部门据以进行总分类核算。

（3）增值税专用发票的填制。增值税专用发票是典型的一次凭证。增值税一般纳税人在销售应税商品和提供应税劳务时，一般应填制增值税专用发票。增值税专用发票由税务部门统一印制，企业按规定领用和管理。其基本联次统一规定为四联，各联次必须按规定用途使用：第一联为存根联，由销售方留存备查；第二联为发票联，购货方以此作为付款及入账的依据；第三联为税款抵扣联，购货方以此作为增值税扣税凭证；第四联为记账联，销货方以此作为对销售业务活动入账的依据。

【例7-1】 龙盛公司（一般纳税人制造业企业）于2020年3月10日销售A材料100千克给中华公司，单价800元/千克。龙盛公司应开具增值税专用发票，如表7-14所示。

表7-14　广东增值税专用发票

开票日期：　　　　　　　2020年3月10日

购货单位	名称	中华公司			纳税登记号							0100110066668								
	地址、电话	东山区农林下路16号020-87543522			开户银行及账号							工行广州市东山支行323-446-56378912								
货物或应税劳务名称	计量单位	数量	单价	金额								税率	税额							
				百	十	万	千	百	十	元	角	分	%	百	十	万	千	百	十	元	角	分
A材料	kg	100	800		8	0	0	0	0	0	0	13		1	0	4	0	0	0	0
合计				¥	8	0	0	0	0	0	0		¥	1	0	4	0	0	0	0
价税合计		⊗仟⊗佰⊗拾 玖万零肆佰零拾零元零角零分　¥90 400																			
销货单位	名称	龙盛公司			纳税人登记号							0100110055567								
	地址、电话	白云区白云大道26号020-86312816			开户银行及账号							建行广州市白云支行626-433-26358918								
备注																				

收款人：王平　　　　　　　　　　　　　　　　　　　　　　　　开票单位（未盖章无效）

（4）支票的填制。支票是指发票人签发的委托银行等金融机构于见票时支付一定金额给收款人或其他指定人的一种票据。支票的填制要点如下：

①日期。日期必须以汉字大写的方式填列。月份为1—2月的，应在月份前加"零"，月份为10—12月的，应在月份前加"壹"；日期为1—9日的，在日期前须加"零"字，日

期为两位数的,相应在前面加"壹、贰、叁"。例如2019年12月28日,则填写"贰零壹玖年壹拾贰月贰拾捌日"。2020年3月5日,应填为"贰零贰零年叁月零伍日"。

②收款人。转账支票应填写收款单位名称的全称,也可写收款人个人姓名,现金支票的收款人应填写本单位名称。

③付款行名称及出票人账号。填写本单位开户银行名称及银行账号。银行账号必须小写。

④金额。大写金额必须按汉字大写填写,角分位为零时须加"整"字,角位为零而分位不为零时可以加"整"字,也可以不加。分位不为零时一定不能加"整"字。小写金额前面加人民币符号"¥"。

⑤用途。一般简要填写"支付货款""运费""广告费"等。

⑥印章。在签章处盖上公司财务章和法人私人印章。

⑦存根。存根的日期用阿拉伯数字填写,金额只需要小写。用途与正联保持一致。

【例7-2】 承接例7-1,龙盛公司于2020年3月20日当日开具转账支票给龙盛公司,用于支付购买A材料的货款及增值税款。转账支票如表7-15所示。

表7-15 转账支票

中国工商银行		中国工商银行	转账支票□Ⅳ□									V00286641	
转账支票存根 □□Ⅳ □V00286641 附加信息 ———————— ———————— ———————— 出票日期:2020年3月20日 收款人:龙盛公司 金 额:¥90 400 用 途:支付货款 单位主管 会计	本支票付款期限十天	出票日期(大写) 贰零贰零年叁月零贰拾日 付款行名称:工行广州市东山支行 收款人:龙盛公司 出票人账号:323-446-56378912											
		人民币	亿	千	百	十	万	千	百	十	元	角	分
		(大写)玖万零肆佰元整					¥9	0	4	0	0	0	0
		用途 支付货款											
		上列款项请从 我账户内支付 出票人盖章 复核 记账											

2. 累计凭证的填制方法

在一定时期内连续发生多次同类经济业务时,每次只需在凭证上记录本次业务的内容,期末对业务内容进行累计汇总。例如,生产部门在每次按生产需求量领用原材料时,只需在领料单上登记本次领用量即可。采用累计核算形式简化了领用手续,有助于材料的定期核算。下面以限额领料单为例说明累计凭证的填制方法。

限额领料单是由生产、计划部门根据下达的生产任务和材料消耗定额按每种材料的用途分别开出的凭证。限额领料单应设置材料的领用限额数量、本次领用数量、限额结余数量、实际领用数量等栏次。一般一料一单,一式三联:一联交仓库据以发料,一联交领料部门据以领料,一联交会计部门据以记账。领料单位领料时,在该单内注明领料数量,经负责人签章批准后,持单前往仓库领料。仓库发料时,根据材料的品名、规格在限额内发料,同时将实发数量及限额余额填写在领料单内,领发料双方在单内签章。月末在单内结出实发数量和金额转交会计部门，据以计算材料费用，并用于材料减少的核算。限额领料单的填制方法如表 7-16 所示。

表 7-16 限额领料单

2020 年 4 月

领料部门：基本生产车间　　　用途：生产产品　　　计划产量：300 件
材料编号：　　　　　　　　　名称规格：A　　　　　计量单位：kg
单价：1 000 元　　　　　　　消耗定量：　　　　　　领用限量：1 200

2020 年		请领		实发				
月	日	数量/件	领料部门负责人	数量/件	累计/件	发料人	领料人	限额结余/件
4	8	200	张力	200	200	李敏	周梅	1 000
4	13	100	张力	100	300	李敏	王丰	900
4	18	300	张力	300	600	李敏	汪敏	600
4	22	200	张力	200	800	李敏	李莉	400
8	31	350	张力	350	1150	李敏	周文洲	50
累计实发金额（大写）壹佰壹拾伍万元整						¥ 1 150 000		

供应部门负责人　张平化　　　　生产计划部门负责人　袁建　　　　仓库负责人　周媛

3. 汇总原始凭证的填制方法

将一定时间内反映同类经济业务的若干张一次或累计凭证，按照规定的标准综合汇总填制在一张凭证上，其汇总的时间可以根据业务量的大小自行确定，按旬或月汇总一次。汇总原始凭证的填制举例略。

4. 记账编制凭证的填制方法

按照一定的标准和会计核算方法，将会计数据通过归类、整理和计算后填制。例如，在计算产品成本时，编制的制造费用分配表就是根据制造费用的相关数据，按费用分配方法计算填制的。

【例 7-3】　某企业一车间 2020 年 4 月 1—30 日制造费用明细账登记的当月发生额合计为 20 000 元，该企业一车间生产 A、B 两种产品，在计算产品生产成本时制造费用按两者的实际生产工时进行分配，4 月份 A 产品生产工时为 2 000 小时，B 产品生产工时为 3 000 小时，合计为 5 000 小时。经计算所得制造费用分配率为 4（20 000/5 000）。填制的记账编制凭证——制造费用分配表如表 7-17 所示。

表 7-17 制造费用分配表

2020 年 4 月

分配对象	分配标准/工时	分配率/（元·工时$^{-1}$）	分配金额/元
A 产品	2 000	20 000/5 000 = 4	8 000
B 产品	3 000	20 000/5 000 = 4	12 000
合计	5 000		20 000

（二）原始凭证的填制要求

原始凭证是具有法律效力的证明文件，是进行会计核算的依据，必须认真填制。为了保

证原始凭证能够正确、完整、清晰、及时地反映各项经济业务的实际情况,原始凭证的填制必须符合下列要求:

1. 填制及时

经济业务一旦发生或完成,就应及时填制原始凭证,并按规定程序递交会计部门审核、记账。

2. 记录真实

原始凭证必须如实地记录经济业务的真实情况,凭证上填列的日期、业务内容和数字必须真实可靠,不得弄虚作假。

3. 内容完整

原始凭证的各项内容,必须根据实际情况,按照原始凭证的要素填写齐全,不得遗漏或随意省略。如果项目填写不全,则不能作为经济业务的合法证明,也不能作为有效的会计凭证。

4. 填制手续要完备

(1) 从外单位取得的原始凭证,必须有填制单位的公章;从个人取得的原始凭证,必须有填制人员的签名或盖章。自制的原始凭证,必须有经办单位领导人或由单位领导人指定的人员的签名或盖章。对外开出的原始凭证,必须加盖本单位公章。

(2) 凡填有大写和小写金额的原始凭证,大写和小写金额必须相符。购买实物的原始凭证,必须有验收证明。支付款项的原始凭证,必须有收款单位和收款人的收款证明。

(3) 一式多联的原始凭证,应当注明各联的用途,只能以一联作为入账依据。一式多联的发票和收据,必须用双面复写纸(发票和收据本身具备复写纸功能的除外)套写,并连续编号。作废时应当加盖"作废"戳记,连同存根一起保存,不得撕毁。

(4) 发生销货退回的,除填制退货发票外,还必须有退货验收证明;退款时,必须取得对方的收款收据或汇款银行的凭证,不得以退货发票代替收据。

(5) 职工出差的借款凭据,必须附在记账凭证之后。收回借款时,应另开收据或者退还借据副本,不得退还原借款收据。

(6) 经上级有关部门批准的经济业务,应将批准文件作为原始凭证附件;如果批准文件需要单独归档,应在凭证上注明批准机关名称、日期和文件字号。

5. 书写清楚

原始凭证只能用蓝色或黑色笔填写,不准使用圆珠笔和铅笔填写;字迹必须清晰、工整;文字、数字必须书写清楚。

(1) 阿拉伯数字应当一个一个地写,不得连笔写。阿拉伯金额数字前面应当书写货币币种符号或者货币名称简写和币种符号。币种符号和阿拉伯金额数字之间不得留有空白。凡阿拉伯数字前写有币种符号的,数字后面不再写货币单位。

(2) 所有以元为单位(其他货币种类为货币基本单位,下同)的阿拉伯数字,除表示单价等情况外,一律填写到角分;无角分的,角位和分位可写"00"或者用符号"—"代替;有角无分的,分位应当写"0",不得用符号"—"代替。

(3) 汉字大写数字金额如零、壹、贰、叁、肆、伍、陆、柒、捌、玖、拾、佰、仟、万、亿等,一律用正楷或者行书书写,不得用〇、一、二、三、四、五、六、七、八、九、十等简化字代替,不得任意自造简化字。大写金额数字到元或角为止的,在"元"或"角"

字之后应当写"整"或"正"字；大写金额数字有分的，"分"字后面不写"整"或"正"字。

（4）大写金额数字前未印有货币名称的，应当加填货币名称，货币名称与金额数字之间不得留有空白。

（5）阿拉伯金额数字中间有"0"时，汉字大写金额要写"零"字；阿拉伯金额数字中间连续有几个"0"，汉字大写金额中可以只写一个"零"字；阿拉伯金额数字元位是"0"，或者数字中间连续有几个"0"，元位也是"0"，但角位不是"0"时，汉字大写金额可以只写一个"零"字，也可以不写"零"字。

（6）外来原始凭证不得涂改、挖补。发现原始凭证有错误的，应当由开出单位重开或者更正，更正处应当加盖开出单位的公章。

（7）更正规范。发生错误需要更正时，应采用正确、规范的更正方法。具体要求如下：凭证不得随意涂改、刮接、挖补。若填写错误需要更正，必须划掉更正，即将写错的文字或数字用红线划掉，再将正确的数字或文字写在划掉部分的上方，并加盖经手人印章。提交银行的各种结算凭证的大小写一律不得更改，如果填写错误，应加盖"作废"戳记，另换凭证重新填写。金额错误的原始凭证不得更正，只能由出具单位重开。

三、原始凭证的审核

只有经过审核无误的原始凭证，才能作为记账的依据。为了保证原始凭证内容的真实性和合法性，一切原始凭证填制或取得后，都应按规定的程序及时送交会计部门，由会计主管或具体负责凭证审核的会计人员进行审核。

（一）原始凭证的审核内容

对原始凭证应主要从以下三个方面进行审核：

1. 合规性

根据有关的政策、法规、制度、计划和合同等，审核原始凭证所记录的经济业务是否合理、合法，有无违反制度和不按规定办事的行为。对于不真实、不合法的原始凭证，有权不予接收，并向单位负责人报告；尤其对于那些滥用职权、违法乱纪、伪造涂改凭证、弄虚作假、贪污浪费、营私舞弊等行为，会计人员应当拒绝受理，情节严重的，还应报请单位负责人或上级处理，并追究其法律责任。

2. 完整性

根据原始凭证的要素，逐项审核原始凭证的内容是否完整，原始凭证的各项目是否按规定填写齐全，是否按规定手续办理。对记载不准确、不完整的原始凭证予以退回，并要求经办人员按照国家统一的会计制度的规定更正、补充。对于内容填写不全、手续不完备的凭证，应退还给经办人员补办完整后，再予以受理。

3. 技术性

根据原始凭证的填制要求，审核原始凭证的摘要和数字及其他项目是否填写正确、齐全，大小写金额是否相等，原始凭证记录的经济业务是否真实，原始凭证记载的各项内容是否有涂改现象。原始凭证有错误的，是否由出具单位重开或者更正，更正处是否加盖出具单位印章。原始凭证金额有错误的，是否由出具单位重开。

（二）原始凭证的审核处理

在审核原始凭证的过程中，会计人员要认真执行会计法所赋予的职责、权限，坚持原则，执行制度。

（1）对违反国家规定的收支，超过计划、预算或者超过规定标准的各项支出，违反制度规定的预付款项，非法出售材料、物资，任意出借、变卖、报废和处理财产物资，以及不按国家关于成本开支范围和费用划分的规定乱挤乱摊生产成本的凭证，会计人员应拒绝办理。

（2）对于内容不完全、手续不完备、数字有差错的凭证，会计人员应予以退回，要求经办人员补办手续或进行更正。

（3）对于伪造或涂改等弄虚作假、严重违法的原始凭证，会计人员在拒绝办理的同时，应当予以扣留，并及时向单位主管或上级主管报告，请求查明原因，追究当事人的责任。

第三节　记账凭证

一、记账凭证的基本要素

取得或编制的原始凭证经审核确认无误后，会计人员应按经济业务的性质加以归类整理，据以编制记账凭证。记账凭证的作用在于将已审核的原始凭证数据，运用账户和复式记账方法，形成会计分录，使之转换为初始会计信息，以确保账簿记录的准确性。无论是哪一种记账凭证，一般都应具备下列几个基本要素：

（一）记账凭证的名称

记账凭证的名称按所记录的经济内容不同一般分为收款凭证、付款凭证和转账凭证。如果采用一种格式的通用记账凭证，就称为记账凭证。

（二）填制单位

记账凭证的填制单位也就是填制记账凭证的会计主体。一般在装订成册的记账凭证的封面要求填写记账单位名称。

（三）填制日期

记账凭证的填制日期就是填写记账凭证的当日。一般用阿拉伯数字填写。例如，2020年3月6日取得原始凭证，并在当日入账，则记账凭证的日期填写2020年3月6日。原始凭证的取得日期可能同编制记账凭证的日期一致，如某日开具支票支付货款，当日根据支票存根登记入账；记账凭证的编制日期也可能在原始凭证的取得日期之后，如员工出差归来到财务部门报账，原始凭证的日期在出差期间，而报账已经在出差之后了，这时记账凭证的日期应该填写受理报账的当日。

（四）凭证编号

记账凭证一般以月为单位，在一个月范围内连续编号，记账凭证的编号信息是过账时登记在账户里的重要信息，记账凭证的编号可以用于分清会计事项处理的先后顺序，便于记账凭证与会计账簿核对，确保记账凭证的完整无误。专用记账凭证的编号一般包括总号和分号，通用记账凭证则只有一个号。

（五）会计分录

会计分录是记账凭证的主体部分，含会计科目（包括总账科目与各级明细科目）、借贷方向和金额。在填写金额信息时，每个科目对应的金额只填数字，不加人民币符号"￥"，在合计金额处则需要在合计数字前加人民币符号"￥"。

（六）摘要说明

在记账凭证摘要栏应简明扼要地说明所记录经济业务的基本内容及一些备注信息，以便日后查阅。摘要的表达有如下特点：

（1）与员工个人有关的业务一般用主谓宾形式。如某某领困难补助、某某借款出差、某某报差旅费等。

（2）会计人员办理或本单位完成的经济业务用动宾形式。如提现备用、发放某月工资、计算应付利息、还工行贷款等。

（3）支付类业务。如支付（预付）某公司货款、交某月某某税、交某月住房公积金、支付股利、向某组织捐款等。支付类业务如果需要按月支付的，摘要应列出具体月份。

（4）收款类业务。如收某公司货款、收某某投资、收某公司商业汇票等。

（5）计提类业务。如计提折旧、计提坏账准备、计提盈余公积等。

（6）其他类业务。如分配利润、分配制造费用、材料结转入库、结转收入等。

（七）所附原始凭证张数

为了表明记账凭证所登载的会计分录有确实凭据，应将原始凭证附在记账凭证后，同时，在记账凭证上注明所附原始凭证张数。通过核对记账凭证和所附的原始凭证，可以确定会计的处理是否正确。记账凭证所附原始凭证的张数，按照下面的方法确定：

（1）没有经过汇总的原始凭证，按自然张数计算，有一张算一张。

（2）经过汇总的原始凭证，每一张汇总单或汇总表算一张。

（3）当一张原始凭证涉及几张记账凭证时，可将原始凭证附在其中一张主要的记账凭证后面，并在未附原始凭证的记账凭证的摘要栏内注明"原始凭证附于某字号凭证"。

（八）有关人员的签名、盖章

签名和盖章有助于明确会计主管、记账、审核、出纳、制单等有关人员应负的责任，防止记账过程出现差错。

※ 小 知 识

记账凭证的编号方法

专用记账凭证的编号包含总号与分号，总号与分号有各自的编号规则。通用记账凭证的总号与分号的编号规则是一样的，因而只有一个编号。

1. 总号的编号方法

总号是指当月全部业务的顺序号。专用记账凭证应按填写各类记账凭证的先后顺序统一连续编号，总号一般应该是唯一的，与填写的记账凭证的张数保持对应。例如，本月填写的第 10 张记账凭证为收款凭证，则该收款凭证的总号为 10 号；本月填写的第 50 张凭证为转账凭证，则该转账凭证的总号为第 50 号；全月若填制了 600 张记账凭证，则最后一张记账凭证的编号为第 600 号。通用格式的记账凭证总号与分号是一致的，都是当月全部记账凭证的编制顺序号，所以只有一个编号（分号）。总号可以显示各个月在核算时一共填制了多少张记账凭证。

2. 分号的编号方法

分号的编号同样要考虑企业所采用的记账凭证类型。如果企业只采用一种格式的通用记账凭证，则按凭证编制的先后顺序连续编号，即记 1 号、记 2 号、记 3 号……连续顺序编号；如果企业采用收款、付款、转账的专用记账凭证，需要分别按"收字×××号""付字×××号""转字×××号"三类各自独立连续编号，即收字 1 号、收字 2 号、收字 3 号……，付字 1 号、付字 2 号、付字 3 号……，转字 1 号、转字 2 号、转字 3 号……，各自独立连续顺序编号；如果企业对收款、付款又区分为现金收款、银行存款收款、现金付款、银行存款付款凭证，则记账凭证的编号也需要分别按"现收字×××号""银收字×××号""现付字×××号""银付字×××号"等各自独立连续编号。在编列分号时可能遇到一些特殊情况，企业的大多数业务只需要编制一张记账凭证就能完成对该业务的核算，但有些业务发生后需要填制两张或两张以上的记账凭证才能完成对该业务的核算。这类业务具体又区分为两种不同的情况：

（1）该笔经济业务同时涉及两种不同类型的凭证。如购入材料一批，以银行存款支付部分货款，其余暂欠，这就需要同时填制一张付款凭证和一张转账凭证，这两张凭证的分号应按各自所在的凭证类型"付款凭证""转账凭证"与前一张同类凭证连续编号，但需要在摘要栏中注明互相间的联系。

（2）该笔经济业务需要填制两张或两张以上相同类型的凭证。例如，期末将"管理费用"等八项费用账户的余额转账到"本年利润"账户，由于记账凭证的容量有限，需要填制两张转账凭证才能完成该业务的核算，此时两张凭证核算的是同一项业务"结转费用"，为了体现两张记账凭证的关联性，在编号时将第一张转账凭证编号为"×1/2"，第二张转账凭证编号为"×2/2"。如果遇到某一项业务需要编制三张同类记账凭证才能完成，则编号分别为"×1/3、×2/3、×3/3"，以此类推。

二、记账凭证的填制

（一）专用记账凭证的填制

1. 收款凭证的填制

收款凭证是根据有关现金或银行存款收款业务的原始凭证填制的，在一般情况下，收款凭证的左上角设有"借方科目"栏（也有设在右上角的），应按收款的性质填写"库存现金"或"银行存款"。表内只设贷方科目。收款凭证的日期填写编制记账凭证的日期，右上角填写编制收款凭证的顺序号，"摘要"栏内填写所记录的经济业务的简要说明。为了便于登记各种总账和明细账，在科目栏中应注明总账科目和明细科目。收款凭证中的"记账"栏注明是否已将此科目涉及的信息登记到明细账户（即过账）的"已过账"的标记符号，已过账的画"√"，这样可以避免出现重复记账或者遗漏记账的情况发生。在"金额"栏按规定的位数填写该项经济业务的发生额。"附单据　张"栏填写记账凭证所附原始凭证张数。"合计"栏填列各项目金额之和，表明借贷双方的记账总金额。凭证下方分别由会计主管、记账、出纳、审核、制单等人员签章，以明确经济责任。收款凭证的填制方法如表7-18所示（假定下列收款凭证为2020年3月编制的第1张收款凭证，也是当期编制的第8张记账凭证）。

表7-18　收款凭证

借方科目：银行存款　　　　　　　2020年3月2日　　　　　　　总8号　银收字第1号

摘要	贷方科目		金　额									记账
	总账科目	明细科目	千	百	十	万	千	百	十	元	角	分	
收到东华公司投入资本金	实收资本	东华公司		1	0	0	0	0	0	0	0	0	√
附件 2 张	合　　　计		¥	1	0	0	0	0	0	0	0	0	

会计主管：（签章）　　记账：（签章）　　出纳：（签章）　　审核：（签章）　　制单：（签章）

2. 付款凭证的填制

付款凭证是根据有关现金或银行存款付款业务的原始凭证填制的。付款凭证的格式与收款凭证有两个栏次的内容不同，即贷方科目一般在表外的左上角（或右上角），贷方科目填列"库存现金"或"银行存款"。表内只设置借方科目，借各科目的合计金额与表外贷方科目的金额相等。除此之外，其填制方法均与收款凭证相同。付款凭证的填制方法如表7-19所示（假定下列付款凭证为2020年3月编制的第5张银付类凭证，也是当期编制的第16张记账凭证），假定忽略增值税。

表7-19　付款凭证

贷方科目：银行存款　　　　　　　2020年3月3日　　　　　　　总16号　银付字第5号

摘要	借方科目		金　额									记账
	总账科目	明细科目	千	百	十	万	千	百	十	元	角	分	
支付采购材料货款及运杂费	在途物资	A材料		1	0	0	0	0	0	0	0	0	√
附件 6 张	合　　　计		¥	1	0	0	0	0	0	0	0	0	

会计主管：（签章）　　记账：（签章）　　出纳：（签章）　　审核：（签章）　　制单：（签章）

3. 转账凭证的填制

转账凭证是根据现金和银行存款收付业务以外的原始凭证填制的记账凭证。转账凭证的格式与收、付款凭证不同，它不设表外科目。按会计分录将某项经济业务所涉及的会计科目和金额分别记入"总账科目"和"明细科目"栏及"借方金额"或"贷方金额"栏。编制时，必须划清科目性质，不能相互混淆。转账凭证应先填借方科目，再填贷方科目。其他项目的填写方法与收、付款凭证相同。转账凭证的填制方法如表 7-20 所示（假定下列转账凭证为 2020 年 3 月编制的第 13 张转账凭证，也是当期编制的第 39 张记账凭证）。

表 7-20　转账凭证

2020 年 3 月 7 日　　　　　　　　　　　　　　　总 39 号　　转字第 13 号

摘要	会计科目		借方金额									贷方金额									记账
	总账科目	明细科目	千	百	十	万	千	百	十	元	角	分	千	百	十	万	千	百	十	元	角	分	
材料验收入库	原材料	A 材料			1	0	3	0	0	0	0	0											
	在途物资	A 材料													1	0	3	0	0	0	0	0	
附件 1 张	合　计		¥		1	0	3	0	0	0	0	0	¥		1	0	3	0	0	0	0	0	

会计主管：（签章）　　记账：（签章）　　出纳：（签章）　　审核：（签章）　　制单：（签章）

（二）通用记账凭证的填制

通用记账凭证的填制方法与转账凭证基本相同，所不同的是，在凭证的编号上，采用按照经济业务发生的先后顺序编号的方法。通用记账凭证只有一个编号，该编号相当于专用记账凭证的分号。

（三）单式记账凭证的填制

【例 7-4】 2020 年 2 月 15 日，甲公司从乙公司购入 A 材料一批，同时取得乙公司开出的增值税专用发票，其上注明价款 10 000 元，增值税进项税额 1 300 元，共计 11 300 元。已开出转账支票用于支付货款，材料尚未收到。依据审核后的原始凭证应编制的会计分录如下：

　　借：在途物资——A 材料　　　　　　　　　　　　　　　10 000
　　　　应交税费——应交增值税（进项税额）　　　　　　　 1 300
　　　　贷：银行存款　　　　　　　　　　　　　　　　　　　　11 300

这项会计分录有两个借方会计科目、一个贷方会计科目。应分别填制两张借项记账凭证，填制的凭证格式和部分内容如表 7-21、表 7-22 所示；另填制一张贷项记账凭证，填制的凭证格式和内容如表 7-23 所示（另有部分凭证信息如相关责任人、开户银行等因信息不全忽略）。

表 7-21　借项记账凭证（一）

2020 年 2 月 15 日　　　　　凭证编号　　第 ×1/3 号

摘要	总账科目	明细科目	账页	金额
购买 A 材料	在途物资	A 材料		10 000
对应总账科目：应交税费				
	银行存款			

附件壹张

会计主管　　　　　记账　　　　　复核　　　　　出纳　　　　　制单

表 7-22 借项记账凭证（二）

2020 年 2 月 15 日　　　　　　　　　凭证编号　第 × 2/3 号

摘要	总账科目	明细科目	账页	金额	附件壹张
购买 A 材料，原始凭证附于 × 1/3 凭证	应交税费	应交增值税（进项税额）		1 700	
对应总账科目：在途物资					
银行存款					

会计主管　　　　　　记账　　　　　　复核　　　　　　出纳　　　　　　制单

表 7-23 贷项记账凭证

2020 年 2 月 15 日　　　　　　　　　凭证编号　第 × 3/3 号

摘要	总账科目	明细科目	账页	金额	附件壹张
购买 A 材料	银行存款			11 700	
对应总账科目：在途物资					
应交税费					

会计主管　　　　　　记账　　　　　　复核　　　　　　出纳　　　　　　制单

汇总记账凭证的填制方法将在本书的第十一章"会计核算组织程序"中做系统介绍。

（四）记账凭证的填制要求

记账凭证的质量直接影响会计信息的质量，所以记账凭证必须按照规定的格式，正确、及时地填制。记账凭证的填制在原始凭证填制要求的基础上还应注意以下要求：

1. 摘要简明

在记账凭证的"摘要"栏内，简明扼要地写清楚经济业务内容的要点，文字要简练概括，以便查阅凭证和登记账簿。

2. 分录正确

在记账凭证中，编制的会计分录必须正确，账户对应关系清晰，记账符号要符合记账规则，金额数字必须正确，符合数字书写规范。

3. 逐项填写

记账凭证应按行次逐行填写，不能跳行，如果金额栏的最后一笔数字与合计数之间有空行，应当画斜线或 S 形线注销。

4. 标明附件

除期末结账和更正错误的记账凭证可以不附原始凭证外，其他记账凭证必须附有原始凭证，并在记账凭证的附单据栏内，应标明原始凭证的张数。如果一张原始凭证涉及几张记账凭证，可以把原始凭证附在一张主要的记账凭证后面，并在其他几张记账凭证的摘要栏中注明附有该原始凭证的记账凭证的编号或者在其他几张记账凭证后面附原始凭证复印件。一张原始凭证列支出需要几个单位共同负担的，应当将其他单位负担的部分，开给对方原始凭证分割单进行结算。原始凭证分割单必须具备原始凭证的基本内容：凭证名称、填制凭证日期、填制凭证单位名称或填制人姓名、经办人签名或盖章、接收凭证单位名称、经济业务内容、数量、单价、金额和分摊情况等。

5. 连续编号

记账凭证应按业务发生顺序，按不同种类的记账凭证连续编号。通用记账凭证只有一个编号，专用凭证需要编列总号及分号。一般的记账凭证的编号为整数，但在某些情况下会采取分数编号法。一笔经济业务事项需要填制两张或两张以上的同类记账凭证的，应采取分数编号法，即在原记账凭证编号后面用分数的形式表示。例如，某企业某月某日发生一笔转账业务，需要填制三张通用记账凭证（或专用的转账凭证），当该凭证的顺序号为 30 时，这笔经济业务所编凭证的编号应分别是转字 30 1/3、转字 30 2/3、转字 30 3/3。30 1/3 表示该凭证是为该笔业务编制的第一张记账凭证，该业务还需要编制两张记账凭证。当月记账凭证的编号，分号一般在填写记账凭证的当日由制单人员填写，总号一般由复核人员填写，可以在填写该凭证的当日编列，也可以在月末或装订凭证时填写，但应在月末最后一张记账凭证编号的旁边加注"全"字，表示该月的记账凭证已经处理完毕。

三、记账凭证的审核

为了保证记账凭证的编制质量和账簿记录的正确性，必须由稽核人员对记账凭证进行严格认真的审核，只有经审核无误后的记账凭证才能作为记账的依据。记账凭证的审核包括以下两项内容。

（一）完整性审核

根据记账凭证的要素逐项审核记账凭证的内容是否按规定要求填制，各项目是否按规定填写齐全并按规定手续办理，有关人员是否都已签章。记账凭证是否附有审核无误的原始凭证，所附原始凭证张数及其内容是否与记账凭证一致。

（二）技术性审核

根据执行的会计准则的规定，审核记账凭证所确定的会计分录是否合规、正确。这就要求审核人员必须根据记账凭证所附原始凭证的经济内容，按照会计核算方法的要求，审核会计分录编制（主要是确定会计科目及其方向、金额）是否准确无误。根据记账凭证的填制要求，审核记账凭证的摘要、应借、应贷会计科目及金额的账户对应关系是否清晰、完整，核算内容是否符合国家统一会计准则的要求。

在审核中若发现差错，应查明原因后重填或更正，并由更正人员在更正处签章。记账凭证经审核无误后方能据以登记账簿。

第四节　会计凭证的传递与保管

一、会计凭证的传递

会计凭证的传递是指从会计凭证的填制或取得开始，经过稽核、记账、装订到归档保管的过程中，在单位内部有关部门和人员之间按照规定时间和路线进行传送的手续。会计凭证的传递，要能够满足内部控制制度的要求，使传递程序有效，同时尽量节约传递时间，减少传递的工作量。由于企业生产组织特点不同、经济业务的内容不同和管理要求不同，会计凭证的传递也有所不同。科学、合理、有效的会计凭证的传递，对加强企业管理、提高会计信息质量具有十分重要的影响。

科学、合理、有效的传递程序，应使会计凭证沿着最短的线路，以最快的速度流转。在设计会计凭证传递程序时，应遵循以下原则。

（一）合理确定会计凭证传递应经过的环节

各单位应根据经营规模、行业特点、内部机构组织和人员分工情况及经营管理的需要等，规定各种会计凭证的联数和所经过的必要环节，既要保证有关部门能对经济业务进行审核和处理，又要尽可能减少不必要的环节和手续，以免造成"公文旅行"，影响速度和工作进程。

（二）合理确定会计凭证在各环节停留的时间

各单位要根据各环节办理手续所必需的时间，规定凭证在各环节停留的合理时间，以确保凭证能及时传递。此外，所有会计凭证的传递必须在报告期内完成，不允许因此影响会计核算的及时性和真实性。

（三）加强会计凭证传递的管理

会计凭证传递涉及单位内部各个部门和环节。因此，它要求会计部门与有关部门和人员共同协调，统一建立凭证传送制度；将若干主要业务的会计凭证传递程序、路线和时间绘制成流程图，监督各部门人员遵守执行，使凭证传递工作有条不紊、迅速而有效地进行。

二、会计凭证的保管

会计凭证是重要的经济档案和历史资料，必须采用科学的方法妥善保管，不得丢失、随意抽取或任意销毁。任何企业在完成经济业务手续和记账之后，必须按规定建立立卷归档制度，形成会计档案资料，妥善保管。根据财政部修订并于 2016 年 1 月 1 日施行的《会计档案管理办法》，各单位应建立会计凭证的立卷、归档、保管、查阅和销毁等管理制度，保证会计凭证妥善保管、有序存放、方便查阅，严防毁损、散失和涉密。会计凭证保管的主要方法和要求如下。

（一）定期整理，装订成册

会计部门在记账以后，应及时将本月的各种记账凭证，连同所附的原始凭证，按照分类和编号顺序，折叠整齐，定期（每天、每旬或每月）装订成册，加具封面、封底，其要点如下：

(1) 装订的范围包括原始凭证、记账凭证、科目汇总表、银行对账单等。

(2) 整理装订凭证。记账凭证应当连同所附的原始凭证或者原始凭证汇总表，按照编号顺序，折叠整齐，按期装订成册，并加具封面，注明单位名称、年度、月份、起讫日期、凭证种类、起讫号码，由装订人在装订线封签外签名或盖章。对业务量大的企业，如果一个月内凭证数量过多，可分成若干册进行装订，在封面上注明共几册等字样。

(3) 装订方法。对于纸张面积大于记账凭证的原始凭证，可按记账凭证的面积尺寸，先自右向左，再自下向上两次折叠，注意应把凭证的左上角或左侧面让出来，以便装订后还可以展开查阅；对于纸张面积过小的原始凭证，一般不能直接装订，可先按一定次序和类别排列，再粘在一张同记账凭证大小相同的白纸上。小票应分张排列，同类同金额的单据尽量粘在一起，同时，在一旁注明张数和合计金额；对于纸张面积略小于记账凭证的原始凭证，可以用回形针或大头针别在记账凭证后面，待装订凭证时，抽去回形针或大头针；对于数量过多的原始凭证，可以单独装订保管，在封面上注明记账凭证日期、编号、种类，同时在记账凭证上注明"附件另订"和原始凭证名称及编号；各种经济合同、存出保证金收据及涉外文件等重要原始凭证，应当另编目录，单独登记保管，并在有关的记账凭证和原始凭证上相互注明日期和编号；原始凭证附在记账凭证后的顺序应与记账凭证所记载的内容顺序一致，不应按原始凭证的面积大小排序。

（4）凭证封面。在凭证封面与脊背处填写单位名称、年度、月份、起止日期、凭证种类、起止号码，并在封面与脊背的接缝处加盖财务专用章和装订人的印章。

（二）专人保管，期满归档

会计人员必须做好会计凭证的保管工作，严格防止会计凭证错乱不全或丢失。一般情况下，原始凭证不得外借，其他单位因特殊原因需要借阅原始凭证，必须经本单位负责人、会计机构负责人、会计主管人员批准，必要时可以复制，向外单位提供原始凭证复印件，应当确保会计凭证的完整无缺，便于引用，装订成册的会计凭证应指定专人负责保管。年度终了后可暂由本会计部门保管1年。期满之后，原则上要移交本单位的档案部门保管。

（三）按期归档，整理立卷

各单位每年形成的会计档案，应当由会计机构按照归档要求，负责整理立卷，装订成册，编制会计档案保管清册。当年形成的会计档案，在会计年度终了后，可暂由会计机构保管1年，期满之后，应当由会计机构编制移交清册，移交本单位档案机构统一保管；未设立内部指定档案机构的，应当在会计机构内部指定专人保管。出纳人员不得兼管会计档案。移交本单位档案机构保管的会计档案，原则上应当保持原卷册的封装。个别需要拆封重新整理的，档案机构应当会同会计机构和经办人员共同拆封整理，以分清责任。

（四）保管期满，按规销毁

各类会计凭证，包括原始凭证、记账凭证和汇总凭证，最低保管期限为30年；银行存款余额调节表、银行对账单的最低保管期限为10年。会计档案的保管期限，从会计年度终了后的第一天算起。保管期满但未结清的债权债务原始凭证和涉及其他未了事项的原始凭证，不得销毁，应当单独抽出立卷，保管到未了事项完结时为止。单独抽出立卷的会计档案，应当在会计档案销毁清册和保管清册中列明。正在项目建设期间的建设单位，其保管期满的会计档案不得销毁。其他保管期满的会计档案，可以按照以下程序销毁：

（1）由本单位档案机构会同会计机构提出销毁意见，编制会计档案销毁清册，列明销毁会计档案的名称、卷号、册数、起止年度、档案编号、应保管期限、已保管期限、销毁时间等内容。

（2）单位负责人在会计档案销毁清册上签署意见。

（3）销毁会计档案时，应当由档案机构和会计机构共同派员参加监销。国家机关销毁会计档案时，应当由同级财政部门、审计部门派员参加监销。财政部门销毁会计档案时，应当由同级审计部门派员参加监销。

（4）监销人在销毁会计档案前，应当按照会计档案销毁清册所列内容清点，核对所要销毁的会计档案；销毁后，应当在会计档案销毁清册上签名、盖章，并将监销情况向本单位负责人报告。

（五）会计凭证不得外借

其他单位如果因特殊原因（如配合税务机关、监察机构查账等）需要使用原始凭证，经本单位会计机构负责人、会计主管人员批准,可以复印。向外单位提供的原始凭证复印件,应在专设的登记簿上登记,并由提供人员和收取人员共同签名或盖章。查阅或复印会计档案的人员,严禁在会计档案上涂画、拆封和抽换。

(六) 保存打印的会计档案

采用计算机软件进行会计核算的单位,应当保存打印出的纸质会计档案。具备采用磁带、磁盘、光盘、微缩胶片等介质保存会计档案条件的,由国务院业务主管部门统一规定,并报财政部、国家档案局备案。

本章小结

本章主要阐述了会计凭证的取得、填制和审核的基本原理与方法。会计凭证按其填制的程序和用途,分为原始凭证和记账凭证两类。原始凭证是用来记载和证明有关经济业务实际执行和完成情况、明确经济责任的书面文件。原始凭证按其取得来源不同可分为自制原始凭证和外来原始凭证;原始凭证又可以按其填制方法不同分为一次凭证、累计凭证、汇总原始凭证、记账编制凭证等类型。记账凭证是由会计人员根据已审核的原始凭证编制的,用来确定会计分录,作为登记账簿直接依据的会计凭证。记账凭证分为专用记账凭证和通用记账凭证,其中专用记账凭证又分为收款凭证、付款凭证和转账凭证三种。会计凭证的填制必须符合有关的规定和要求。会计人员必须履行会计的监督职能,对原始凭证和记账凭证进行审核。只有审核无误的会计凭证才能作为登记账簿的依据。各单位还应规定会计凭证从取得或填制时起至归档保管时止,在内部各有关部门和人员之间的传递程序和传递时间。会计凭证作为重要的经济档案,必须按规定妥善保管。

课后思考与练习

一、单项选择题

1. 以下属于外来原始凭证的是( )。
   A. 入库单　　　　　B. 发料汇总表　　C. 银行收账通知单　D. 出库单
2. 严格地讲,填制记账凭证的依据应是( )。
   A. 真实的原始凭证　　　　　　　B. 自制的原始凭证
   C. 外来的原始凭证　　　　　　　D. 审核无误的原始凭证
3. 制造企业的"限额领料单"属于( )。
   A. 外来原始凭证　　　　　　　　B. 自制累计原始凭证
   C. 自制一次原始凭证　　　　　　D. 自制汇总原始凭证
4. 对于将现金送存银行的业务,会计人员应填制的记账凭证是( )。
   A. 银行收款凭证　　　　　　　　B. 现金付款凭证
   C. 银行收款凭证和现金付款凭证　D. 转账凭证
5. 企业销售商品 50 000 元,当即收到转账支票一张,计 30 000 元,其余暂欠,该笔经济业务应编制( )。

A. 一张转账凭证和一张收款凭证　　B. 两张转账凭证
C. 一张银行收款凭证　　D. 一张收款凭证和一张付款凭证

6. 下列业务应编制转账凭证的是(　　)。
   A. 支付购买材料价款　　B. 支付材料运杂费
   C. 收回出售材料款　　D. 车间领用材料

7. 下列科目可能是收款凭证借方科目的是(　　)。
   A. 材料采购　　B. 应收账款　　C. 银行存款　　D. 其他货币资金

8. 填制原始凭证时应做到大小写数字符合规范，填写正确。如大写金额"人民币壹仟零壹元伍角整"，其小写应为(　　)。
   A. 1 001.50元　　B. ¥1 001.50　　C. ¥1 001.5元　　D. ¥1 001.5

9. 企业记账凭证的编制人员是(　　)。
   A. 出纳人员　　B. 会计人员　　C. 经办人员　　D. 主管人员

10. 对记账凭证进行审核时，一般不需要审核的是(　　)。
    A. 记账凭证是否附有原始凭证，原始凭证内容是否与记账凭证内容相符
    B. 记账凭证是否附有原始凭证，原始凭证时间是否与记账凭证时间相符
    C. 根据原始凭证所做会计分录是否正确
    D. 记账凭证中规定的项目是否已填列齐全

11. 企业所编制的会计分录不体现在(　　)上。
    A. 收款凭证　　B. 付款凭证　　C. 转账凭证　　D. 原始凭证

12. 外来原始凭证一般都是(　　)。
    A. 一次凭证　　B. 累计凭证　　C. 汇总原始凭证　　D. 记账凭证

13. 制造费用分配表属于(　　)。
    A. 外来原始凭证　　B. 通用记账凭证
    C. 累计凭证　　D. 记账编制凭证

14. 关于会计凭证的传递与保管，以下说法不正确的是(　　)。
    A. 保证会计凭证在传递过程中的安全、及时、准确和完整
    B. 要建立会计凭证交接的签收手续
    C. 会计凭证记账完毕后，应当按分类和编号装订成册
    D. 原始凭证不得外借，也不得复印

15. 下列说法中，不正确的是(　　)。
    A. 会计凭证是记账、查账的重要依据和经济业务完成情况的书面证明
    B. 会计凭证是编制会计报表的重要依据
    C. 会计凭证是记录经济业务的书面证明
    D. 会计凭证是明确经济责任的书面证明

二、多项选择题

1. 下列属于原始凭证的有(　　)。
   A. 发出材料汇总表　　B. 汇总收款凭证
   C. 购料合同　　D. 限额领料单
   E. 收料单

2. 在下列凭证中，属于汇总原始凭证的有(   )。
   A. 发料汇总表   B. 制造费用分配表
   C. 发货票   D. 现金收入汇总表
   E. 工资结算汇总表
3. 下列属于外来原始凭证的有(   )。
   A. 购入材料的发票   B. 出差住宿费收据
   C. 银行结算凭证   D. 收款凭证
   E. 转账凭证
4. 收款凭证和付款凭证是(   )。
   A. 登记现金、银行存款日记账的依据   B. 编制报表的直接依据
   C. 调整和结转有关账项的依据   D. 成本计算的依据
   E. 出纳人员办理收、付款项的依据
5. 下列各项中，属于记账凭证填制基本要求的是(   )。
   A. 摘要简明   B. 会计分录正确   C. 连续编号   D. 标明附件
6. 如果某笔经济业务需要填制两张同类记账凭证，该凭证顺序号为50，则此两张记账凭证的编号应为(   )号。
   A. 50   B. 51   C. 50 1/2   D. 50 2/2
7. 会计凭证的传递是指从会计凭证的填制或取得开始，经过(   )直到归档保管为止。
   A. 填制   B. 稽核   C. 记账   D. 装订
8. 下列凭证中，各单位不得自行设计和印刷的是(   )。
   A. 银行本票   B. 支票   C. 发票   D. 入库单
   E. 银行汇票
9. 在下列各项中，属于领用材料应填制的原始凭证为(   )。
   A. 入库单   B. 发出材料汇总表
   C. 送货单   D. 领料单
   E. 购货发票
10. 办公室职员李明报销差旅费800元，交回剩余现金200元，对此经济业务应填制的专用记账凭证以下说法正确的有(   )。
    A. 库存现金收款凭证，金额200元   B. 管理费用转账凭证，金额800元
    C. 可以只填制一张转账凭证   D. 必须填制两张专用凭证
    E. 库存现金付款凭证，金额200元

三、判断题

1. 原始凭证不得外借，其他单位如果有特殊原因需要使用原始凭证，经本单位领导批准后，方可外借。   (   )
2. 企业每项交易或事项的发生都必须从外部取得原始凭证。   (   )
3. 为简化核算，可将反映同类交易或者事项的原始凭证汇总编制成一张汇总原始凭证。
                                                                (   )
4. 所有的会计凭证都是登记账簿的直接依据。   (   )
5. 记账凭证的填制日期应是交易或者事项发生或完成的日期。   (   )

6. 一次凭证是指只反映一项经济业务的凭证,如"领料单"。　　　　　(　)

7. 汇总原始凭证是指为简化记账凭证编制工作,将一定时期若干份同类经济业务的记账凭证加以汇总,用以集中反映某项经济业务总括发生情况的会计凭证。　(　)

8. 登记总账的依据只能是科目汇总表。　　　　　　　　　　　　　(　)

9. 各种原始凭证的填制,都应由会计人员填写,非会计人员不能填写,以保证原始凭证填制的正确性。　　　　　　　　　　　　　　　　　　　　　(　)

10. 材料请购单不能作为会计核算的原始凭证。　　　　　　　　　　(　)

四、简答题

1. 什么是会计凭证？填制与审核凭证有什么作用？
2. 什么是原始凭证？原始凭证有哪些类型？
3. 原始凭证的完整性审核要求审核哪些要素？
4. 什么是记账凭证？记账凭证有哪些类型？
5. 记账凭证需要填制哪些内容,每个内容的填制要求是怎样的？
6. 凭证的传递与保管有哪些注意事项？

五、业务题

1. 目标：练习专用记账凭证的确定。

资料：龙盛公司2020年5月份发生以下经济业务：

(1) 从银行提取现金。

(2) 销售商品一批,货款暂未收到。

(3) 购买一批材料,货款已经转账支付。

(4) 车间生产产品领用原材料一批。

(5) 用银行存款支付广告费。

(6) 销售产品一批,货款已经存入银行。

要求：说明上列经济业务应编制哪种专用记账凭证。

2. 目标：练习记账凭证的填制。

资料：龙盛公司为增值税一般纳税人制造业企业,其开户银行为工行,2020年5月份发生以下经济业务：

(1) 5月2日,以银行存款归还东华公司货款1 000元和前欠西华公司货款3 000元。

(2) 5月2日,购入机器设备1台,货款180 000元,增值税款23 400元,价款与税款都以银行存款支付。

(3) 5月5日,从东华公司购入甲材料1 000千克,单价4元,共4 000元,乙材料300千克,单价5元,共1 500元,材料验收入库,两种材料的增值税款715元,全部款项尚未支付。

(4) 5月15日,从银行提取现金20 000元,备发上月工资。

(5) 5月15日,以现金发放上月工资20 000元。

(6) 5月18日,从西华公司购入甲材料2 000千克,单价4元,共8 000元,增值税款1 040元,以银行存款已支付6 000元,余款暂欠,材料已验收入库。

(7) 5月20日,因生产A产品领用甲材料1 500千克,共计6 000元,车间维修设备领用乙材料100千克,共计500元。

（8）5月26日，采购员李伟预支差旅费200元，财务科以现金支付。

（9）5月31日，采购员李伟出差归来，报销差旅费175元，余款以现金退回。

（10）5月31日，将本月各费用账户的余额结转到本年利润账户。各费用账户的余额分别是主营业务成本2 000 000元、其他业务成本100 000元、管理费用200 000元、销售费用300 000元、财务费用20 000元、营业外支出50 000元。

要求：根据以上资料，分别填制收款凭证、付款凭证和转账凭证，有明细信息的业务需列出明细科目。

六、案例分析题

某审计人员在抽查某公司会计凭证时，发现2019年11月15日第302号记账凭证反映的职工差旅费报销业务，记账凭证上的金额是3 512元，所附原始凭证8份，经过加计，实际应予报销的金额是2 513元。

查账人员分析，原因有：

（1）会计人员在汇总编制记账凭证时，误将2 513写成3 512，是2和3颠倒，属于工作疏忽造成的会计差错。

（2）会计人员故意进行的多汇总，以此贪污公款999元。

查账人员采用抽查法、审阅法和核对法，对记账凭证上所注明的制证人员与出纳人员（是同一人）李某所经办业务期间（2019年3月1日至2019年11月30日）的所有会计凭证及有关会计资料进行了查阅、核对与检查，发现账证（记账凭证与原始凭证）不符的有13笔，且都是现金付款业务，记账凭证上的金额大于所附原始凭证所记金额，不符金额合计31 100元。李某有故意以此手法进行贪污之嫌。

后经审计人员调查询问有关人员，审阅、检查有关会计资料，同时对李某采取攻心策略，证实了上述判断。

问题：其行为符合职业道德与会计伦理要求吗？

第八章

会计账簿

★ 学习目标

通过本章的学习，应了解账簿的概念与作用；理解账簿的种类；了解账簿设置的基本原则；熟悉日记账、总分类账、明细分类账的格式与登记方法；掌握账簿登记的基本规则。在此基础上，掌握错账的查找与更正方法及期末对账、结账的内容与方法。

★ 案例导入

"帐""账"的由来

"帐"字本身与会计核算无关，在商代，人们把帐簿叫作"册"；从西周开始又把它更名为"籍"或"籍书"；战国时代有了"籍书"这个称号；西汉时，人们把登记会计事项的"帐册"称为"簿"。据现有史料考察，"帐"字引申到会计方面起源于南北朝。

南北朝时，皇帝和高官显贵都习惯到外地巡游作乐。每次出游前，沿路派人设置帏帐，帐内备有各种生活必需品及装饰品，奢侈豪华，供其享用，此种帏帐称为"供帐"，供帐内所用之物价值均相当昂贵，所费数额巨大，为了维护这些财产的安全，指派专门官吏掌管并实行专门核算。在核算过程中，逐渐把登记这部分财产及供应之费的簿书称为"簿帐"或"帐"，把登记供帐内的经济事项称为"记帐"。

以后"簿帐"或"帐"之称又逐渐扩展到整个会计核算领域，后来的财计官员便把登记日用款目的簿书统称作"簿帐"或"帐"，又写作"账簿"或"账"。

从此，"帐""账"就取代了一切传统的名称，现在又统一改作"账"。

思考：企业如何设置和使用账簿？

第一节 会计账簿的作用与种类

一、会计账簿的概念与作用

（一）会计账簿的概念

会计账簿简称账簿，是由若干张具有一定格式且又相互联系的账页组成的，按照会计科目开设户头,以会计凭证为依据,用来分类、连续、系统、全面地记录和反映经济业务的会计簿籍。账簿不同于账户,账簿的外表形式是簿籍,是由账页组成的,是记录会计信息的载体,是积累和储存经济活动情况的数据库。账户是按规定会计科目在账页中开设的户头,账户记录的是账簿的内容。会计核算工作中的记账,是指在账簿中根据已审核的记账凭证按账户进行登记的工作。

企业在生产经营过程中会发生各种经济业务,每一笔经济业务发生或完成时,都必须取得或填制会计凭证,以便正确及时地反映和监督各项经济业务的发生和完成情况。然而,会计凭证对经济活动的反映比较分散、零星和片面,一张会计凭证一般只反映一项经济业务,一个企业在一定时期会发生大量的经济业务,会计凭证的数量不仅多而且比较分散,无法连续、系统、全面、完整地反映一个企业在某一时期内所发生的某类经济业务的变动情况及其变动结果。为了全面了解一个企业经济活动的全貌,有必要将分散在会计凭证上的会计信息加以归类整理,使会计信息集中化、系统化和条理化,这就需要设置和登记账簿。通过账簿记录将大量分散在会计凭证上的核算资料进行归类整理,为会计报表的编制提供依据。设置和登记账簿是会计核算工作中必不可少的重要环节,每个企业都必须设置账簿。

(二)会计账簿的作用

1. 会计账簿可以全面、系统、连续地反映一个企业经济活动的全貌

通过账簿的设置和登记,可以把分散在会计凭证上的资料加以归类、整理,并将其加工成有用的、系统的、全面的会计信息。

2. 会计账簿记录是编制会计报表的主要依据

会计报表所需要的数据资料,绝大部分来源于会计账簿。会计报表中提供的会计信息是否可靠,编制和报送是否及时,与账簿的设置和登记有着密切的关系,账簿记录为会计报表的及时准确编制提供了依据和保障。

3. 会计账簿是考核企业经营成果、加强经济核算、分析经济活动情况的重要依据

会计循环的起点是会计凭证,终点是会计报表,账簿是介于会计凭证和会计报表的中间环节,账簿提供的核算资料比会计凭证提供的资料更全面、更系统,又比会计报表提供的信息具体、丰富。账簿中积累了企业在一定时期内有关资产、负债、所有者权益、收入、费用、利润的变动情况及其变动结果,利用账簿提供的资料能全面了解企业的财务状况和经营成果,通过与计划、预算等指标的比较,可以考核计划、预算的执行及完成情况,为加强经济管理提供原始数据资料。

4. 会计账簿是检查财产物资是否安全、完整的重要依据

将财产物资的账面结存数与实存数进行比较,可以检查账实是否相符。如果发现不相符,可以追查原因,以保证财产物资的安全、完整。

5. 会计账簿是重要的经济档案

账簿既是汇集、加工会计信息的工具,也是积累、储存经济活动情况的数据库。账簿中积累的档案资料,也是日后会计检查的依据,因此账簿一般需长期保存。相对于会计凭证,账簿更有利于保存,也便于查阅。

二、会计账簿的种类

为了系统地进行会计核算,会计主体通常会使用多种类型的会计账簿。按不同的分类标

准分类，会计账簿可分为不同的类型。常用的分类标准有按用途、按外表形式和按账页格式以及按记账方式分类。

（一）会计账簿按用途分类

会计账簿按用途分类，一般可分为日记账簿、分类账簿、联合账簿和备查账簿。

1. 日记账簿

日记账簿又称序时账簿，是按照经济业务发生时间的先后顺序，逐日逐笔登记的账簿。在实际工作中，时间的先后顺序通常是指会计记账凭证的编号顺序，即日记账簿应按会计部门填制的记账凭证的先后顺序逐日逐笔登记。记账凭证填制的先后顺序往往也体现着企业经济业务发生的先后顺序。

日记账簿按其记录经济业务内容的不同，分为普通日记账和特种日记账。普通日记账又称通用日记账，是根据经济业务发生的先后顺序，逐日逐笔登记全部经济业务的会计账簿。普通日记账产生于记账凭证之前，通常把每天发生的经济业务，按照时间的先后顺序，直接根据原始凭证在普通日记账上逐笔编制会计分录，所以也称分录簿。特种日记账是用来记录单位某些需要特别关注、大量发生的经济业务，并起汇总作用的会计账簿。特种日记账按记录经济业务的内容不同，可分为现金日记账、银行存款日记账、销货日记账、购货日记账、应收账款日记账、应付账款日记账以及转账日记账等。

2. 分类账簿

分类账簿是指全部经济业务按照总分类账户和明细分类账户进行分类登记的账簿。它可以系统归纳、综合并集中反映经济业务的情况，从分类账簿的每个账户里可以得到各个会计要素及其构成内容增减变动的资料，进而为编制会计报表和加强经营管理提供有关资产、负债、所有者权益、收入、费用、利润总括和详细的分类资料。分类账簿按其记载内容繁简程度不同，可分为总分类账和明细分类账。总分类账简称总账，是指按照总分类账户开设，用来反映和监督各种资产、负债、所有者权益、收入、费用和利润等总括核算资料的账簿。明细分类账又称明细账，是指按照明细分类账户开设，用来反映和监督有关资产、负债、所有者权益、收入、费用和利润等明细核算资料的账簿。明细分类账的格式分为三栏式、数量金额式、多栏式和平行式等多种。

3. 联合账簿

联合账簿是指日记账簿和分类账簿结合在一起的账簿，它兼有日记账簿和分类账簿的特点。在经济业务比较简单，总分类账户为数不多的企业，为了简化记账工作，可以在同一账簿中既序时又分类地登记经济业务，如日记总账便是典型的联合账簿。

4. 备查账簿

备查账簿又称辅助登记账簿，是对某些在日记账簿和分类账簿中未能记载或记载不全的事项进行补充登记的账簿。设置和登记这种账簿的目的是为了在正式账簿之外，对某些经济业务的内容提供有用的参考资料或补充信息。备查账簿有固定资产登记簿、委托加工材料登记簿、应收票据登记簿、支票登记簿、代管商品物资登记簿等。备查账簿不是真正的账簿，它不受总账的控制，没有固定的账页格式，与其他账簿之间也没有严密的钩稽关系，各单位可以根据需要灵活设置。

（二）会计账簿按外表形式分类

会计账簿按外表形式可分为订本式账簿、活页式账簿、卡片式账簿和磁性媒介质式账簿。

1. 订本式账簿

订本式账簿又称订本账，是指账簿在启用前就将许多张账页装订成册并连续编号的账簿。这种账簿账页固定，能够避免账页散失和人为抽换账页，保证账页记录的安全性。但由于账页是固定的，就没有随意增减的弹性，因此在使用前必须预先估计每一个账户需要使用的账页，留出足够的空页。如果预留账页过多，会造成不必要的浪费；如果预留账页过少，则会影响账簿记录的连续性。另外，在同一时期，一本账簿只能由一个人登记，不便于分工记账。一般带有统驭和控制作用的账簿及重要的账簿选用订本式账簿，如总分类账簿、现金日记账和银行存款日记账等均选用订本式账簿。

2. 活页式账簿

活页式账簿又称活页账，是指平时使用可拆开的活页账页记录经济业务并将已使用的账页用账夹固定，年末再将本年所登记的账页订成册并连续编号的账簿。这种账簿可以根据记账的实际需要，随时增加账页，便于记账分工，节省账页，而且登记也方便，但容易出现账页散失和人为抽换等问题。因此，在使用时应预先对账页进行连续编号，并由有关人员在账页上加盖印章，年末应将其装订成册，以便保存。活页式账簿一般适用于明细分类账。

3. 卡片式账簿

卡片式账簿又称卡片账，是指用印有记账格式和特定内容的卡片登记经济业务的账簿。这是一种特殊的活页式账簿，卡片不固定在一起，卡片的数量可以随经济业务的多少而增减，使用比较灵活，保管比较方便，有利于详细记录经济具体内容，可跨年度使用，无须经常更换，但容易散失。卡片平时一般应装置在卡片箱内，使用完毕不再登账时，应将卡片穿孔固定保管。卡片式账簿一般适用于所记内容比较固定的明细账，如固定资产明细账等。

4. 磁性媒介质式账簿

磁性媒介质式账簿是存储在计算机中的账簿。这类形式的账簿不具有传统簿籍的形式，在会计电算化企业，账务资料是存放在磁性媒介质（如磁盘）上的。在作为文件打印输出前是看不见、摸不着的，打印输出后，虽然也具有书面形式，但已经不存在完整严密的账簿体系，只是根据需要打印输出会计记录和数据，可以是部分的记录和数据，也可以是全部的记录和数据。

（三）**会计账簿按账页格式分类**

会计账簿按账页格式可分为三栏式账簿、多栏式账簿、数量金额式账簿和平行登记式账簿。

1. 三栏式账簿

三栏式账簿是由设置借方、贷方和余额三个金额栏的账页组成的账簿，适用于只提供价值核算指标的项目，如总账、现金日记账、银行存款日记账、债权债务类明细账等。

2. 多栏式账簿

多栏式账簿是在借方和贷方的某一方或两方下面分设若干栏目，详细反映借、贷方金额组成情况的账簿。多栏式账簿只设金额栏，不设数量栏，适用于核算项目较多，且在管理上要求提供各核算项目详细信息的明细分类账簿，如收入、费用、成本类明细账等。

3. 数量金额式账簿

数量金额式账簿是在借方、贷方和余额每个大栏目下分设数量、单价、金额三个小栏目，从而使账簿记录既提供金额指标又提供数量指标。数量金额式账簿适用于既需要提供价值信息，又需要提供实物数量信息的明细分类账，如存货类的材料明细账和产成品明细账等。

4. 平行登记式账簿

平行登记式账簿是指前后密切相关的经济业务的借方和贷方登记在同一行的账簿，目的是加强对这类业务的监督，如材料采购明细分类账等。

（四）会计账簿按记账方式分类

会计账簿按记账方式不同可分为手工账簿和电子账簿。

1. 手工账簿

手工账簿是传统的记账方式，通过手工记账方式登记形成的账簿称为手工账簿，手工账簿的数据来源于手工填制的凭证，手工账簿的格式一般分为订本式、活页式和卡片式三种。账页格式分别有三栏式、多栏式、数量金额式等。

2. 电子账簿

会计电算化下形成的会计账簿就是电子账簿。电子账簿来源于手工录入计算机中的凭证。电子账簿没有统一的格式，它具有格式多样化、格式动态化、应用实时化、输出多样化的特点。其格式由于各个公司编程软件的不同，编程风格的不同，所设计的账簿格式也是大不相同的，即使是同一个公司的会计账簿，其使用的财务软件由于技术的进步，新旧版本不同，生成的会计账簿的格式也会不一样。电子账簿不再局限于三栏式、多栏式和数量金额式，而具有风格各异的独特格式。

会计账簿的分类如图8-1所示。

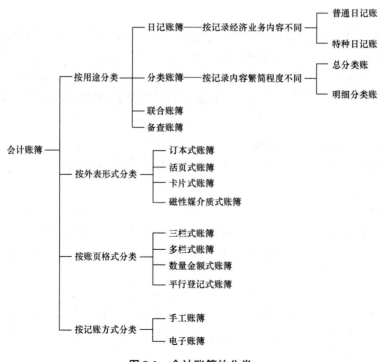

图8-1　会计账簿的分类

第二节 会计账簿的设置和登记

正确设置和登记账簿是记账工作的关键。账簿的设置包括确定账簿的种类，设计账簿的格式、内容和登记方法等事项。为了科学地记录和反映经济活动内容，账簿的设置必须根据各单位业务工作的特点设计，必须保证能够全面系统地核算和监督经济活动情况，有科学严密的结构和简明实用的应用格式，以便科学地使用和保管。登记方法应根据不同账簿有所区别。由于电子账簿没有相对统一的格式，本节以手工账簿为例，说明其设置原则、账簿构成及登记的方法。

一、设置会计账簿的基本原则

设置会计账簿的目的在于为一个会计主体建立一套账簿体系。一个会计主体应设置哪些账簿？选用怎样的账页？账簿应在符合国家统一规定的前提下，根据本企业经济业务的性质、特点及经营管理的需要来确定，同时也要受该企业所选择的会计核算形式的影响。具体地讲，设置账簿应遵循以下原则：

（1）账簿的设置要能确保全面、系统、及时、完整地反映和监督单位经济活动的情况，为经营管理和经济核算提供系统、分类的核算资料，以满足会计信息使用者对会计信息的需求。

（2）账簿的设置既要确保账簿体系科学、严密，同时又要考虑单位规模的大小、业务的繁简、会计工作分工协作及内部控制等因素，使各账簿之间既分工明确又联系密切，在避免重复和遗漏的同时，考虑人力、物力的节约。

（3）账簿的设置应简便实用，便于查账。

二、会计账簿的基本构成及内容

账簿通常由封面、扉页和账页构成。

（一）封面

封面用以标明账簿名称和记账单位名称，如总分类账、现金日记账、存货明细账等。

（二）扉页

扉页主要列明科目索引及账簿使用登记表。无论是订本账还是活页账，在使用之前首先填列账簿使用登记表，登记账簿启用的日期和截止日期、页数、册次、经管账簿人员姓名和签章、会计主管人员签章、账户目录等内容。账簿使用登记表的一般格式如表8-1所示。

表8-1 账簿使用登记表

使用者名称		印鉴
账簿名称		
账簿编号		
账簿页数	本账页共计　　页	
启用日期	年　　月　　日	

续表

责任者		主管	会计	记账	审核
经管人员姓名		经管 年 月 日			
		交出 年 月 日			
		接管 年 月 日			
		交出 年 月 日			

（三）账页

账页是账簿构成的主体。账页的格式虽因记录的经济业务的内容不同而有所不同，但应具备的基本要素是相同的。账页的基本要素包括：

（1）账户名称（总账科目、二级或三级明细科目）。
（2）登记日期栏。
（3）凭证种类和编号栏。
（4）摘要栏，用于记录经济业务内容的简要说明。
（5）金额栏，用于记录账户金额的增减变动及结存情况。
（6）总页次和分户页次。

由于账簿所记录的经济业务不同，其结构和登记方法也有所不同。

三、日记账的设置和登记

日记账分为普通日记账和特种日记账两种。普通日记账是两栏式日记账，是序时地逐笔登记各项经济业务的账簿。它逐笔登记每一分录的借方账户和贷方账户的名称和金额，其格式及内容如表8-2所示。

表8-2　普通日记账

2020年		凭证		摘要	会计科目	借方金额	贷方金额	过账
月	日	字	号					
1	2	银收	1	收到投资款	银行存款	10 000 000		√
					实收资本		10 000 000	√
	8	转	1	收到投入固定资产	固定资产	10 000 000		√
					实收资本		10 000 000	√
	18	银付	1	支付采购材料款项	在途物资	2 000 000		√
					银行存款		2 000 000	√
	22	转	2	材料验收入库	原材料	2 000 000		√
					在途物资		2 000 000	√

特种日记账一般设有现金日记账和银行存款日记账，有的单位还设置转账日记账等。

（一）现金日记账

现金日记账是由出纳人员根据审核无误的现金收、付款凭证，序时逐笔登记的账簿。有的企业则分别设置现金收入日记账和现金支出日记账。

现金日记账的基本结构分为"收入""支出"和"结余"三栏，出纳人员每日在业务终了后对现金收、付款项逐笔登记，并结出余额，与实存现金相核对，其格式如表 8-3 所示。

表 8-3 现金日记账

2020 年		凭证		摘要	对方科目	收入	支出	结余
月	日	字	号					
2	1			期初余额				800
	1	银付	1	从银行提现	银行存款	6 000		6 800
	1	现付	1	购办公用品	管理费用		600	6 200
	2	现付	2	借差旅费	其他应收款		1 500	4 700
	2	现付	3	报销招待费	管理费用		700	4 000
	3	现收	1	零星销售	其他业务收入	900		4 900

现金收入日记账和现金支出日记账一般采用多栏式。现金收入要按对应科目的金额记入有关的"贷方科目"栏，并计算"收入合计"栏；现金支出要按对应科目的金额记入有关"借方科目"栏，并计算"支出合计"栏。每日终了，要将现金支出日记账的支出合计数登入现金收入日记账的"支出合计"栏，并结出余额，填入"余额"栏。现金收入日记账与现金支出日记账的登记如表 8-4、表 8-5 所示。

表 8-4 现金收入日记账

2020 年		凭证		摘要	贷方科目			收入合计	支出合计	余额
月	日	字	号		银行存款	其他应收款	其他业务收入			
2	1			期初余额						800
	1	银付	1	从银行提现	6 000			6 000		6 800
	1			转记					600	6 200
	2			转记					1 500	4 700
	2			转记					700	4 000
	3	现收	1	零星销售			900	900		4 900

表 8-5 现金支出日记账 元

2020 年		凭证		摘要	借方科目			支出合计
月	日	字	号		银行存款	管理费用	其他应收款	
2	1	现付	1	购办公用品		600		600
	2	现付	2	借差旅费			1 500	1 500
	2	现付	3	报销招待费		700		700

表 8-4 中所记 2 月 1 日从银行提现 6 000 元，为了防止重复记账，只填制银行存款付款凭证，不填制现金收款凭证，因而这笔现金收入是根据银行存款付款凭证登记的。

（二）银行存款日记账

银行存款日记账应根据不同开户银行分别设置。通常由出纳人员根据审核无误的各种银行存款收、付款凭证，逐日逐笔进行登记。对于现金存入银行的业务，由于只填现金付款凭证，故应根据现金付款凭证登记。每日逐笔登记完毕，应结出银行存款余额，月底与银行对账单进行核对，以检查各项收支的记载是否正确。银行存款日记账的格式如表 8-6 所示。

表 8-6　银行存款日记账

2020 年		凭证		摘要	对方科目	收入	支出	结余
月	日	字	号					
2	1			期初余额				60 000
	1	银付	1	从银行提现	库存现金		6 000	54 000
	2	银收	1	收到银行贷款	短期借款	1 000 000		1 054 000
	2	银付	2	支付水电费	管理费用		12 000	1 042 000
	2	银付	3	购办公用品	管理费用		1 500	1 040 500
	3	银付	4	支付采购材料款	材料采购		200 000	840 500
	3	银收	2	销售商品	主营业务收入	150 000		990 500

银行存款日记账也可以根据需要分为银行存款收入日记账和银行存款支出日记账，其格式分别与表 8-4、表 8-5 相似。

（三）转账日记账

转账日记账是根据转账凭证登记除现金、银行存款收付业务以外的经济业务的一种序时账簿。设置转账日记账是为了便于集中反映转账业务的发生情况，但一般企业通常不单独设置转账日记账。该账采用两栏式，格式与普通日记账基本相同，如表 8-7 所示。

表 8-7　转账日记账

2020 年		转账凭证号	摘要	借方		贷方	
月	日			一级科目	金额	一级科目	金额
1	8	1	收到投入固定资产	固定资产	10 000 000	实收资本	10 000 000
1	22	2	材料验收入库	原材料	2 000 000	在途物资	2 000 000

四、分类账的设置和登记

分类账是对全部经济业务按照总分类科目和明细分类科目进行分类登记的账簿。按照总分类科目登记的分类账称为总分类账，按照明细科目登记的分类账称为明细分类账。

（一）总分类账的设置和登记

总分类账能全面、总括地反映经济活动情况，并为编制会计报表提供可靠的依据。所以总分类账应按照会计科目的编码顺序设立账户，一般要求采用订本式账簿。

总分类账的格式一般采用"借方""贷方""余额"三栏式账页，可以直接根据记账凭证按经济业务的先后顺序逐笔登记，如表 8-8 所示；也可以按不同的方法汇总后，分次或一次汇总登记，如表 8-9 所示。

表 8-8　总分类账（逐笔登记）

会计科目：原材料　　　　　　　　　　　　　　　　　　　　　　　　　　　　　　第　　页

2020年		凭证		摘要	借方	贷方	借或贷	余额
月	日	字	号					
2	1			期初余额			借	800 000
	1	转	1	材料验收入库	1 000 000		借	1 800 000
	2	转	2	车间领用材料		1 200 000	借	600 000
	2	转	3	材料验收入库	900 000		借	1 500 000
	3	转	4	材料验收入库	500 000		借	2 000 000
	3	转	5	领用材料		1 000 000	借	1 000 000

表 8-9　总分类账（汇总登记）

会计科目：原材料　　　　　　　　　　　　　　　　　　　　　　　　　　　　　　第　　页

2020年		凭证		摘要	借方	贷方	借或贷	余额
月	日	字	号					
2	1			期初余额			借	800 000
	5	汇转	1~10	1—5日汇总	4 500 000	3 200 000	借	2 100 000
	10	汇转	11~22	6—10日汇总	8 000 000	6 200 000	借	3 900 000

（二）明细分类账的设置和登记

明细分类账是按照二级科目或明细科目设立的。各明细分类账根据记账凭证和原始凭证的内容登记入账，可以对企业提供有关经济活动的详细资料，并对总分类账所提供的总括资料做一定的补充。明细分类账的格式一般有三栏式、数量金额式、多栏式和平行式四种。

1. 三栏式明细分类账

三栏式明细分类账的格式与总分类账基本相同，金额栏分为"借方""贷方"和"余额"三栏。反映的经济业务只需用货币作为计量单位，且不需要在账簿上直接分析该类业务的发生和完成情况。例如，用来记录各项所有者权益的实收资本明细账，用来记录各项债权债务结算情况的往来明细账，一般采用此格式。三栏式明细分类账由会计人员根据审核无误的记账凭证或原始凭证，按经济业务发生的时间先后顺序逐笔进行登记，以实收资本明细账为例，三栏式明细账的格式如表 8-10 所示。

表 8-10　实收资本明细账

投资单位：A公司　　　　　　　　　　　　　　　　　　　　　　　　　　　　　　第　　页

2020年		凭证		摘要	借方	贷方	借或贷	余额
月	日	字	号					
1	1		1	月初余额			贷	1 000 000
	8	银收	6	收到追加投资		200 000	贷	1 200 000
	20	转	11	收到投入设备		500 000	贷	1 700 000

2. 数量金额式明细分类账

数量金额式明细分类账的格式是在"收入""发出"和"结存"三栏内分别设置"数

量""单价"和"金额"栏目，分别登记实物的数量和金额，如原材料明细分类账、库存商品明细分类账。数量金额式明细分类账不但要根据有关的记账凭证进行金额登记，还要根据记账凭证所附的原始凭证或汇总原始凭证进行数量等项目的登记。以原材料明细账为例，数量金额式明细分类账的格式如表8-11所示。

表8-11　数量金额式明细分类账

类别：A材料　　　　　　　　　　　　　　　　　储备定额：
品名及规格：　　　　　　　　　　　　　　　　　最高储备量：
存储地点：　　　　　　　　　　　　　　　　　　最低储备量：
计量单位：千克　　　　　　　　　　　　　　　　　　　　　　　　第　　页

2020年		凭证		摘要	收入			发出			结余		
月	日	字	号		数量	单价	金额	数量	单价	金额	数量	单价	金额
2	1		1	月初余额							300	1 000	300 000
	1	转	1	材料入库	1 000	1 000	1 000 000				1 300	1 000	1 300 000
	2	转	2	车间领用				500	1 000	500 000	800	1 000	800 000
	3	转	3	材料入库	600	1 000	600 000				1 400	1 000	14 00 000
	5	转	6	车间领用				700	1 000	700 000	700	1 000	700 000

3. 多栏式明细分类账

多栏式明细分类账的格式是根据管理需要在一张账页内分设若干专栏，以集中反映有关明细项目的核算资料。这类账页适用于只记金额，不记数量，而且在管理上需要了解其构成内容的费用、成本、收入等明细账的登记。

成本、费用明细账一般按借方设专栏，这种明细账称为借方多栏式明细账。例如，生产成本明细账按成本项目设专栏；制造费用明细账、管理费用明细账等按费用项目设专栏。当这些账户出现贷方发生额时，可用红字金额在借方栏中冲转。以制造费用明细账为例，借方多栏式明细账的一般格式如表8-12所示。

表8-12　制造费用明细账

车间：基本生产车间　　　　　　　　　　　　　　　　　　　　　　　　　　　　　　第　　页

2020年		凭证		摘要	借方								余额
月	日	字	号		材料	人工	水电费	办公费	修理费	差旅费	其他	合计	
2	1	现付	1	购办公品				600				600	800
	2	现付	2	报招待费							700	700	1 300
	5	现付	5	报差旅费						1 200		1 200	2 500
	25	银付	8	付水电费			6 000					6 000	8 500
	26	转	7	一般领料	5 000							5 000	13 500
	28	转	9	分配工资		8 200						8 200	21 700
	28			本月合计	5 000	8 200	6 000	600		1 200	700	21 700	21 700
	28	转		转生产成本	5 000	8 200	6 000	600		1 200	700	21 700	0
	28			月末余额	0	0	0	0		0	0		0

收入明细账一般按贷方设多栏,这种明细账称为贷方多栏式明细账。如主营业务收入明细账,按收入的来源设专栏。当这些账户出现借方发生额时,可用红字在贷方栏内冲转。以主营业务收入明细账为例,贷方多栏式明细账的一般格式如表 8-13 所示。

表 8-13　主营业务收入明细账

第　　页

2020 年		凭证		摘要	贷　　方				余额
月	日	字	号		甲产品销售	乙产品销售	其他	合计	
2	1	银收	3	销售甲产品	400 000			400 000	400 000
	3	银收	8	销售甲产品	700 000			700 000	1 100 000
	3	现收	1	零星销售			900	900	1 100 900
	12	银收	8	销售乙产品		20 000		20 000	1 120 900
	23	银付	7	退甲产品	50 000			50 000	1 070 900

4. 平行式明细分类账

平行式明细分类账也称横线登记式明细分类账,其特点是将前后密切相关的经济业务,于核销账项时在同一行内进行登记,以检查每笔业务的完成及变动情况,如"在途物资"账户,当材料购入未入库时,记入"在途物资"账户的借方,材料验收入库后,在"在途物资"账户的同一行内贷记这笔金额,由此可以查明哪几笔材料尚未验收入库,其基本格式如表 8-14 所示。

表 8-14　在途物资明细账

材料类别:B 材料　　　　　　　　　　　　　　　　　　　　　　　　　　　第　　页

2020 年		凭证		摘要	借方			贷方				结余
月	日	字	号		买价	采购费用	合计	月	日	凭证号	金额	
2	1			期初余额								0
	2	银付	1	采购	50 000	5 000	55 000	2	12	转 2	55 000	
	5	银付	5	采购	70 000	5 000	75 000		15	转 5	75 000	
	8	银付	8	采购	80 000	6 000	86 000					
	16	银付	13	采购	63 000	3 200	66 200		26	转 12	66 200	

五、备查账簿的设置和登记

设置备查账簿是对日记账簿和分类账簿的补充,能够为加强经营管理提供必要的补充资料。备查账簿没有固定的格式,可以由各会计主体根据其经营管理的实际需要自行设计,根据有关业务内容进行登记。如对租入固定资产就需要设置备查账簿进行登记反映,其一般格式如表 8-15 所示。

表 8-15　租入固定资产登记账簿

固定资产名称	租约号数	出租单位	租入日期	每月租金	归还日期	备注
车床	2020—1	中华公司	2020.2.2	2 600	2020.7.2	
钻床	2020—2	新华公司	2020.3.1	3 000	2020.6.1	

六、会计账簿的登记规则

(1) 为了保证账簿记录得准确、整洁,应当根据审核无误的会计凭证登记会计账簿。登记时,应将会计凭证日期、编号、业务内容摘要、金额和其他有关资料逐项登记入账,书写的文字和数字上面要留有适当空格,空格一般应占行高的二分之一。发生错误时应按规定的方法进行更正,不得刮、擦、挖、补,不得随意涂改或用褪色药水更改字迹,务求数字准确、摘要清楚、登记及时、字迹工整。

(2) 为使账簿记录清晰有效,登记账簿要用蓝黑墨水或碳素墨水书写,不得使用圆珠笔和铅笔书写。用红色墨水记账只限于下列情况:①按照红字冲账的记账凭证,冲销错误记录;②在不设借、贷等栏的多栏式账页中,登记减少数;③在三栏式账户的余额栏前,如未印明余额方向的,在余额栏内登记负数余额;④统一会计制度规定的其他内容。

(3) 各种账簿按页次顺序连续登记,不得跳行或隔页登记。如果发生跳行、隔页,应将空行、空页划线注销,或者注明"此行空白""此页空白"字样,并由记账人员在更正处盖章。对各种账簿的账页不得任意抽掉或撕毁,以防舞弊。

(4) 账簿登记完毕后,应在记账凭证的"过账"栏内注明账簿的页数或画"√",表示已经登记入账,并在记账凭证上签名或盖章。

(5) 各账户结出余额后,应在"借或贷"栏内写明"借"或"贷"。没有余额的账户,在"借或贷"栏内写"平"字,在"余额"栏内写"0"。

(6) 每一账页登记完毕,应在账页的最末一行加计本页发生额及余额,并在摘要栏内注明"过次页",同时在新账页的首行记入上页加计的发生额和余额,并在摘要栏内注明"承前页"。如果不需要结计累计额的,可以只将每页末的余额结转至次页。

对需要结计本页发生额的账户,结计"过次页"的本页合计数应当为本月初起至本页止的发生额合计数;对需要结计本年累计发生额的账户,结计"过次页"的本页合计数应当为自年初起至本页末止的累计数。

(7) 会计账簿的各种记录应定期与有关账簿、凭证和实物相核对,并定期进行结账。

第三节 总账与明细账的平行登记

总分类账(简称总账)和明细分类账(简称明细账)统称分类账,是按账户对经济业务进行分类核算和监督的账簿。总账是按总分类科目开设的账户,对经济内容进行总括核算,提供总括性指标;明细账是按照明细分类科目开设的账户,对经济内容进行明细分类核算,提供具体而详细的核算资料。

一、总分类账与明细分类账的关系

总分类账和明细分类账既有内在联系,又有区别。

(一) 总分类账户与明细分类账户的内在联系

总分类账户与明细分类账户的内在联系主要表现在以下两个方面:

(1) 二者所反映的经济业务内容相同,如"原材料"总账账户与其所属的"主要材料""辅助材料"等明细账户都是用以反映材料的收发及结存业务的。

（2）登记账簿的原始凭证相同，登记总分类账户与登记其所属明细分类账户依据的原始凭证是相同的。即使登记总账依据的记账凭证同登记明细账依据的记账凭证可能有区别，登记总账依据的记账凭证（科目汇总表或汇总记账凭证）也是根据登记明细账依据的记账凭证汇总而形成的。

（二）总分类账户与明细分类账户的区别

总分类账户与明细分类账户的区别主要表现在以下两个方面：

（1）反映经济内容的详细程度不一样。总账反映资金增减变化的总括情况，提供总括资料；明细账反映资金运动的详细情况，提供某一方面的详细资料。总账只提供价值量信息，明细账除了提供价值量信息，还提供实物数量或劳动量、单价等信息。

（2）作用不同。总账提供的经济指标是明细账资料的综合，对所属明细账起着统驭作用；明细账是对总账的补充，起着详细说明的作用。

二、总分类账与明细分类账的平行登记

为了使总分类账与其所属的明细分类账之间能起到统驭与补充的作用，便于账户核对，并确保核算资料的正确、完整，必须采用平行登记的方法，在总分类账及其所属的明细分类账中进行记录。平行登记是指经济业务发生后，根据会计凭证，一方面要登记有关的总分类账户，另一方面要登记该总分类账所属的各有关明细分类账户。

采用平行登记规则，应注意以下要点：

（一）期间相同

即对于需要提供其详细指标的每一项经济业务，应根据审核无误后的记账凭证，一方面记入有关的总分类账户，另一方面要记入同期总分类账所属的有关各明细分类账户。

这里所指的同期是在同一会计期间，而并非同一时点，因为明细账一般根据记账凭证及其所附的原始凭证于平时登记，而总分类账因会计核算组织程序不同，可能在平时登记，也可能定期登记，但登记总分类和明细分类账必须在同一会计期间内完成。

（二）方向相同

登记总分类账及其所属的明细分类账的方向应当相同，这里所指的方向，是指所体现的信息变动方向，而并一定是相同的记账方向。一般情况下，总分类账及其所属的明细分类账都按借方、贷方和余额设专栏登记，如存货账户和债权、债务结算账户就属于这种情况。但有些明细分类账户按组成项目设多栏记录，采用多栏式明细账格式。这种情况下，对于某项需要冲减有关组成项目额的事项，只能用红字记入其相反的记账方向，而与总分类账中的记账方向不同。如"财务费用"账户按其组成项目设置借方多栏式明细账，发生需冲减利息费用的存款利息收入时，总分类账中记入贷方，而其明细账中则以红字记入"财务费用"账户利息费用项目的借方，以其净发生额来反映利息净支出。这时，在总分类账及其所属的明细分类账中，就不可能按相同的记账方向（指借贷方向）进行登记，而只能以相同的变动方向进行登记。

（三）金额相等

记入总分类账户的金额与记入其所属的各明细分类账户的金额相等，总分类账户提供总

括指标，明细分类账户提供总分类账户所记内容的具体指标，所以，记入总分类账的金额与记入其所属各明细分类账户的金额相等。此处的金额相等包含两层含义：其一，总账账户与所属的明细账户的期初余额、期末余额及本期发生额三个指标都应该相等；其二，总账账户及所属的各明细账户的发生额相等是指各明细账户的金额合计数与总账账户发生额的金额合计数相等，并不是某一个发生额相等，也不一定都是借方发生额之和与贷方发生额之和分别相等。如"财务费用"账户的明细账，采用借方多栏式账户时，在本月既有存款利息收入，也有存款利息支出的情况下，发生的利息收入在"财务费用"总分类账户记入贷方。但在明细账户中以红字金额记入借方，此时总账账户的借方发生额合计与明细账户的借方发生额合计数就不相等。但"财务费用"总账账户的借方发生额之和与贷方发生额之和抵减后与其明细账户的借方发生额合计数相等。

在会计核算工作中，可以利用上述关系检查账簿记录的正确性。检查时，根据总分类与明细分类账之间的数量关系，编制明细分类账的本期发生额和余额明细表，同其相应的总分类账户本期发生额和余额相互核对，以检查总分类账与其所属明细分类账记录的正确性。明细分类账户本期发生额和余额明细表根据不同的业务内容，可以分别采用不同的格式。

现以材料核算为例，对总分类账和明细分类账的平行登记加以说明。

【例8-1】 某企业2020年5月份的"原材料"总账及其明细账（甲、乙材料账的月初余额）如表8-16至表8-18所示。本月发生的原材料相关业务如下：

（1）5月3日收到上月购入甲材料50公斤，每公斤单价100元；乙材料20公斤，每公斤单价150元，材料已验收入库。根据这一经济业务，其会计分录为：

借：原材料——甲材料　　　　　　　　　　　　　　　5 000
　　　　　——乙材料　　　　　　　　　　　　　　　3 000
　　贷：在途物资　　　　　　　　　　　　　　　　　　　　8 000

（2）5月5日生产产品领用甲材料40公斤，每公斤单价99元；乙材料10公斤，单价152元。发出材料的会计分录为：

借：生产成本　　　　　　　　　　　　　　　　　　　5 480
　　贷：原材料——甲材料　　　　　　　　　　　　　　　　3 960
　　　　　　——乙材料　　　　　　　　　　　　　　　　1 520

根据上述资料及会计分录对"原材料"总账及甲、乙材料明细账进行平行登记，如表8-16至表8-18所示。

表8-16 原材料总账

会计科目：原材料　　　　　　　　　　　　　　　　　　　　　　　　　　　第　　页

2020年		凭证		摘要	借方	贷方	借或贷	余额
月	日	字	号					
5	1			期初余额			借	8 545
	3	转	1	材料入库	8 000		借	16 545
	5	转	2	生产领用		5 480	借	11 065
	31			本月合计	8 000	5 480	借	11 065

表 8-17 原材料明细账

类别：甲材料　　　　　　　　　　　　　　　　　　　储备定额：
品名及规格：　　　　　　　　　　　　　　　　　　　最高储备量：
存储地点：　　　　　　　　　　　　　　　　　　　　最低储备量：
计量单位：kg　　　　　　　　　　　　　　　　　　　　　第　页

2020年		凭证		摘要	收入			发出			结余		
月	日	字	号		数量	单价	金额	数量	单价	金额	数量	单价	金额
5	1		1	月初余额							25	97	2 425
	3	转	1	材料入库	50	100	5 000				75	99	7 425
	5	转	2	生产领用				40	99	3 960	35	99	3 465
	31			本月合计	50	100	5 000	40	99	3 960	35	99	3 465

表 8-18 原材料明细账

类别：乙材料　　　　　　　　　　　　　　　　　　　储备定额：
品名及规格：　　　　　　　　　　　　　　　　　　　最高储备量：
存储地点：　　　　　　　　　　　　　　　　　　　　最低储备量：
计量单位：kg　　　　　　　　　　　　　　　　　　　　　第　页

2020年		凭证		摘要	收入			发出			结余		
月	日	字	号		数量	单价	金额	数量	单价	金额	数量	单价	金额
5	1		1	月初余额							40	153	6 120
	3	转	1	材料入库	20	150	3 000				60	152	9 120
	5	转	2	生产领用				10	152	1 520	50	152	7 600
	31			本月合计	20	150	3 000	10	152	1 520	50	152	7 600

从表 8-16 至表 8-18 中可看出，明细账期初余额之和、本期发生额之和以及期末结存额之和与总账相应的指标是相等的，即：

期初余额：2 425 + 6 120 = 8 545（元）

本期购进：5 000 + 3 000 = 8 000（元）

本期发出：3 960 + 1 520 = 5 480（元）

期末结存：3 465 + 7 600 = 11 065（元）

由于总分类账和明细分类账是按平行登记的方法进行登记的，因此对总分类账和明细分类账登记的结果，应当进行相互核对，核对通常是通过编制总分类账户与明细分类账户发生额及余额对照表进行的。对照表的格式和内容如表 8-19 所示。

表 8-19　总分类账户与明细分类账户发生额及余额对照表

账户名称	月初余额		发生额		月末余额	
	借方	贷方	借方	贷方	借方	贷方
甲材料明细账	2 425		5 000	3 960	3 465	
乙材料明细账	6 120		3 000	1 520	7 600	
材料总分类账户	8 545		8 000	5 480	11 065	

以上总账和明细账的这种有机联系，是检查账簿记录是否正确的理论依据。一般在期末都要进行相互核对，以便发现错账并及时加以更正，保证账簿记录准确无误。

第四节　错账的更正方法

在记账过程中可能发生账簿记录错误。对于账簿记录中发生的错误，必须视具体情况的不同，按照规定的方法来进行更正。错账更正的方法一般有划线更正法、补充登记法和红字更正法三种。

一、划线更正法

划线更正法也称为红线更正法，是指用红线划销账簿的错误记录，并在划线上方写出正确记录的一种方法。这种方法适用于期末结账前发现账簿记录有错误，而记账凭证并无错误，只是过账时不慎发生文字或数字记录笔误情况。更正的方法是：先在错误的文字或数字上划一条红色横线，表示注销；然后将正确的文字或数字用蓝字或黑字写在被注销的文字或数字的上方，并由记账人员在更正处盖章，以明确责任。但应注意，对于错误的数字应当全部划销，不能只划销写错的个别数字，并且对划销的数字，不允许全部涂抹，应当使原有字迹仍能辨认，以备日后查考。

【例 8-2】　龙盛公司 2020 年 5 月 4 日以现金支付行政管理部门购买的文具用品 1 357 元，已编制现金付款凭证，借记管理费用 1 357 元，贷记库存现金 1 357 元。假定不考虑增值税，记账员根据记账凭证登记管理费用明细账时，将 1 357 元误记为 1 537 元。

更正的方法是：将管理费用明细账中错误数字"1 537"全部用红线注销，然后用蓝字在其上方写上正确的数字"1 357"，并加盖记账员名章，不能只删改"53"两个数字。

正确的更正方法　　　　　　　　　　错误的更正方法
1 357（盖章）　　　　　　　　　　　35（盖章）
~~1 537~~　　　　　　　　　　　　　1 ~~5~~ ~~3~~ 7

二、补充登记法

补充登记法也称蓝字补记法，是指记账后发现记账凭证中所记金额小于应记金额，而应借、应贷的会计科目以及记账方向并无错误，致使账簿记录错误的情况。更正的方法是：会计科目、借贷方向不变，只将正确数字与错误数字之间的差额，即少记的金额用蓝字填制一张记账凭证，在摘要栏内写明"补记某月某日第 × 号记账凭证少记金额"，并据以登记入账，补充少记的金额。

【例8-3】 龙盛公司2020年5月15日购入机器设备一台,用银行存款支付价款46 000元。(假定不考虑增值税)

(1) 编制"银付8号"记账凭证时,将应记入"固定资产"和"银行存款"科目的46 000元误记为4 600元,并已登记入账。即已经编制记账凭证并据以入账,其分录内容如下:

借:固定资产　　　　　　　　　　　　　　　　　　　　　　　4 600
　　贷:银行存款　　　　　　　　　　　　　　　　　　　　　　4 600

此类错误,科目与方向无误,只是少记金额,更正时应采用补充登记法将少记的41 400 (46 000 - 4 600) 元用蓝字填制一张记账凭证,并据以登记入账。

(2) 补充2020年5月15日"银付8号"记账凭证少记金额时,填制一张新的记账凭证,其分录内容为:

借:固定资产　　　　　　　　　　　　　　　　　　　　　　　41 400
　　贷:银行存款　　　　　　　　　　　　　　　　　　　　　　41 400

然后依据该记账凭证分别登记银行存款、固定资产账户。登记有关账户的更正记录如图8-2所示。

图8-2 补充登记法

三、红字更正法

红字更正法又称红字冲销法,是指用红字冲销原来的错误记录,以更正和调整账簿记录的一种方法。这种方法适用于除了前述两类记账错误以外的别的类型的记账错误,这些错误总的来说又可以划分为以下两种情况:

第一种情况是:记账后,发现记账凭证中的应借、应贷的会计科目有错误;或者会计科目无误,但记账方向发生错误;或者科目与方向都发生错误,从而致使账簿记录错误。更正的方法是:先用红字填制一张与原错误记账会计科目、借贷方向和金额完全相同的记账凭证,在摘要栏注明"冲销某月某日第×号记账凭证",并据以用红字登记入账,以冲销原记账凭证与账簿的错误记录;然后用蓝字填制一张正确的记账凭证,在摘要栏内写明"更(订)正某月某日第×号记账凭证",并据以登记入账。

【例8-4】 龙盛公司2020年5月5日专设销售机构领用5 600元原材料。

(1) 编制"转字6号"记账凭证时将应记入"销售费用"科目5 600元误记为"管理费用"科目5 600元,并已登记入账,即错误的记账凭证的会计分录为:

借:管理费用　　　　　　　　　　　　　　　　　　　　　　　5 600
　　贷:原材料　　　　　　　　　　　　　　　　　　　　　　　5 600

更正时,先用红字金额(以下用"☐"表示红字)填制一张与原错误记账凭证相同的记账凭证，并用红字登记入账。

（2）冲销2020年5月5日"转字6号"记账凭证错误时：

借：管理费用　　　　　　　　　　　　　　　　　　　　　　　5 600
　　贷：原材料　　　　　　　　　　　　　　　　　　　　　　　　　5 600

然后用蓝字填制一张正确的记账凭证，并据以登记入账。

（3）更（订）正2020年5月5日"转字6号"记账凭证时：

借：销售费用　　　　　　　　　　　　　　　　　　　　　　　5 600
　　贷：原材料　　　　　　　　　　　　　　　　　　　　　　　　　5 600

以上有关账户的更正记录如图8-3所示。

图8-3　红字更正法中"冲销与更正"（一）

第二种情况是：记账后，发现记账凭证所记金额大于应记金额，致使账簿记录错误，而应借、应贷的会计科目与记账方向并无错误，这时也应采用红字更正法予以更正。更正的方法是：会计科目与借贷方向不变，只将正确数字与错误数字之间的差额，即多记的金额用红字填制一张记账凭证，在摘要栏内写明"冲销某月某日第×号记账凭证多记金额"，并据以登记入账，以冲销多记的金额。

【例8-5】　龙盛公司2020年5月8日购买材料2 500元，货款尚未支付。（假定忽略增值税）

（1）编制"转字9号"记账凭证时，将应记入"在途物资"和"应付账款"科目的2 500元误记为25 000元，并已登记入账，即错误的记账凭证的会计分录为：

借：在途物资　　　　　　　　　　　　　　　　　　　　　　　25 000
　　贷：应付账款　　　　　　　　　　　　　　　　　　　　　　　　25 000

更正时，应将多记的22 500（25 000 - 2 500）元用红字填制一张记账凭证，并据以登记入账。

（2）冲销2020年5月8日"转字9号"记账凭证多记金额时，记账凭证的会计分录为：

借：在途物资　　　　　　　　　　　　　　　　　　　　　　　22 500
　　贷：应付账款　　　　　　　　　　　　　　　　　　　　　　　　22 500

以上有关账户的更正记录如图8-4所示。

图8-4 红字更正法中"冲销与更正"(二)

第五节 对账与结账

一、对账

对账,简单地说,就是对账簿记录的有关数据加以检查和核对。会计账簿是根据审核无误的会计凭证登记的,一般来讲,不应出现错误。然而有时可能发生凭证编制错误、漏记、重记、误记等情况,或者在过账环节因疏忽发生了误登,导致会计账簿登记的金额或方向、账户与会计凭证的信息不一致,这样势必影响会计账簿记录的正确性。因此在记账以后,结账以前,必须将账簿中所记内容进行核对,以做到账证相符、账账相符、账实相符,从而保证会计信息的可靠性。

对账的内容包括账证核对、账账核对和账实核对,基本要求是确保账证相符、账账相符和账实相符。

(一) 账证核对

账证核对是指将账簿记录与有关的记账凭证或原始凭证(包括汇总原始凭证)进行核对,核对其中账簿记录与原始凭证、记账凭证的时间、凭证字号、内容、金额是否一致,记账方向是否相符,一旦发现账证有不相符的情况,应采用适当的更正方法进行更正。此项工作在平时即应随时开展,以减轻月末核对工作量。如果月末进行账账核对,发现账账出现不相符的情况,还应回过头来进一步进行账证核对。

(二) 账账核对

账账核对是利用账簿与账簿之间的钩稽关系来检查账簿记录是否正确的一种核对方法。账账核对的主要内容包括以下几个方面:

(1) 总分类账各账户本期借方发生额之和与本期贷方发生额之和的核对,总分类账各账户借方期末余额之和与贷方期末余额之和的核对。总分类账各账户本期借方发生额之和与本期贷方发生额之和应相等;总分类账各账户借方期末余额之和与贷方期末余额之和应相等。

(2) 总分类账与所属明细分类账的核对。由于总账与所属明细分类账是进行平行登记的,因此,总账期末余额应与所属明细分类账期末余额之和相等,总账本期借(贷)方发生额应与所属明细分类账借(贷)方发生额之和相等。

(3) 现金(银行存款)日记账本期收入合计数、期末结余数与现金(银行存款)总账借方本期发生额、贷方发生额、期末余额的核对。现金(银行存款)日记账本期收入合计数、支出合计数、期末结余数应与现金(银行存款)总账借方本期发生额、贷方发生额、期末余额相等。

（4）会计部门的财产物资明细账与财产物资保管和使用部门的有关明细账的核对。会计部门的财产物资明细账与财产物资保管和使用部门的有关明细账的期末余额应相等。

（三）账实核对

账实核对是将账簿记录与有关财产物资的实存数量进行定期或不定期的核对，核对的主要内容包括以下几个方面：

（1）将现金日记账余额与库存现金进行核对，一般应每天至少核对一次。

（2）将银行存款日记账余额与银行对账单定期进行核对，每月至少一次。

（3）将应收、应付款明细账账面余额与有关债务、债权单位或者个人核对。

（4）将各种财产物资明细账账面余额与财产物资实存数进行核对。

账实核对，一般要结合财产清查进行。有关财产清查的内容、方法将在第九章专门介绍。

为了便于对账工作的进行，对账前，可先用铅笔结算账户的记录。对账后，如无错误，再用钢笔按要求填写正确。如果对账中出现问题，应及时查清原因，并运用适当的方法进行更正。

二、结账

会计核算的基本前提之一是会计分期。通常会计按年度分期，但为了计算季度、月份的盈亏，提供季度、月份的会计报告，以便详细、具体地反映企业的资产、负债及权益变化情况，及时为经营管理者提供必备的信息资料，会计也需按季度、月份分期。因此，会计在每一个会计期间（如一个月、一个季度、一个年度）期末必须结账。所谓结账，就是结算账户记录，即将一定时期内发生的经济业务登记入账后，结算出账户本期发生额和余额，将余额结转下期或新的账簿的会计行为。

（一）结账前的准备工作

为了及时、正确地结账，结账前必须做好以下准备工作：

（1）检查本期发生的所有经济业务是否已全部填制记账凭证，并已登记入账，如发现漏记，应及时补记。不得把将要发生的经济业务提前入账，也不得把已经在本期发生的经济业务延至以后入账。

（2）检查期末所有转账事项是否已编制转账凭证，并已登记入账。为了确保结账的正确性，在本期发生的各项经济业务全部入账的基础上，按权责发生制原则，应将所有的收入、应摊销和预提的费用进行调整后入账；对于发生的债权、债务，已完工入库的产品成本，财产清查中发现的财产物资的盘盈、盘亏，应及时入账；同时，对各种收入、成本、费用等账户的余额，在有关账户中结转。

（二）结账的内容

结账的内容包括月末结账（月结）、季末结账（季结）、年末结账（年结）。结账在会计期末进行，不能提前或推后结账。

1. 月结

一般来讲，月结时，首先将借贷双方月内发生额合计数用蓝字填到账页中最末一行记录的下一行。同时，在摘要栏内加盖红色"本月合计"或"月计"戳记。然后，用红笔在月计栏的下面划一通栏单红线。

2. 季结

季结的结账方法与月结相同，但在摘要栏内注明"本季合计"字样。

3. 年结

12月31日需要做三个内容的结账，分别是12月份的月结、第4季度的季结以及全年度的年结。年结应在摘要栏内加盖"本年累计"的红色戳记。

（三）结账的方法

结账需要区分不同类型的账户，分别采用不同的结账方法。

1. 总账账户的结账

总账的月结是在每个月记账结束后，在下一行摘要栏填写"本月合计"，将该月的借方发生额与贷方发生额进行合计，并填写余额信息，之后在"本月合计"行的下边线划通栏单红线；季结在每个季度的最后一个月的"本月合计"行下一行摘要栏填写"本季合计"，金额栏填写该季度的合计数，并填写余额信息，然后在"本季合计"行的下边线划通栏单红线；年结在第4季度的"本季合计"行下一行摘要栏填写"本年累计"，金额栏填写该年度的合计数，并填写余额信息。在"本年累计"栏下面划通栏双红线。在"本年累计"的下边一行，将本年年末余额以反方向填入有关借贷方栏内，并在摘要栏内加盖"结转下年"戳记，在借或贷栏填列"平"或"0"，表示借贷双方平衡和年度记账工作结束。在下一会计年度新建有关会计账簿的第一行金额栏内填写上年结转的余额，并在摘要栏内注明"上年结转"字样。总账账户（原材料总分类账）的结账方法如表8-20所示。

表8-20 原材料总分类账　　　　　　　　　　　　　　元

2020年		凭证		摘要	发生额		借或贷	余额
月	日	字	号		借方	贷方		
1	1			上年结转			借	30 000
1	2	略	略	入库	20 000		借	50 000
1	12	此处通栏划单红线		发出		24 000	借	26 000
	…			…	…	…		…
1	31			本月合计	48 000	34 000	借	44 000
2	1			入库	5 000		借	49 000
2	5			发出		5 000	借	44 000
2	10			发出		29 000	借	15 000
	…			…	…	…		…
2	28	此处通栏划单红线		本月合计	29 000	52 000	借	21 000
⋮	⋮			⋮	⋮	⋮		⋮
12	…	此处通栏划单红线		…	…	…		…
12	31			本月合计	53 000	64 000	借	28 000
12	31			本季合计	170 000	190 000	借	28 000
12	31			本年累计	763 000	765 000	借	28 000
		此处通栏划双红线		结转下年				

2. 明细账与日记账账户的结账

（1）不需按月结计本期发生额的账户（如往来明细账等）。每次记账以后，都要随时结出余额，每月最后一笔余额即为月末余额。月末结账时，只需要在最后一笔经济业务事项记录下划通栏单红线，与下期的记录分开来，不需要进行本月合计。以应收账款为例，其月末结账方法如表 8-21 所示。

表 8-21　应收账款明细分类账

明细科目：A 公司

2020 年		凭证		摘要	发生额		借或贷	余额
月	日	字	号		借方	贷方		
1	1			上年结转			借	200 000
1	9	略	略	销售甲商品	300 000		借	500 000
1	12			收回前欠款		270 000	借	230 000
1	29			销售乙商品	600 000		借	830 000
2	1			期初余额			借	830 000
2	6			（此处通栏划单红线） …	…	…	借	…

（2）需要进行本月合计的账户（如存货类、成本类、应交增值税等明细账户）。这类账户的结账方法与总账账户类似，参见表 8-20。

（3）需要结计本年累计发生额的明细账户（如损益类明细账、货币资金日记账等）。这类账户结账时，应在"本月合计"行下结出自年初起至本月月末止的累计发生额，登记在月份发生额下面，在摘要栏内注明"本年累计"，并在下面划通栏单红线。12 月末的"本年累计"就是全年累计发生额，下面划通栏双红线。以银行存款日记账为例，其月末结账方法如表 8-22 所示。

表 8-22　银行存款日记账

2020 年		凭证		摘要	发生额		借或贷	余额
月	日	字	号		借方	贷方		
1	1			上年结转			借	50 000
1	7			…	…			…
1		略	略	…		…	借	10 000
2	1			期初余额			借	10 000
2	6			销售甲商品	150 000		借	160 000
2	15			偿还工行贷款		100 000	借	60 000
2	26			销售乙商品	90 000		借	150 000
2	29			本月合计	240 000	100 000	借	150 000
2	29			本年累计	…	…	借	…
3	1			期初余额			借	…

第六节　会计账簿的更换与保管

一、会计账簿的更换

会计账簿的更换是指在会计年度终了时，将上年度的账簿更换为次年度的新账簿。在每一会计年度结束、新会计年度开始时，应按会计制度的规定，更换一次总账、日记账和大部分明细账。一小部分明细账还可以继续使用，如固定资产明细账、财产物资明细账和债权债务明细账可以跨年度使用，不必每年更换一次。备查账也可以跨年度连续使用。

更换账簿时，应将上年度各账户的余额直接记入新年度相应的账簿中，并在旧账簿中各账户年终余额的摘要栏内加盖"结转下年"戳记。同时，在新账簿中相关账户的第一行摘要栏内加盖"上年结转"戳记，并在余额栏内记入上年余额。

二、会计账簿的保管

会计账簿是会计工作的重要历史资料，也是重要的经济档案。在经营管理中具有重要的作用。因此，每一个企业、单位都应按照国家有关规定，加强对会计账簿的管理，做好账簿的管理工作。

账簿的保管，应该明确责任，保证账簿的安全和会计资料的完整，防止交接手续不清和可能发生的舞弊行为。在账簿交接保管时，应将该账簿的页数、记账人员姓名、启用日期、交接日期等列表附在账簿的扉页上，并由有关人员签字盖章。账簿要定期（一般为年终）收集，审查核对，整理立卷，装订成册，专人保管，严防丢失和损坏。

账簿应按照规定期限保管。各账簿的保管期限分别为：日记账、总账、明细账的保管期限为30年，固定资产卡片在固定资产报废清理后应继续保存5年，其他辅助性账簿也应该保存30年。保管期满后，要按照会计档案管理办法的规定，由财会部门和档案部门共同鉴定，经报批准后进行处理。

合并、撤销单位的会计账簿，要根据不同情况，分别移交给并入单位、上级主管部门或主管部门指定的其他单位接收保管，并由交接双方在移交清册上签名盖章。

账簿日常应由各自分管的记账人员专门保管，未经领导和会计负责人或有关人员批准，不许非经管人员翻阅、查看、摘抄和复制会计账簿，除非特殊需要或司法介入要求，一般不允许携带外出。

新会计年度对更换下来的旧账簿应进行整理、分类，对有些缺少手续的账簿，应补办必要的手续，然后装订成册，并编制目录，办理移交手续，按期归档保管。

对会计账簿的保管既是会计人员应尽的职责，又是会计工作的重要组成部分。

本章小结

本章主要讲述了会计账簿的分类、格式和登记方法、启用和登记规则，以及对账、结账和错账更正的方法。会计账簿是会计信息的重要载体，是编制会计报表的重要依据。登记账簿是会计核算的一项基本工作。会计账簿可分别按用途、外表形式和账页格式进行分类。会计账簿按用途可分为日记账簿、分类账簿、联合账簿和备查账簿；按外表形式可分为订本式账簿、活页式账簿、卡片式账簿和磁性媒介质式账簿；按账页格式可分为三栏式账簿、多栏式账簿、数量金额式账簿和平行登记式账簿。按记账方式可分为手工账簿和电子账簿。总账与明细账应按照"期间相同、方向相同、金额相等"的平行登记规则进行登记。各类账簿的登记应遵循一定的记账规则。在记账过程中如果发生了错误，应分别采用划线更正法、补充登记法和红字更正法进行更正。期末，还应该进行对账及结账，为编制会计报表做好准备。通过本章的学习，学习者可以在会计实务中完成设置和登记各种账簿的工作，并能采取正确的方法进行错账更正以及规范地做好结账工作。

课后思考与练习

一、单项选择题

1. 下列关于账簿的表述中，不正确的是(　　)。
   A. 账簿是按照会计科目开设户头，以会计凭证为依据，用来分类、连续、系统、全面地记录和反映经济业务的会计簿籍
   B. 账簿可以全面、系统、连续地反映一个企业经济活动的全貌
   C. 账簿是考核企业经营成果，加强经济核算，分析经济活动情况的重要依据
   D. 账簿是用来序时、连续、系统地记录各项经济业务，反映各项会计要素具体内容增减变动情况及结果的方法

2. 总分类账的外表形式适用于采用(　　)。
   A. 订本式　　　B. 活页式　　　C. 多栏式　　　D. 数量金额式

3. 现金和银行存款日记账的最大特点是(　　)。
   A. 按现金和银行存款设置账户
   B. 可以提供现金和银行存款的每日发生额
   C. 随时逐笔顺序登记现金和银行存款的发生额并逐日结出余额
   D. 主要提供现金和银行存款的每日余额

4. 应收账款总分类账应采用的格式是(　　)。
   A. 多栏式　　　B. 三栏式　　　C. 数量金额式　　　D. 横线登记式

5. 用于分类记录会计主体的全部交易或事项，提供总括核算资料的账簿是(　　)。
   A. 总分类账簿　　B. 明细分类账簿　　C. 日记账簿　　D. 备查账簿

6. 下列日记账或明细账账户中，应采用数量金额式的是(　　)。
   A. 银行存款　　　B. 应收账款　　　C. 原材料　　　D. 实收资本

7. 下列账簿中，需要开设日记账的是(　　)。
   A. 应收票据　　　B. 银行存款　　　C. 短期借款　　　D. 应付职工薪酬

8. 下列各项业务中，应设置备查账簿进行登记的是(　　)。
   A. 应收账款　　　　　　　　B. 经营性租入的固定资产
   C. 无形资产　　　　　　　　D. 资本公积

9. 现金日记账和银行存款日记账，每一账页登记完毕结转下页时，结计"过次页"的本页合计数应当为(　　)的发生额合计数。

A. 本页　　　　　　　　　　　　B. 自本月初至本页末止
　　C. 本月　　　　　　　　　　　　D. 自本年初起至本页末止
10. 记账凭证上记账栏中的"√"记号表示(　　)。
　　A. 已经登记入账　B. 不许登记入账　C. 此凭证作废　　D. 此凭证编制正确
11. 下列日记账或明细账账户中，应采用多栏式格式的是(　　)。
　　A. 库存现金　　　B. 固定资产　　　C. 原材料　　　　D. 生产成本
12. 在记账后，如果发现记账凭证中应借应贷科目发生错误，或者科目正确但所记金额大于应记金额，应采用(　　)更正。
　　A. 划线更正法　　B. 补充登记法　　C. 红字更正法　　D. 蓝字更正法
13. 能够避免账页散失和防止抽换账页的账簿是(　　)。
　　A. 三栏式账簿　　B. 活页式账簿　　C. 卡片式账簿　　D. 订本式账簿
14. 为了保证账簿记录的正确性和完整性，必须进行的工作是(　　)。
　　A. 过账　　　　　B. 对账　　　　　C. 结账　　　　　D. 转账
15. 可以作为编制会计报表直接依据的账簿是(　　)。
　　A. 序时账簿　　　B. 备查账簿　　　C. 分类账簿　　　D. 特种日记账

二、多项选择题

1. 企业到银行提取现金500元，此项业务应登记(　　)。
　　A. 库存现金日记账　　　　　　　B. 银行存款日记账
　　C. 总分类账　　　　　　　　　　D. 明细分类账
2. 可以作为库存现金日记账依据的有(　　)。
　　A. 现金收款凭证　　　　　　　　B. 现金付款凭证
　　C. 银行存款收款凭证　　　　　　D. 银行存款付款凭证
3. 红字更正法的方法要点是(　　)。
　　A. 用红字金额填写一张科目与方向同错误记账凭证相同的记账凭证并用红字记账
　　B. 用红字金额填写一张与错误原始凭证相同的记账凭证并用红字记账
　　C. 用蓝字金额填写一张与错误原始凭证完全相同的记账凭证并用蓝字记账
　　D. 再用红字重新填写一张正确的记账凭证，并登记入账
　　E. 再用蓝字重新填写一张正确的记账凭证，并登记入账
4. 登记账簿的要求有(　　)。
　　A. 账簿书写的文字和数字上面要留适当空距，一般应占行距的二分之一
　　B. 登记账簿要用圆珠笔、蓝黑或黑色墨水书写
　　C. 不得用铅笔登记账簿
　　D. 各种账簿按页面顺序连续登记，不得跳行、隔页
　　E. 登账后要在记账凭证上签名或盖章，并注明已登账的符号，表示已记账
5. 采用划线更正法，其要点是(　　)。
　　A. 在错误的文字和数字（单个数字）上划一条红线注销
　　B. 在错误的文字和数字（整个数字）上划一条红线注销
　　C. 在错误的文字和数字上划一条蓝线将其注销
　　D. 将正确的文字或数字用蓝字写在原错误文字或数字的上方

E. 更正人在划线处盖章

6. 在会计工作中红色墨水可应用于(　　)。
   A. 记账　　　　B. 结账　　　　C. 对账　　　　D. 冲账
7. 下列账簿中,适于采用活页式账簿的有(　　)。
   A. 管理费用明细账　　　　　　B. 现金日记账
   C. 固定资产明细账　　　　　　D. 材料明细账
8. 账簿按用途不同可分为(　　)。
   A. 序时账簿　　B. 分类账簿　　C. 联合账簿　　D. 备查账簿
   E. 活页式账簿
9. 年度结束后,对于账簿的保管应该做到(　　)。
   A. 装订成册　　B. 加上封面　　C. 统一编号　　D. 当即销毁
   E. 归档保管
10. 下列属于账实核对的内容是(　　)。
    A. 现金日记账账面余额与现金实际库存数核对
    B. 固定资产明细账账面余额与固定资产实物核对
    C. 库存商品明细账账面结存数与库存商品实存数核对
    D. 原材料总账账面余额结存数与原材料明细账账面余额核对

三、判断题

1. 在整个账簿体系中,日记账和分类账是主要账簿,备查账簿为辅助账簿。(　　)
2. 总分类账、现金及银行存款日记账一般都采用活页式账簿。(　　)
3. 总分类账可采用三栏式账页,而明细账则应根据其经济业务的特点采用不同格式的账页。(　　)
4. 明细分类账简称明细账,它根据二级科目或明细账科目开设,用以分类、连续记录和反映有关资产、负债、所有者权益和收入、费用、利润等各会计要素的总体情况,为编制会计报表提供所需的总体资料。(　　)
5. 现金和银行存款日记账一般采用订本式。(　　)
6. 总分类账户与其所属的明细分类账户所反映的经济内容是不相同的。(　　)
7. "应付账款"明细账应采用多栏式账页格式。(　　)
8. 对现金业务而言,目前我国企业设库存现金日记账和现金总分类账。同时还应设现金明细分类账。(　　)
9. 分类账簿是对企业全部业务按收款业务、付款业务和转账业务进行分类登记的账簿。(　　)
10. 订本式账簿是指在记完账后,把记过账的账页装订成册的账簿。(　　)

四、简答题

1. 什么是会计账簿?会计账簿有什么作用?
2. 会计账簿按用途分类有哪些类型?
3. 会计账簿按外表形态分类有哪些类型?
4. 会计账簿的账页格式有哪些类型?
5. 登记账簿有哪些规则?

6. 错账更正的方法有哪些？应怎样进行错账更正？

7. 对账的内容有哪些？

8. 什么是结账？不同类型的账户在结账时有什么区别？

五、业务题

1. 目的：练习总分类账与明细分类账的平行登记。

资料：龙盛公司为一般纳税人制造业企业，适用的增值税税率为13%。

龙盛公司"原材料"账户2020年6月1日余额为36 500元，其中：甲材料650千克，单价20元；乙材料2 350千克，单价10元。本月发生下列原材料收发业务：

（1）购入甲材料480千克，单价20元；乙材料1 000千克，单价10元。增值税额2 548元，材料已经验收，货款已付。

（2）仓库发出材料，各类用途为：生产产品领用甲材料360千克，乙材料1 500千克，车间一般耗用领用甲材料200千克，行政管理部门领用乙材料500千克。

要求：

（1）编制本月业务的会计分录。

（2）开设并登记原材料总账（"丁"字账户）和明细分类账户。

（3）编制总分类账户与明细分类账户发生额及余额对照表。

2. 目的：练习错账更正。

资料：龙盛公司2020年6月查账时发现下列错账（假设不考虑增值税）：

（1）向银行取现金3 500元，过账后，发现记账凭证没错，账簿错将金额记为5 300元。

（2）接受某企业投资固定资产，评估确认价值70 000元。查账时发现凭证与账簿均记为"借：固定资产70 000；贷：资本公积70 000"。

（3）用银行存款500元购入5个计算器，查账时发现凭证与账簿均记为"借：固定资产500；贷：银行存款500"。

（4）用银行存款2 400元预付下半年财产保险费，查账时发现凭证与账簿均将"预付账款"账户错记为"预收账款"账户。

（5）以银行存款偿还短期借款4 000元，查账时发现凭证与账簿中科目与方向没有记错，但金额均记为40 000元。

（6）以一张商业承兑汇票抵付应付账款，查账时发现科目没错，但凭证与账簿均多记54 000元。

（7）将一部分盈余公积金按规定程序转为实收资本，查账时发现凭证与账簿均将金额少记72 000元。

要求：按正确的方法更正以上错账。

六、案例分析题

张三应聘成为一家外企的会计，发现这家公司有几个与其他公司不一样的地方：一是公司的所有账簿都使用活页账，理由是这样便于改错；二是在记账时发生了错误允许使用涂改液，但是强调必须由责任人签字；三是经理要求张三在登记总账的同时也要负责出纳工作。经过不到3个月的试用期，尽管这家公司的报酬高出其他类似公司，张三还是决定辞职。

问题：

（1）该公司的做法有无不妥之处？

（2）他为什么会辞职？你如果处在他的位置，会辞职吗？

第九章

会计报表编制前的准备工作

★ 学习目标

通过本章的学习,应了解编制报表前准备工作的具体内容;理解期末账项调整的内容及账务处理;了解财产清查的种类和方法;理解存货的两种盘存制度;掌握存货发出的三种计价方法;学会银行存款余额调节表的编制;掌握财产清查结果的基本账务处理。

★ 案例导入

华美公司在 2019 年 12 月 31 日将公司的银行存款日记账与银行对账单进行核对,发现银行对账单显示的企业存款金额与出纳掌管的银行存款日记账的余额并不一致,为此华美公司编制了银行存款余额调节表,发现了 8 笔未达账项,经过编制银行存款余额表进行调整后余额一致。于是财务部根据银行对账单进行了补充记账,把银行已入账、企业未入账的事项都补充入账。

思考:财务部的处理是否正确?为什么?

第一节 编制报表前准备工作的意义和内容

财务报表是会计核算工作的结果,是反映会计主体财务状况、经营成果和财务状况变动情况的书面文件,也是会计部门提供会计信息的重要手段。因此,财务报表必须做到数字真实、计算准确、内容完整、编报及时。为了保证财务报表的编制满足上述要求,就需要做好编制报表前的准备工作。

一、编制报表前准备工作的意义

(1)要以权责发生制核算基础为标准,对账簿记录中的有关收入、费用等账项进行必要的调整,以便正确地反映本期收入和费用,正确计算本期的损益。

(2)以便及时编制报表,以保证会计信息使用者能及时了解和掌握企业的财务状况和经营成果。

（3）以便掌握各项财产物资、债权债务的真实情况，保证报表资料的准确可靠。

二、编制报表前准备工作的内容

为了保证会计报表所提供的信息能够满足报表使用者的要求，编制报表前应做好下列准备工作：

（一）期末账项调整

按照权责发生制核算基础，正确地划分各个会计期间的收入、费用，为正确地计算结转本期经营成果提供有用的资料。

（二）全面清查资产、核实债务

清查资产、核实债务包括：结算款项是否存在，是否与债务债权单位的债权债务金额一致；各项存货的实存数与账面数是否一致，是否有报废损失和积压物资等；各项投资是否存在，是否按照国家统一会计制度进行确认、计量；各项固定资产的实存数与账面数是否一致，以及需要清查、核实的其他内容。

（三）对账

通过对账保证账证、账账、账实相符。

（四）结账

通过结账，计算并结转各账户的本期发生额和余额。

对账与结账的方法在第八章《会计账簿》已经做了介绍，本章重点介绍期末账项调整与财产清查的方法。

第二节 期末账项调整

一、期末账项调整概述

期末账项调整指期末结账前，按照权责发生制核算基础，确定本期应得的收入和应负担的费用，并据以对账簿记录的有关账项做出必要调整的账务处理过程。

账项调整的目的是正确地分期计算损益，即正确地划分相邻会计期间的收入和费用，使应属报告期的收入和成本费用相配比，以便正确地计算各期的损益和考核各会计期间的财务成果。

持续经营和会计分期是会计核算的两个前提条件（会计假设）。基于这两个前提条件，会计核算要求遵循配比原则和权责发生制核算基础。即将某一会计期间的费用与其有关的收入相互配合比较，以便正确计算该期的损益。在日常账务处理时，有许多跨期发生的业务，例如赊销、赊购、预收款销售、预付款采购、租金的收付、财产保险费的发生、贷款利息的计算、工资的计算与发放、税款的计算与缴纳、固定资产折旧费的确认、无形资产摊销费的确认、长期投资业务引起的投资收益的确认等，因为实际收付款项的期间与应确认收入与费用的期间不一致，需要按照权责发生制的要求，将应属本期的收入、费用调整入账，才能正确确认本期的收入、费用，并正确地确定本期的损益。

二、期末账项调整的内容

将跨期业务进行分类,可以划分出五种不同的类型:其一,应计费用,即应在本期确认费用,但尚未付款的事项(先确认费用后付款);其二,应计收入,即应在本期确认收入,但尚未收款的事项(先确认收入后收款);其三,递延费用,即前期已经付款,应在本期确认费用的事项(先付款后确认费用);其四,递延收入,即前期已经收款,应在本期确认收入的事项(先收款后确认收入);其五,其他期末调整账项,指不便归属于前述四类调整事项的其他期末账项调整的事项。这五类期末账项调整事项中,前两类可统称为应计账项,第三、四类可统称为递延账项。此外,将收入与费用账户的发生额结转到本年利润账户以计算当期损益,也是在期末需要进行的账务处理,可以看成是一类特殊的期末账项调整事项。

(一)应计账项的调整

1. 应计费用的账项调整

应计费用表现为企业在本期已经享受了某些利益,从而形成了偿付的责任,但因尚未到约定付款期而尚未付款的事项。应付费用的内容主要有应付租金、应付利息、应交税金和应付工资及福利费等。按权责发生制的要求,凡属于本期的费用,不论其款项是否支付,都应作为本期费用处理,因此应对应计费用的经济事项进行账项调整。编制调整分录时,一方面确认当期应负担的费用,另一方面要确认相应的负债。

【例 9-1】 广大公司 2020 年 1 月 1 日向银行借入为期半年的借款 1 000 000 元,年利率 4.35%,到期一次还本付息。

根据上述业务,在 2020 年 1 月 31 日,该公司实际上形成了应付未付利息 3 625 元 (1 000 000×4.35%×1/12),应编制调整分录:

借:财务费用   3 625
    贷:应付利息   3 625

当年 1 月至 6 月末该公司都应确认应由当月负担而尚未支付的利息费用 3 625 元,会计分录同上,7 月 1 日到期实际支付利息时,应编制会计分录:

借:应付利息   21 750
    贷:银行存款   21 750

2. 应计收入的调整

应计收入的发生是因为企业在当期向客户销售了商品或提供了劳务(或者进行了对外投资),有权利向客户收款(或向投资者收取利息),但款项在当期并未实际收到,与客户约定将在后期收取的事项。应计收入的主要内容有应收的租金收入、应收的银行存款利息收入、因赊销而当期未收到的货款或劳务款项、购买债券尚未收到的利息收入等。按权责发生制的要求,凡属于本期的收入,不论其款项是否收到,都应作为本期收入处理。因此应对应计收入经济事项进行账项调整。编制调整分录时,一方面要确认当期的收入,另一方面要确认相应的债权。

【例 9-2】 广大公司 2020 年 2 月 1 日出租包装物,约定租期 10 个月,每月应收租金 2 000 元,租金在租赁期满后一次性收取,增值税税率 13%。

根据上述业务,在 2020 年 2 月 29 日,广大公司应依据权责发生制确认属于 2 月份而尚未收取的租金收入 2 000 元，应编制如下调整分录：

  借：其他应收款   2 260
    贷：其他业务收入   2 000
      应交税费——应交增值税（销项税额）   260

（二）递延账项的调整

1. 递延费用的调整

递延费用是指企业前期已经实际支付了款项，但付款当期并未受益，而是在后期才受益，按权责归属在付款当期并不该确认费用，应递延到实际受益期再确认费用的事项。递延费用的主要内容有预付租金、预付财产保险费、预付报刊订阅费等预付款业务。按权责发生制的要求，前期实际支付款项时应确认"预付账款"（受益期等于或小于 12 个月）或"长期待摊费用"（受益期大于 12 个月）的增加，在受益期对递延费用事项编制调整分录时，一方面要确认当期的费用，另一方面要确认"预付账款"或"长期待摊费用"的减少。

【例 9-3】 2020 年 6 月 1 日广大公司与某企业签订租房协议，当天起至三年后的 5 月 31 日租用某企业的房产做办公楼用，每月租金 100 000 元，租期 3 年，全部租金于协议生效时一次性付清。

根据上述业务，广大公司在 2020 年 6 月 1 日付款时并未使用该办公楼，没有受益，不应确认费用。应编制会计分录：

  借：长期待摊费用   3 600 000
    贷：银行存款   3 600 000

2020 年 6 月 30 日该公司已经使用该办公楼 1 个月，已经受益。将确认应由本月负担的租金费用，应编制调整分录：

  借：管理费用   100 000
    贷：长期待摊费用   100 000

从 2020 年 6 月至租赁期满，广大公司每月末都应编制同上述 6 月 30 日的会计分录相同的调整分录。

2. 递延收入的账项调整

递延收入是指企业前期已经实际收取了款项，但收款当期对方并未受益，而是在后期才受益，因此在收款当期并没有权利收款。按权责归属在收款当期不应确认收入，应递延到后期对方实际受益期间再确认收入的事项。这类事项主要有预收款销售商品、预收款提供劳务、预收租金等预收款事项。企业在实际收取货款时，不应确认收入，而应确认"预收账款"。在对方受益期对递延收入事项编制调整分录时，一方面要确认当期的收入，另一方面要确认"预收账款"的减少。

【例 9-4】 广大公司与红星公司签订了一份货物买卖合同。合同规定：广大公司销售一批货款总额 500 000 元的 A 产品给红星公司，并于 2020 年 2 月 25 日预收货款总额的 50% 作为定金，广大公司收款后应于 2020 年 3 月 25 日发货，对方收货并验收后于 2020 年 4 月 5 日支付余款，增值税税率 13%。假如买卖双方都依法履行了合同，则根据上述情况，广大公司应编制会计分录如下：

2020 年 2 月 25 日收到对方企业预付款时：

  借：银行存款   250 000

　　　　贷：预收账款　　　　　　　　　　　　　　　　　　　　　　　250 000
2020年3月25日发货并办理结算手续时：
　　借：预收账款　　　　　　　　　　　　　　　　　　　　　　　　585 000
　　　　贷：主营业务收入　　　　　　　　　　　　　　　　　　　　500 000
　　　　　　应交税费——应交增值税（销项税额）　　　　　　　　　 85 000
2020年4月5日收到余款时：
　　借：银行存款　　　　　　　　　　　　　　　　　　　　　　　　335 000
　　　　贷：预收账款　　　　　　　　　　　　　　　　　　　　　　335 000

（三）其他账项的调整

除上述调整事项外，还有其他一些账项在期末也需要调整，如固定资产的折旧、无形资产的摊销、税金的计算、工资的计算等。折旧是固定资产因损耗而转移的价值，无形资产的价值量也会在一定的时期内逐步被消耗掉。购买固定资产同无形资产的支出是一项资本性支出，其本质上也可以看成是一项支付在先、受益在后的长期性预付费用。折旧费同摊销费实际上也可以看成是长期预付费用的分期摊转。各期营业收入的取得同当期固定资产以及无形资产价值量的耗用存在关联性，应相互配比。此外，企业的税金及职工薪酬一般是在本期计算，后期缴纳。为了正确计算本期损益，需要把凡属于本期费用而尚未支付的税金及职工薪酬，通过期末账项调整全部登记入账，使本期费用能与本期收入进行配比。

【例9-5】 广大公司2020年1月份需要计提固定资产折旧50 000元，其中生产部门固定资产折旧30 000元，企业管理部门固定资产折旧20 000元。

月末应编制的会计分录如下：
　　借：制造费用　　　　　　　　　　　　　　　　　　　　　　　　 30 000
　　　　管理费用　　　　　　　　　　　　　　　　　　　　　　　　 20 000
　　　　贷：累计折旧　　　　　　　　　　　　　　　　　　　　　　 50 000

【例9-6】 广大公司2020年3月经计算应缴纳消费税200 000元。

月末应编制的会计分录如下：
　　借：税金及附加　　　　　　　　　　　　　　　　　　　　　　　200 000
　　　　贷：应交税费　　　　　　　　　　　　　　　　　　　　　　200 000

（四）结清收入和费用账户的调整

会计核算中，收入、费用账户是一定会计期间内积累有关损益数据的账户。设置这些账户是为了提供编制利润表所需要的有用资料。期末，出于计算利润的需要，还需要对这些账户进行结转，将"主营业务收入""主营业务成本""销售费用""税金及附加""营业外支出""营业外收入""管理费用""财务费用"等损益类账户的余额转入"本年利润"账户等，以反映企业在本期内实现的利润（或亏损）数额。这是会计期末做的账务处理，也可以看成期末账项调整的一个组成部分。

将以上各类调整分录进行登记，就使该会计期间的有关资产、负债账户和所有权者权益账户的结余得到了全面反映和互相配合，又通过结账分录结清了收入和费用账户，能从账户上结算出会计期间的利润。

由此可见，企业编制的会计分录来源于三个方面：一是经济活动中所发生的大量重复的日常经济业务；二是根据权责发生制的要求所编制的调整分录；三是在会计期间结束时，完成会计手续所编制的结账分录。

第三节 财产清查

一、财产清查概述

（一）财产清查的定义

财产清查是指通过对货币资金、实物资产和往来款项的盘点或核对，确定其实存数，查明账存数与实存数是否相符的一种专门方法。对于会计主体日常发生的各项经济业务，都要通过填制和审核会计凭证、登记账簿、试算平衡和对账等一系列严密的会计处理方法，来保证账簿记录正确地反映各项财产的增减变动情况。因此从理论上来说，会计账簿上所记载的财产的增减和结存情况，应该与实际的财产的收发和结存相符。但在实际工作中，有很多客观原因使各项财产的账面数额与实际结存数额发生差异，造成账实不符的原因是多方面的。为了保证会计账簿记录的真实和准确，进一步建立健全财产物资的管理制度，确保企业财产的完整无损，就必须运用财产清查这一行之有效的会计核算方法，对各项财产进行清查，以保证做到账实相符。

（二）造成账实不符的主要原因

（1）财产物资保管过程中的自然损溢。如由于物理、化学性质，气候变化引起的自然升溢和短缺。

（2）管理不善或工作人员失职造成的损溢。在收发财产物资时，由于计量、检验不准确而发生的品种、数量和质量上的差错，或保管不善造成残损、霉变。

（3）自然灾害或意外事故造成的损失。

（4）结算过程中由于账单未到或拒付等原因造成债权债务与往来单位账面记录不一致。

（5）在凭证和账簿中出现漏记、错记和计算上的错误。

（6）由于不法分子的贪污盗窃、营私舞弊而发生的财产损失。

（7）因未达账项引起的银行存款账实不符等。

上述种种原因都会影响账实的一致性。因此，运用财产清查的手段，对各种财产物资进行定期或不定期的核对和盘点，具有十分重要的意义。

（三）财产清查的意义

财产清查的意义表现在以下四个方面：

（1）保证会计核算资料的真实可靠，通过财产清查保证会计信息的真实性，提高会计核算资料的质量。

（2）保护财产的安全和完整，促使财产物资保管人员加强责任感，以保证各项财产物资的安全与完整。

（3）保证财经纪律和结算纪律的执行，防止人为原因造成账实不符。通过财产清查，发现贪污盗窃等犯罪行为，及时进行调查，追究责任，加以处理。

（4）挖掘财产物资潜力，提高物资的使用效率。揭示财产物资的使用情况，促进企业改善经营管理,挖掘各项财产物资的潜力,加速资金周转。

二、财产清查的种类

(一) 按清查范围不同分类

1. 全面清查

全面清查就是对属于本单位或存放在本单位的所有财产物资、货币资金和各项债权债务进行全面的盘点和核对。

全面清查一般在下述几种情况下进行:

(1) 年终决算之前,进行全面清查。

(2) 单位撤销、合并或改变隶属关系时,为了明确经济责任,进行全面清查。

(3) 在清产核资时,为摸清家底,准确核定资金,进行全面清查。

2. 局部清查

局部清查就是根据管理的需要或按照有关规定,对企业部分资产进行全面盘点与核对。清查对象包括流动性强、易于损耗的资产以及一些重要的财产物资。它具有清查范围小、专业性强的特点。针对不同的财产物资,局部清查一般有以下几种不同的做法:

(1) 对于某些收发频繁,流动性较强或容易短缺、损耗的财产物资,除了年度全面清查外,还必须进行局部的轮流清查或重点抽查。如材料、在产品、产成品、商品等。

(2) 对于各种贵重物资每月都应盘点。

(3) 对于现金,出纳人员应每日清点核对。

(4) 对于银行存款与银行借款,每月至少与银行核对一次。

(5) 对于各种债权债务,每年至少要与对方核对一两次等。

(二) 按清查时间分类

1. 定期清查

定期清查是在规定时期对财产物资所进行的清查,如月末、季末。清查的范围可以是全面清查,也可以是局部清查。

2. 不定期清查

不定期清查主要是根据需要进行的临时清查,其目的在于分清、查明责任。不定期清查主要在以下几种情况下进行:

(1) 财产经管人员调离工作岗位。

(2) 财产遭到自然或其他非常损失。

(3) 按规定开展临时清产核资工作。

(4) 财政、税务、银行、审计等部门进行查账。

(三) 按清查的执行单位分类

1. 内部清查

内部清查是指由本企业的有关人员组成清查工作组对本单位的财产所进行的清查。

2. 外部清查

外部清查是指由上级主管部门、审计机关、司法部门、注册会计师等根据国家法律或制度的规定对企业所进行的财产清查。

三、财产清查前的准备工作

1. 组织上的准备

为了保证财产清查能够有效地进行,保证财产清查的工作质量,财产清查时必须成立专门的领导小组,即在主管厂长和总会计师的领导下,成立由财会、设备、技术、生产及行政等有关部门组成的财产清查领导小组。该领导小组的主要任务如下:

(1) 制订清查工作计划,明确清查范围,安排财产清查工作的详细步骤,配备有能力的财产清查人员;

(2) 检查和督促清查工作,及时解决清查工作中出现的问题;

(3) 在清查工作结束后,总结清查工作的经验和教训,写出清查工作的总结报告,并提出财产清查结果的处理意见。

2. 业务上的准备

业务准备是进行财产清查的前提条件,各有关部门必须做好如下准备工作:

(1) 会计部门要在财产清查之前将所有的经济业务登记入账并结出余额。做到账账相符、账证相符,为财产清查提供可靠的依据。

(2) 财产物资保管部门要在财产清查前对各项财产物资的出入办好凭证手续,全部登记入账,结出各科目余额,并与会计部门的有关财产物资核对相符。同时将各种财产物资排列整齐,挂上标签,标明品种、规格及结存数量,以便进行实物盘点。

(3) 财产清查人员在清查业务上也要进行必要的准备,如准备好计量器具、各种必要的登记表格等。

四、财产物资的盘存制度与发出存货的计价方法

对于实物财产的清查,尤其是存货类财产的清查,需要查清存货的结存数量,然后再结合存货的单价信息,运用"数量×单价=金额"的公式确定库存存货的价值量。库存存货数量的确定同存货的盘存制度有关。存货的盘存制度有两种,即永续盘存制与实地盘存制;库存存货的单价的确定,与发出存货的计价方法有关,《企业会计准则》规定:"各种存货发出时,企业可以根据实际情况,选择使用先进先出法、加权平均法、个别计价法等方法确定其实际成本。"下面分别对存货的两种盘存制度及发出存货的计价方法进行介绍。

(一) 财产物资的盘存制度

1. 永续盘存制

永续盘存制也称账面盘存制,是对于资产的增减,根据有关凭证,在账簿中逐日逐笔进行登记,并随时结出账面结存数额的一种方法。采用这种方法需设置数量金额式明细账。采用永续盘存制可以随时掌握各种存货的收发、结存情况,有利于存货的管理。在单价确定的前提下,永续盘存制下存货成本的计算公式是:

$$存货期末余额 = 期初余额 + 本期增加额 - 本期减少额$$

2. 实地盘存制

实地盘存制也称定期盘存制或以存计耗制,平时只在账簿中登记资产增加数,而不登记减少数,期末通过盘点实物确定其结存额,然后倒算出本月各项财产物资的减少数。

实地盘存制下存货成本的计算公式是:

期末存货成本 = 实地盘点的存货数量 × 单价

本期发出的存货成本 = 期初存货成本 + 本期增加成本 − 期末存货成本

永续盘存制在存货明细账中可以随时反映每种存货的收入、发出和结存情况，并能进行数量和金额的双重控制。这种盘存制度的最大优点是能够加强库存财产的管理，便于随时掌握各种财产的占用情况及其动态，有利于实行会计监督。其缺点是明细分类核算工作量较大。这种盘存制度在控制和保护财产物资安全完整方面具有明显的优势，适用的范围较大。

实地盘存制虽然核算工作简单，工作量小，但各项财产的减少数没有严密的手续，倒推出来的各项财产的减少数可能存在非正常因素，并不能反映存货的真实用量，该制度因而不便于实施会计监督，不宜广泛采用。对于企业来说，实地盘存制一般只适用于价值低、计量不方便，若采用永续盘存制则不利于提高企业效率的存货数量的确定。

（二）发出存货的计价方法

1. 先进先出法

（1）先进先出法的含义。先进先出法是指根据先入库先发出的原则，假定先收到的存货先发出或先收到的存货先耗用，先购入的存货成本在后购入存货成本之前转出，据此确定发出存货和期末存货成本对发出存货和期末存货进行计价的一种方法。采用这种方法的具体做法是：收入存货时，逐笔登记收入存货的数量、单价和金额；发出存货时，按照先进先出的原则逐笔登记存货的发出成本和结存金额。

（2）先进先出法的优缺点。先进先出法的优点是可以随时结转存货发出成本，但缺点是工作量比较繁琐，如果存货收发业务较多且存货单价不稳定，其工作量较大。而且当物价上涨时，会高估企业当期利润和库存存货价值，不利于企业资本保全；物价下降时，则会低估企业存货价值和当期利润。先进先出法对发出的存货要逐笔进行计价并登记明细账的发出与结存，核算手续比较繁琐。

（3）先进先出法的运用。

【例9-7】 广大公司2020年6月某存货收发存情况如表9-1所示。

表9-1　广大公司2020年6月某存货收发存情况

日期及摘要	收入		发出		结存数量
	数量	单位成本	数量	单位成本	
6月1日期初结存	600	2.00			600
6月8日购入	400	2.20			1 000
6月14日发出			800		200
6月20日购入	600	2.30			800
6月28日发出			400		400
6月30日发出	400	2.50			800

在先进先出法下，该存货的明细账记录如表9-2所示。

表 9-2　广大公司某存货 2020 年 6 月明细账记录

日期及摘要	收入			发出			结存数量		
	数量	单位成本	金额	数量	单位成本	金额	数量	单位成本	金额
6 月 1 日结存	600	2.00	1 200				600	2.00	1 200
6 月 8 日购入	400	2.20	880				600 400	2.00 2.20	1 200 880
6 月 14 日发出				600 200	2.00 2.20	1 200 440	200	2.20	440
6 月 20 日购入	600	2.30	1 380				200 600	2.20 2.30	440 1 380
6 月 28 日发出				200 200	2.20 2.30	440 460	400	2.30	920
6 月 30 日发出	400	2.50	1 000				400 400	2.30 2.50	920 1 000

在先进先出法下,广大公司 6 月发出该存货成本及月末库存成本计算如下:
(1) 6 月 14 日发出存货成本:
$600 \times 2.0 + 200 \times 2.2 = 1 200 + 440 = 1 640$(元)
(2) 6 月 28 日发出存货成本:
$200 \times 2.2 + 200 \times 2.3 = 440 + 460 = 900$(元)
(3) 6 月合计发出存货成本:
$1 640 + 900 = 2 540$(元)
(4) 6 月 30 日库存存货成本:
$400 \times 2.3 + 400 \times 2.5 = 920 + 1 000 = 1 920$(元)
或 $(1 200 + 880 + 1 380 + 1 000) - 2 540 = 4 460 - 2 540 = 1 920$(元)

2. 加权平均法

(1) 加权平均法的含义。加权平均法又称综合加权平均法、全月一次加权平均法,是根据期初存货结余和本期收入存货的数量及单价,期末一次计算存货的本月加权平均单价,作为计算本期发出存货成本和期末结存价值的单价,以求得本期发出存货成本和结存存货价值的一种方法。

存货加权平均单位成本 = (期初结存存货成本 + 本期增加存货成本) / (期初结存存货数量 + 本期增加存货数量)

期末库存存货成本 = 期末库存存货数量 × 存货加权平均单位成本
本期发出存货的成本 = 本期发出存货的数量 × 存货加权平均单位成本
　或　　　　　　　 = 期初存货成本 + 本期增加存货成本 - 期末结存存货成本

(2) 加权平均法的优缺点。

优点:只在月末一次计算加权平均单价,简化了成本计算工作,而且在市场价格上涨或下跌时所计算出来的单位成本平均化,对存货成本的分摊较为折中。

缺点:①在物价变动幅度较大的情况下,按加权平均单价计算的期末存货价值与现行成本有较大的差异，为解决这一问题，可以采用移动加权平均法；②不利于及时核算；③这种方法无法及时提供发出和结存存货的单价及金额，不利于加强对存货的管理。

（3）加权平均法的运用。

【例9-8】 承上例资料，假定广大公司2020年6月采用加权平均法计算存货成本。

依据公式：加权平均单位成本 =（期初结存存货成本 + 本期增加存货成本）/（期初结存存货数量 + 本期增加存货数量）

（1）6月该存货加权平均单位成本 =（600×2.0 + 400×2.2 + 600×2.3 + 400×2.5）/（600 + 400 + 600 + 400）= 2.23（元/件）

（2）6月该存货期末库存成本 = 800×2.23 = 1 784（元）

（3）6月该存货发出存货的成本 = 1 200×2.23 = 2 676（元）

3. 个别计价法

（1）个别计价法的含义。个别计价法是指按照各种存货逐一辨认各批发出存货和期末存货所属的购进批别或生产批别，分别按其购入或生产时所确定的单位成本计算各批发出存货和期末存货成本的方法。在这种方法下，是把每一种存货的实际成本作为计算发出存货成本和期末存货成本的基础。

（2）个别计价法的优缺点。个别计价法的成本计算准确，符合实际情况，但在存货收发频繁的情况下，实务操作的工作量繁重，困难较大。因此，这种方法适用容易识别、存货品种数量不多、单位成本较高的存货计价。

五、财产清查的方法与内容

（一）财产清查的方法

1. 实地盘点法

实地盘点法是指对各项实物资产，如机器设备、包装物、原材料、产成品、库存商品等，通过逐一点数、过磅、尺量来确定其实存数量的财产清查方法，它适用于一般实物财产的清查。对数量多、重量均匀的实物财产也可以采取抽样的方式进行盘点。

2. 技术推算法

技术推算法是指利用技术方法对财产的实有数进行推算的一种财产清查方法。它适用于数量多、体积大或难以逐一清点的实物资产的清查。如散装的、大量成堆的化肥、饲料，以及露天堆放的煤炭、建筑材料等。

3. 函证核对法

函证核对法是指采用向对方发函的方式确定财产实有数的一种财产清查方法。主要适用于委托加工、出租出借资产以及应收项目的清查。

4. 账单核对法

账单核对法是指从往来单位取得对账单，与本企业的账务记录逐笔核对，以核实双方记录是否一致、有无差错的一种财产清查方法。该方法主要适用于银行存款等资产的清查。

实物资产在清查过程中，实物保管人员和盘点人员必须同时在场进行面对面的清查。对于盘点结果，应如实登记盘存单，并由盘点人和实物保管人签字或盖章，以明确经济责任。盘存单既是记录盘点结果的书面证明，也是反映财产物资实存数的原始凭证。

（二）财产清查的内容

1. 货币资金的清查

（1）库存现金的清查。对库存现金的清查应选用实地盘点法，通过对库存现金的实有数进行盘点，与现金日记账的余额进行核对，来查明账实是否相符。

库存现金的清查可分为以下两种情况：

①由于现金的收支业务十分频繁，容易出现差错，需要出纳人员每日进行清查和定期及不定期的专门清查。每日业务终了，出纳人员都应将现金日记账的账面余额与现金的实存数进行核对，做到账实相符。

②由专门清查人员进行的清查。清查人员要认真审核收付凭证和账簿记录，检查经济业务的合理性和合法性，以及是否存在以白条或借据充抵现金等违反现金管理制度的现象等。为了明确经济责任，此类清查须面对面进行，出纳人员必须在场。

现金盘点结束后，应根据盘点的结果填制库存现金盘点报告表。并由盘点人员和出纳人员共同签章。库存现金盘点报告表兼有盘存单和实存与账存对比表的作用，是反映现金实有数和调整账簿记录的重要原始凭证。其一般格式如表9-3所示。

表9-3 库存现金盘点报告表

年 月 日

编号：
存放地点：

实存金额	账存金额	实存与账存对比结果		备注
		盘盈	盘亏	

盘点人签章：   出纳签章：

（2）银行存款的清查。银行存款的清查一般采用将企业开设的银行存款日记账与开户银行的对账单相核对，并在此基础上编制银行存款余额调节表，确认二者之间是否相符来进行的。

核对前，首先把至清查日止所有银行存款的收、付业务登记入账，对发生的错账、漏账应及时查清更正。然后，再与开户银行的对账单逐笔核对，若二者余额相符，则说明无错误；若二者不相符，则可能存在未达账项。编制银行存款余额调节表时，应在企业银行存款日记账余额和银行对账单余额的基础上，分别加减未达账项，调整后的双方余额应该相符。

（3）未达账项。指在企业和银行之间，由于凭证传递上的时间差而导致的记账时间不一致，即一方已收到结算凭证并登记入账，另一方尚未收到结算凭证而尚未入账的款项。

未达账项一般包括四种情况：

①企业已收，银行未收款。例如，企业将收到的支票送存银行，企业已从银行取得存款凭证，已确认银行存款的增加，但银行尚未办妥全部业务流程，尚未入账。

②企业已付，银行未付款。例如企业已开出支票给供应商，并依据支票存根确认银行存款的减少，但供应商尚未到银行办理转账结算手续，银行尚未入账。

③银行已收，企业未收款。例如因委托收款业务引起的银行代理企业收进的款项，银行

已收到款项并已确认企业存款额的增加,但企业尚未收到收款通知,尚未入账。

④银行已付,企业未付款。例如因委托付款业务引起的银行已代理企业支付了某款项,银行已确认企业银行存款额的减少,但企业尚未收到付款通知,尚未入账。

【例9-9】 广大公司2020年6月30日银行存款日记账账面余额为60 000元,银行对账单同日的余额为50 000元。经逐笔核对,发现存在下列未达账项:

(1) 公司存入购货单位开来的转账支票9 000元,银行尚未入账。
(2) 公司开出支付货款的转账支票1 000元,银行尚未入账。
(3) 银行为企业代收货款2 000元,公司尚未入账。
(4) 银行为企业代付水电费4 000元,公司尚未入账。

根据上述资料编制银行存款余额调节表,如表9-4所示。

表9-4 银行存款余额调节表

2020年6月30日　　　　　　　　　　　　　　　　　　　　元

项目	金额	项目	金额
企业银行存款日记账余额	60 000	银行对账单余额	50 000
加:银行已收,企业未收	2 000	加:企业已收,银行未收	9 000
减:银行已付,企业未付	4 000	减:企业已付,银行未付	1 000
调节后的存款余额	58 000	调节后的存款余额	58 000

值得注意的是:

①银行存款余额调节表的编制只是银行存款清查的方法,它只起到对账作用,不能作为调节账面余额的原始凭证。企业应等待后期收到有关原始凭证后再进行账务处理。

②经过调节以后确认的余额是企业可以动用的存款的最高数额。

2. 债权债务的清查

对于债权债务各项目的清查,应采取与对方核对账目的方法,即函证核对法。清查单位应在其各种往来款项记录准确的基础上,编制往来款项对账单,寄发或派人送交对方单位进行核对。现以应收账款为例,说明往来款项对账单的格式与内容,如表9-5所示。

表9-5 往来款项对账单

××单位:	
你单位　年 月 日购入我单位　产品　件,已付货款　元,尚有　元货款未付,请核对后将回联单寄回。	
	核查单位:(盖章)
	年　月　日

沿此虚线裁开,将以下回联单寄回!

往来款项对账单(回联)

××单位:
你单位寄来的往来款项对账单已收到,经核对相符无误。

××单位(盖章)
年　月　日

企业在收回各顾客反馈的往来款项对账单回联单后,可根据清查结果汇总编制往来款项清查表,对往来款项的清查结果做好全盘的记录,也为后期的往来款项结算与清理打下基础。往来款项清查表的一般格式如表9-6所示。

表9-6 往来款项清查表

清查单位名称:
总分类账户名称: 年 月 日

明细分类账户		清查结果		核对不符原因分析			备注
名称	账面余额	核对相符金额	核对不符金额	未达款项金额	有争议款项	其他	

3. 实物财产的清查方法

实物财产是指具有实物形态的各种财产,包括原材料、半成品、在产品、库存商品、低值易耗品、包装物和固定资产等。对其盘点,一般采用实地盘点法和技术推算法。

实物财产在清查过程中使用的凭证包括盘存单和实存账存对比表等。为了明确经济责任,进行财产清查时,有关实物财产的保管人员必须在场,并参加盘点工作。对各项财产的盘点结果,应如实准确地登记在盘存单上,并由有关参加盘点人员同时签章生效。盘存单和实存账存对比表的一般格式如表9-7、表9-8所示。

表9-7 盘存单

财产类别: 存放地点: 盘点日期: 编号:
盘点人: 实物保管人:

编号	名称及规格	计量单位	数量	单位	金额	备注

表9-8 实存账存对比表

单位名称: 年 月 日

编号	类别及名称	单位	单价	实存		账存		对比结果				备注
								盘盈		盘亏		
				数量	金额	数量	金额	数量	金额	数量	金额	

六、财产清查结果的账务处理

(一) 财产清查后会出现的情况

财产清查后会出现两种情况：一是实存数与账存数一致；二是实存数与账存数有差异。前者即账实相符，对此不必进行账务处理；后者则表现为账实不符，具体又可分为盘盈和盘亏两种情况，企业对账实不符的情况需要进行相应的账务处理。企业清查的各种财产的损益，应于期末前查明原因，并根据企业的管理权限，经股东大会或董事会，或经理（厂长）会议或类似机构批准后，在期末结账前处理完毕。

对于在财产清查过程中所发现的财产管理和核算方面存在的问题，企业应切实做好以下几个方面的工作：

（1）核准金额，查明原因，明确经济责任，确定处理方法，提出处理意见。

（2）认真总结，加强管理。针对所发现的问题和缺点，应当认真总结经验教训，同时，要建立健全以岗位责任制为中心的财产管理制度，切实提出改进工作的措施，进一步加强财产管理。

（3）经批准后，调整账簿，做到账实相符。财产清查的重要任务之一就是保证账实相符，财会部门对于财产清查中所发现的差异必须及时地进行账簿记录的调整。

(二) 财产清查后的账务处理

由于财产清查结果的处理要报请审批，因此，在账务处理上通常分两步进行：第一步，将财产清查中发现的盘盈、盘亏或毁损数，通过"待处理财产损溢"账户，登记有关账簿，以调整有关账面记录，使账存数和实存数相一致；第二步，在审批后，应根据批准的处理意见，再从"待处理财产损溢"账户转入有关账户。

1. 账户设置

为了进行财产清查的账务处理，需要设置"待处理财产损溢"账户，该账户分设"待处理固定资产损溢"和"待处理流动资产损溢"两个明细账户。该账户是资产类账户，用来核算企业在财产清查中查明的各种财产的盘盈、盘亏或毁损及其报经批准后的转销数额的账户。该账户的借方登记各项财产的盘亏或毁损数和各项盘盈财产报经批准后的转销数；贷方登记各项财产的盘盈数和各项盘亏财产报经批准后的转销数。期末一般没有余额。

2. 财产清查结果的会计处理

（1）流动资产清查结果的会计处理。财产清查发现的有待查明原因的流动资产盘亏或盘盈，应通过"待处理财产损溢——待处理流动资产损溢"科目核算，盘亏时借记"待处理财产损溢——待处理流动资产损溢"科目，贷记"库存现金""原材料"等科目；盘盈则借记"库存现金""原材料"等科目，贷记"待处理财产损溢——待处理流动资产损溢"科目。查明原因后，通常的处理方法是：

①定额内的盘亏记入"管理费用"账户的借方；

②责任事故造成的损失，应由过失人负责赔偿，记入"其他应收款"账户的借方；

③非常事故，如自然灾害等不可抗力因素导致的非正常损失，在扣除保险公司赔款和残料价值后，经批准作为"营业外支出"。如果盘盈，一般冲减"管理费用"或记入"营业外收入"。

第九章　会计报表编制前的准备工作

【例9-10】 广大公司2020年2月末在财产清查过程中发现盘盈材料一批，估计价值20 000元。根据盘点报告表做会计分录如下：

借：原材料　　　　　　　　　　　　　　　　　　　　　　20 000
　　贷：待处理财产损溢　　　　　　　　　　　　　　　　　　　20 000

经查，该材料的盘盈原因不明，经批准后冲减"管理费用"。

借：待处理财产损溢——待处理流动资产损溢　　　　　　　20 000
　　贷：管理费用　　　　　　　　　　　　　　　　　　　　　　20 000

【例9-11】 广大公司2020年3月末进行现金清查时发现现金短缺800元，根据盘点报告表做会计记录如下：

借：待处理财产损溢——待处理流动资产损溢　　　　　　　　800
　　贷：库存现金　　　　　　　　　　　　　　　　　　　　　　800

经查，其中有300元应由出纳张某赔偿：

借：其他应收款　　　　　　　　　　　　　　　　　　　　300
　　贷：待处理财产损溢——待处理流动资产损溢　　　　　　　　300

其余500元未查明原因，经批准应确认为"管理费用"。

借：管理费用——现金短缺　　　　　　　　　　　　　　　500
　　贷：待处理财产损溢——待处理流动资产损溢　　　　　　　　500

（2）固定资产清查结果的会计处理。财产清查发现的有待查明原因的固定资产盘亏，应通过"待处理财产损溢——待处理固定资产损溢"科目核算。盘亏的固定资产，按其账面净值，借记"待处理财产损溢——待处理固定资产损溢"科目，按固定资产原值贷记"固定资产"等科目，盘亏的固定资产报经批准后，扣除过失人和保险公司赔款后的金额，记入"营业外支出"科目。关于固定资产盘盈的账务处理本章暂不探讨，留待后续课程进一步学习。

【例9-12】 广大公司发现盘亏机器设备一台，原价120 000元，已提折旧50 000元。企业应依据固定资产盘点报告表编制如下记账凭证：

借：待处理财产损溢——待处理固定资产损溢　　　　　　　70 000
　　累计折旧　　　　　　　　　　　　　　　　　　　　　　50 000
　　贷：固定资产　　　　　　　　　　　　　　　　　　　　　120 000

经查，该固定资产盘亏是由自然灾害所导致的，其损失经批准后作为"营业外支出"：

借：营业外支出　　　　　　　　　　　　　　　　　　　　70 000
　　贷：待处理财产损溢——待处理固定资产损溢　　　　　　　70 000

本章小结

本章主要阐述企业编制会计报表前应该做的两项重要的准备工作，即期末账项调整与财产清查。

期末账项调整的内容包括应计账项的调整、递延账项的调整、其他账项的调整、结清收入和费用账户的调整等。本章分别介绍了各账项调整内容的账务处理方法。

财产清查按不同的标准分类可分出不同的类型。财产清查的方法主要有实地盘点法、技术推算法、函证核对法、账单核对法等，分别适用于不同类型的资产的清查。存货的盘存制度有两种,分别是永续盘存制与实地盘存制。发出存货的计价方法有先进先出法、加权平均法以及个别计价法三种。

对财产清查结果的账务处理包括银行存款余额调节表的编制,以及运用"待处理财产损溢"账户对实物财产的盘亏、盘盈进行账务处理。

课后思考与练习

一、单项选择题

1. 对库存现金盘点完后,应编制(　　)。
   A. 现金盘点报告表　　　　　　　　B. 银行存款余额调节表
   C. 转账凭证　　　　　　　　　　　D. 原始凭证
2. 财产清查中发现盘亏是由于保管人员失职所造成的,应记入(　　)。
   A. 管理费用　　B. 其他应收款　　C. 营业外支出　　D. 生产成本
3. 已查明责任的盘亏财产物资,因企业经营管理不善造成损失的,应记入(　　)。
   A. 管理费用　　B. 营业外支出　　C. 生产成本　　　D. 其他应收款
4. 根据管理上的需要,贵重物品要(　　)。
   A. 每月与银行核对1~2次　　　　　B. 进行轮流清查或重点清查
   C. 至少每日盘点1次　　　　　　　 D. 至少每月盘点1次
5. 一般来讲,单位撤销、合并或改变隶属关系时,要进行(　　)。
   A. 全面清查　　B. 局部清查　　　C. 实地盘点　　　D. 技术推算盘点
6. 为了及时掌握各项财产物资的增减变动和结存情况,一般应采用(　　)。
   A. 权责发生制　B. 实地盘存制　　C. 收付实现制　　D. 永续盘存制
7. 未达账项是指由于会计凭证传递引起的企业与银行之间(　　)。
   A. 双方登记金额不一致的账项
   B. 一方重复记账的账项
   C. 一方已经入账,而另一方尚未登记入账的账项
   D. 双方均尚未入账的账项
8. 对各项财产的增减变化,根据会计凭证连续记载并随时结出余额的制度是(　　)。
   A. 实地盘存制　B. 应收应付制　　C. 永续盘存制　　D. 实收实现制
9. 财产清查中发现的自然灾害引起的存货损失得不到赔偿的部分,应记入(　　)。
   A. 管理费用　　B. 制造费用　　　C. 营业外支出　　D. 其他应收款
10. 财产清查中发现某种材料盘亏时,在报经批准处理以前应做的会计分录为(　　)。
    A. 借:管理费用　　　　　　　　　B. 借:原材料
       贷:待处理财产损溢　　　　　　　贷:待处理财产损溢
    C. 借:待处理财产损溢　　　　　　D. 借:待处理财产损溢
       贷:管理费用　　　　　　　　　　贷:原材料

二、多项选择题

1. 下列内容属于编制报表前的准备工作的有(　　)。
   A. 期末账项调整　B. 财产清查　　C. 对账　　　　　D. 结账
2. "待处理财产损溢"账户的贷方核算(　　)。

第九章 会计报表编制前的准备工作

   A. 发生的财产盘亏、毁损数
   B. 经批准转销的盘盈数
   C. 发生的财产盘盈数
   D. 经批准转销的盘亏、毁损数
3. 下列财产清查结果中，经批准后可列作营业外支出的有(　　)。
   A. 责任事故造成的财产物资毁损
   B. 固定资产盘亏净损失
   C. 自然灾害造成的流动资产损失
   D. 因管理不善造成的流动资产损失
4. 企业银行存款日记账余额与银行对账单余额不符，主要因为以下几种情况(　　)。
   A. 企业未入账的收入款项，银行已入账
   B. 企业未入账的支出款项，银行已记账
   C. 企业已入账的收入款项，银行未入账
   D. 企业已入账的支出款项，银行未入账
   E. 银行与企业中有一方记账有误或双方记账均有错误
5. 财产清查中全面清查适用于(　　)情况。
   A. 年终决算时　　　　　　　B. 单位撤销、合并或改变隶属关系
   C. 破产倒闭时　　　　　　　D. 清产核资时
   E. 租赁承包时
6. 我国会计准则规定的发出存货的计价方法包括(　　)。
   A. 先进先出法　B. 后进先出法　C. 加权平均法　D. 个别计价法
7. 存货数量的确定方法有(　　)。
   A. 定期盘存制　B. 权责发生制　C. 永续盘存制　D. 收付实现制
8. 财产清查的方法有(　　)。
   A. 实地盘点法　B. 技术推算法　C. 账单核对法　D. 函证核对法

三、判断题
1. 企业在编制会计报表前需要进行期末账项调整。　　　　　　　　　　(　　)
2. 编制银行存款余额调节表时应该在现金日记账余额的基础上加计"企业已收入账，银行尚未入账"金额。　　　　　　　　　　　　　　　　　　　　　　(　　)
3. 当财产清查发现盘盈时，应该借记"待处理财产损溢"。　　　　　　(　　)
4. 实物清查和现金清查，均应背对背进行，因此，实物保管人员和出纳人员不能在场。　　　　　　　　　　　　　　　　　　　　　　　　　　　　(　　)
5. 未达账项只在企业与银行之间发生，企业与其他企业之间不会发生。　(　　)
6. 在采用永续盘存制下，不需要对各项财产物资进行实地盘点。　　　(　　)
7. 财产清查发现的有待查明原因的固定资产盘亏，应通过"待处理财产损溢——待处理固定资产损溢"科目核算。　　　　　　　　　　　　　　　　　　(　　)
8. 在实地盘存制下，平时在账簿中对财产物资只记增加数不记发出数。　(　　)
9. 局部清查一般适用于对流动性较大的财产物资和货币资金的清查。　(　　)
10. 现金盘点报告单是对比账实差异，据以调整账簿记录的原始凭证。　(　　)

四、简答题

1. 期末账项调整的内容有哪些？
2. 财产清查有哪些分类标准？分别分出了哪些类型？
3. 典型的财产清查的方法有哪些？
4. 什么是实地盘存制？什么是永续盘存制？两种盘存制度分别有哪些特点？
5. 存货发出的计价方法有哪些？每种计价方法的计价原理是怎样的？
6. "待处理财产损溢"账户的结构安排是怎样的？
7. 银行存款余额调节表的编制原理是什么？

五、业务题

1. 某企业2020年2月末银行存款日记账余额为400 000元，银行对账单余额417 780元，经逐笔核对，发现有以下几笔未达账项：

（1）企业存入银行转账支票44 800元，企业已入账，银行未入账。

（2）企业购入材料一批，开出转账支票36 400元，银行未入账。

（3）外地汇入银行货款25 200元，银行已入账，企业未入账。

（4）银行存款利息980元，银行已入账，企业未入账。

要求：根据上述未达账项，编制银行存款余额调节表。

2. 资料：某公司2020年5月份有关财产清查的经济业务如下（假定暂不考虑增值税）：

（1）盘盈甲材料5 000元，经查其中的3 000元属自然升溢造成，另2 000元属计量器具不准造成。

（2）盘亏乙材料10 000元，经查其中的2 000元属定额内自然损耗造成；1 000元属计量器具不准造成；2 000元属保管员王某责任，责令其赔偿，从下月工资中扣除；5 000元属暴风雨袭击，按规定，平安保险公司应赔偿4 000元，其余计入营业外支出（非常损失）。

（3）盘亏机床一台，账面价值为50 000元，已提折旧10 000元，经查是自然灾害造成的，按规定，应向平安保险公司索赔30 000元，尚未收到款项，其余作为营业外支出处理。

（4）短缺现金300元，其中180元无法查明原因，120元应由出纳员承担责任，尚未收到赔款。

要求：请对以上业务进行账务处理。

六、案例分析题

李某是华美公司的总经理，12月25日公司财务部经理提出需要进行财产清查，为编制会计报表做准备。经过总经理办公会同意，财务部会同物资保管部门、生产部门一起组织了财产清查。通过清查发现，甲种材料盘盈6 000元，乙种材料盘亏4 800元，丙种材料有价值800元的毁损。经查，甲材料盘盈原因不明，乙材料盘亏属于计量不准导致，丙材料由仓管部门失职所致。财务部将盘盈的甲材料6 000元确认为营业外收入，盘亏的乙材料4 800元确认为营业外支出，丙材料损失确认为其他应收款，由负责的仓管员赔偿。

问题：财务部的账务处理是否恰当？

第十章 财务报告

★ 学习目标

通过本章的学习,应能够理解财务报告的定义、种类、构成及基本要求;理解资产负债表及利润表的定义、作用及编制原理,重点掌握资产负债表及利润表的编制方法;了解现金流量表和所有者权益变动表的定义、作用及格式。

★ 案例导入

李刚几年前开办了一家品牌电器专卖店,所有财务与会计事项均交给财务经理吴峰办理,每次向有关部门报送财务报告也让吴峰代签字。随着经营规模不断扩大,他希望更多地了解财务会计知识,于是他报名参加了一个财务知识培训班。在一次课上,老师提出了几个问题:你知道你的企业拥有多少资产和负债吗?你的企业的经营情况如何?一年的利润是多少?是否遇到过经营过程账面有利润而现金却不足的问题?面对老师的前三个问题,李刚无言以对,而第四个问题,李刚觉得企业经常遇到,却不知是何原因。

由此可见,李刚并未充分认识到企业财务会计报告的作用,对企业财务情况缺乏总体把握,同时他对财务会计报告的责任也缺乏了解。

第一节 财务报告概述

一、财务报告的定义与种类

(一)财务报告的定义

财务报告(即财务会计报告)是指企业对外提供的反映企业某一特定日期财务状况和某一会计期间经营成果、现金流量等会计信息的文件。财务报告的主要作用是向财务报告使用者提供真实、公允的信息,用于落实和考核企业领导人经济责任的履行情况,并有助于帮助包括所有者在内的财务报告使用者做出经济决策。我国《企业财务会计报告条例》规定：企业不得编制和对外提供虚假的或隐瞒重要事实的财务报告；企业负责人对本企业财务报告的真实性、完整性负责。

（二）财务报告的种类

在我国《企业财务会计报告条例》中规定：企业的财务报告分为年度、半年度、季度和月度财务报告。月度、季度财务报告是指月度和季度终了提供的财务报告；半年度财务报告是指在每个会计年度的前6个月结束后对外提供的财务报告；年度财务报告是指年度终了对外提供的财务报告。其中半年度、季度和月度财务报告统称为中期财务报告。

我国企业年度财务报告的会计期间是公历每年的1月1日至12月31日；半年度财务报告的会计期间是公历每年的1月1日至6月30日，或7月1日至12月31日；季度财务报告的会计期间是公历每一季度；月度财务报告的会计期间则是公历每月1日至最后一日。

二、财务报告的构成

关于财务报告应包括哪些内容，《企业会计准则——基本准则》第四十四条规定：财务报告包括会计报表及其附注和其他应当在财务报告中披露的相关信息和资料，即财务情况说明书。企业对外提供的财务报告的内容、会计报表种类和格式、会计报表附注的主要内容等，由会计准则规定。企业内部管理需要的会计报表由企业自行规定。

（一）会计报表

根据《企业会计准则第30号——财务报表列报》的规定：财务报表是对企业财务状况、经营成果和现金流量的结构性表述。企业对外提供的财务报表至少包括资产负债表、利润表、现金流量表、所有者权益（或股东权益）变动表和附注。

（二）会计报表附注

会计报表附注是对在资产负债表、利润表、现金流量表和所有者权益变动表等报表中列示项目的文字描述或明细资料，以及对未能在这些报表中列示项目的说明等。

（三）财务情况说明书

财务情况说明书的编制基础与方式可以不受会计准则的约束，提供的信息十分广泛，并且提供相关信息的形式灵活多样，包括企业各类同生产经营有关的情况说明。根据现行国际惯例，财务情况说明书的内容主要包括管理当局的分析与讨论预测、物价变动影响、社会责任承担情况等。

三、财务报告的基本要求

（一）财务报告的质量要求

会计核算应当以实际发生的交易或事项为依据，如实反映企业的财务状况、经营成果和现金流量。这是对会计工作的基本要求，如果会计信息不能真实反映企业的实际情况，会计工作就失去了存在的意义，甚至会误导会计信息使用者，导致经济决策的失误。

企业应当按照《企业财务会计报告条例》的规定，编制和对外提供真实、完整的财务报告。

财务报告的真实性，是指企业的财务报告要真实地反映经济业务的实际发生情况，不能人为地扭曲，以使企业财务报告使用者通过企业财务报告了解有关单位实际的财务状况、经营成果和现金流量。财务报告的完整性，是指企业提供的财务报告要符合规定的格式和内容，不得漏报或者任意取舍，以使企业财务报告使用者全面地了解有关单位的整体情况。

（二）财务报告的时间要求

会计信息的价值在于帮助所有者或其他方面做出经济决策，如果不能及时提供会计信息，经济环境发生了变化，时过境迁，这些信息也就失去了应有的价值，无助于经济决策。所以，企业的会计核算应当及时进行，不得提前或延后。

企业应当依照有关法律、行政法规规定的结账日进行结账。年度结账日为公历年度每年的12月31日；半年度、季度、月度结账日分别为公历年度每半年、每季、每月的最后一天，并且要求月度财务报告应当于月度终了后6天内（节假日顺延，下同）对外提供；季度财务报告应当于季度终了后15天内对外提供；半年度财务报告应当于年度中期结束后60天内（相当于两个连续的月份）对外提供；年度财务报告应当于年度终了后4个月内对外提供。

（三）财务报告的形式要求

企业对外提供的会计报表应当依次编定页码，加具封面，装订成册，加盖公章。封面上应当注明企业名称、企业统一代码、组织形式、地址、报表所属年度或者月份、报出日期，并由企业负责人、主管会计工作的负责人和会计机构负责人（会计主管人员）签名并盖章。设置总会计师的企业，还应当由总会计师签名并盖章。

（四）财务报告的编制要求

在编制财务报告的过程中，应遵守下列关于财务报告编制的要求：

（1）企业在编制年度财务报告前，应当全面清查资产、核实债务，包括结算款项、存货、投资、固定资产、在建工程等。在年度中间，应根据具体情况，对各项财产物资和结算款项进行重点抽查、轮流清查或者定期清查。企业清查核实后，应当将清查核实的结果及其处理办法向企业的董事会或者相应机构报告，并根据国家统一会计准则的规定进行相应的会计处理。

企业在编制财务报告前，除应当全面清查资产、核实债务外，还要做好结账和对账工作，并检查会计核算中可能存在的各种需要调整的情况。

（2）企业在编制财务报告时，应当按照国家统一会计准则规定的会计报表格式和内容，根据登记完整、核对无误的会计账簿记录和其他有关资料编制会计报表，做到内容完整、数字真实、计算准确，不得漏报或者任意取舍。会计报表之间、会计报表各项目之间，凡有对应关系的数字，应当相互一致；会计报表中本期与上期的有关数字应当相互衔接。会计报表附注应当对会计报表中需要说明的事项做出真实、完整、清楚的说明。

第二节　资产负债表

一、资产负债表概述

资产负债表是反映企业在某一特定日期（月末、季末、年末）财务状况的报表。它是根据"资产=负债+所有者权益"这一平衡等式，按照一定的分类标准和一定的次序，将某一特定日期的资产、负债和所有者权益的具体项目予以适当排列编制而成的。通过资产负债表可以全面反映企业在某一特定日期所拥有或控制的经济资源、所承担的现时义务和所有者对净资产的要求权，帮助财务报表使用者全面了解企业的财务状况、分析企业的偿债能力等情况，从而为其做经济决策提供依据。

资产负债表主要反映资产、负债和所有者权益三方面的内容，并满足"资产=负债+所有者权益"平衡式。

（一）资产

资产反映由过去的交易或事项形成并由企业在某一特定日期所拥有或控制的，预期会给企业带来经济利益的资源。资产应当按照流动资产和非流动资产两大类别在资产负债表中列示，在流动资产和非流动资产类别下进一步按性质分项列示。

流动资产是指预计在一年或一个营业周期中变现、出售或耗用的经济资源。资产负债表中列示的流动资产项目通常包括货币资金、交易性金融资产、应收票据及应收账款、预付款项、其他应收款、存货、合同资产、持有待售资产、一年内到期的非流动资产和其他流动资产等。

非流动资产是指流动资产以外的资产。资产负债表中列示的非流动资产项目通常包括债权投资、其他债权投资、长期应收款、长期股权投资、其他权益工具投资、其他非流动金融资产、投资性房地产、固定资产、在建工程、无形资产、开发支出、长期待摊费用、递延所得税资产以及其他非流动资产等。

（二）负债

负债反映在某一特定日期企业所承担的、预期会导致经济利益流出企业的现时义务。负债应当按照流动负债和非流动负债在资产负债表中进行列示，在流动负债和非流动负债类别下再进一步按性质分项列示。

流动负债是指预计在一年或一个正常营业周期中清偿，或者主要为交易目的而持有，或者自资产负债表日起一年内（含一年）到期应予以清偿，或者企业无权自主地将清偿推迟至资产负债表日后一年以上的负债。资产负债表中列示的流动负债项目通常包括短期借款、交易性金融负债、应付票据及应付账款、预收款项、合同负债、应付职工薪酬、应交税费、其他应付款、持有待售负债、一年内到期的非流动负债等。

非流动负债是指流动负债以外的负债。非流动负债项目通常包括长期借款、应付债券、长期应付款、预计负债、递延收益、递延所得税负债和其他非流动负债等。

（三）所有者权益

所有者权益是企业资产扣除负债后的剩余权益，反映企业在某一特定日期股东（投资者）拥有的净资产的总额。所有者权益一般按照实收资本、其他权益工具、资本公积、其他综合收益、盈余公积和未分配利润分项列示。

二、资产负债表的结构

资产负债表一般由表头、表体两部分组成。表头部分应列明报表名称、编制单位名称、资产负债表日期、报表编号和计量单位；表体部分是资产负债表的主体，列示了用以说明企业财务状况的各个项目。资产负债表的表体格式一般有两种：报告式资产负债表和账户式资产负债表。报告式资产负债表是上下结构，上半部分列示资产各项目，下半部分列示负债和所有者权益各项目。账户式资产负债表是左右结构，左边列示资产各项目，反映全部资产的分布及存在形态；右边列示负债和所有者权益各项目，反映全部负债和所有者权益的内容及构成情况。不管采取什么格式，资产各项目的合计等于负债和所有者权益各项目的合计这一等式不变。

我国企业的资产负债表采用账户式结构，分为左右两方，左方为资产项目，按资产的流动性大小排列，流动性大的资产如"货币资金""交易性金融资产"等排在前面，流动性小的资产如"长期股权投资""固定资产"等排在后面。右方为负债及所有者权益项目，负债一般按要求清偿时间的先后顺序排列，"短期借款""应付票据及应付账款"等需要在一年以内或者长于一年的一个正常营业周期内偿还的流动负债排在前面，"长期借款"等在一年以上才需偿还的非流动负债排在中间，在企业清算之前不需要偿还的所有者权益项目排在后面。所有者权益按产生的先后顺序排列，反映投入资本的项目在前，反映留存收益的项目在后。

账户式资产负债表中的资产各项目的合计数等于负债和所有者权益各项目的合计数，即资产负债表左方和右方平衡。因此，通过账户式资产负债表，可以反映资产、负债、所有者权益之间的内在关系，即"资产＝负债＋所有者权益"。我国企业资产负债表格式如表10-1所示。

表10-1　资产负债表

会企01表

编制单位：　　　　　　　　　　　　　年　月　日　　　　　　　　　　　　　　单位：元

资产	期末余额	年初余额	负债和所有者权益（或股东权益）	期末余额	年初余额
流动资产：			流动负债：		
货币资金			短期借款		
交易性金融资产			交易性金融负债		
应收票据及应收账款			应付票据及应付账款		
预付款项			预收款项		
其他应收款			合同负债		
存货			应付职工薪酬		
合同资产			应交税费		
持有待售资产			其他应付款		
一年内到期的非流动资产			持有待售负债		
其他流动资产			一年内到期的非流动负债		
流动资产合计			其他流动负债		
非流动资产：			流动负债合计		
债权投资			非流动负债：		
其他债权投资			长期借款		
长期应收款			应付债券		
长期股权投资			长期应付款		

续表

资产	期末余额	年初余额	负债和所有者权益（或股东权益）	期末余额	年初余额
其他权益工具投资			预计负债		
其他非流动金融资产			递延收益		
投资性房地产			递延所得税负债		
固定资产			其他非流动负债		
在建工程			非流动负债合计		
生产性生物资产			负债合计		
油气资产			所有者权益（或股东权益）：		
无形资产			实收资本（或股本）		
开发支出			其他权益工具		
商誉			其中：优先股		
长期待摊费用			永续债		
递延所得税资产			资本公积		
其他非流动资产			减：库存股		
非流动资产合计			其他综合收益		
			盈余公积		
			未分配利润		
			所有者权益（或股东权益）合计		
资产总计			负债和所有者权益（或股东权益）总计		

三、资产负债表的编制方法

根据有关规定，企业编制的年度、半年度财务报表至少应反映连续两个会计期间的比较数据，即本期"期末余额"与"年初余额"（上一会计期间期末数）。这种形式的资产负债表称为比较资产负债表。

（一）"年初余额"的填列方法

"年初余额"栏内各项数字，应根据上年末资产负债表上的"期末余额"栏内所列数字填列。

（二）"期末余额"的填列方法

"期末余额"是指某一会计期末的数字，即月末、季末、半年末或年末的数字。概括来说，资产负债表各项目"期末余额"栏内的数据来源，主要通过以下几种方式取得：

1. 根据总账科目余额填列

如"短期借款""资本公积"等项目，根据"短期借款""资本公积"各总账科目的余额直接填列；有些项目则需根据几个总账科目的期末余额计算填列，如"货币资金"项目，需根据"库存现金""银行存款""其他货币资金"三个总账科目的期末余额的合计数填列。

2. 根据明细账科目余额计算分析填列

如"应付票据及应付账款"项目，需要根据"应付票据"科目的期末余额，以及"应付账款"和"预付账款"两个科目所属的相关明细科目的期末贷方余额计算分析填列；"应收票据及应收账款"项目，需要根据"应收票据"科目的期末余额和"应收账款""预收账款"两个科目所属的相关明细科目的期末借方余额，减去"坏账准备"科目中相关坏账准备期末余额后的金额填列；"预付款项"项目，需要根据"应付账款"科目借方余额和"预付账款"科目借方余额减去与"预付账款"有关的坏账准备贷方余额计算填列；"预收款项"项目，需要根据"应收账款"科目贷方余额和"预收账款"科目贷方余额计算填列；"开发支出"项目，需要根据"研发支出"科目中所属的"资本化支出"明细科目期末余额计算填列；"应付职工薪酬"项目，需要根据"应付职工薪酬"科目的明细科目期末余额计算填列；"一年内到期的非流动资产""一年内到期的非流动负债"项目，需要根据有关非流动资产和非流动负债项目的明细科目余额计算填列；"未分配利润"项目，需要根据"利润分配"科目中所属的"未分配利润"明细科目期末余额填列。

3. 根据总账科目和明细账科目余额分析计算填列

如"长期借款"项目，需要根据"长期借款"总账科目余额扣除"长期借款"科目所属的明细科目中将在一年内到期且企业不能自主地将清偿义务展期的长期借款后的金额计算填列；"其他非流动资产"项目，应根据有关科目的期末余额减去将于一年内（含一年）收回数后的金额计算填列；"其他非流动负债"项目，应根据有关科目的期末余额减去将于一年内（含一年）到期偿还数后的金额计算填列。

4. 根据有关科目余额减去其备抵科目余额后的净额填列

如资产负债表中"应收票据及应收账款""长期股权投资""在建工程"等项目，应当根据"应收票据""应收账款""长期股权投资""在建工程"等科目的期末余额减去"坏账准备""长期股权投资减值准备""在建工程减值准备"等备抵科目余额后的净额填列。"投资性房地性""固定资产"项目，应当根据"投资性房地性""固定资产"科目的期末余额，减去"投资性房地产累计折旧""投资性房地产减值准备""累计折旧""固定资产减值准备"等备抵科目的期末余额，以及"固定资产清理"科目期末余额后的净额填列；"无形资产"项目应当根据"无形资产"科目的期末余额，减去"累计摊销""无形资产减值准备"等备抵科目期末余额后的净额填列。

5. 综合运用上述填列方法分析填列

如资产负债表中的"存货"项目，需要根据"原材料""库存商品""委托加工物资""周转材料""材料采购""在途物资""发出商品""材料成本差异"等总账科目期末余额的分析汇总数，再减去"存货跌价准备"科目余额后的净额填列。

四、资产负债表的编制举例

【例10-1】南方股份有限公司为增值税一般纳税人制造业企业，假设该公司2019年12月31日有关账户资料如表10-2所示。其余有关资料如下：

（1）长期借款中于一年内到期的借款数额为100 000元。

（2）"应收账款"账户的有关明细账户余额如下：

"应收账款——A公司"借方余额700 000元；
"应收账款——B公司"借方余额500 000元；
"应收账款——C公司"贷方余额200 000元；
"坏账准备——应收账款"贷方余额6 000元。
（3）"预付账款"账户的有关明细账户余额如下：
"预付账款——甲公司"借方余额60 000元；
"预付账款——乙公司"贷方余额10 000元。

表10-2　南方公司2019年12月31日有关账户余额表　　　　　元

账户名称	借方余额	贷方余额
库存现金	20 000	
银行存款	1 800 000	
其他货币资金	80 000	
应收票据	150 000	
应收账款	1 000 000	
坏账准备（应收账款坏账准备）		6 000
应收股利	8 000	
预付账款	50 000	
其他应收款	2 000	
在途物资	85 000	
原材料	270 000	
库存商品	400 000	
生产成本	60 000	
长期股权投资	500 000	
长期股权投资减值准备		4 000
固定资产	1 500 000	
累计折旧		50 000
在建工程	300 000	
无形资产	800 000	
短期借款		100 000
应付票据		400 000
应付账款		1 200 000
预收账款		20 000
其他应付款		5 000
应付职工薪酬		100 000
应付股利		8 000
应交税费		155 000
长期借款		500 000
实收资本		3 000 000
资本公积		500 000
盈余公积		200 000
利润分配		777 000
合　计	7 025 000	7 025 000

现将上述资料进行归纳分析后填入资产负债表,分析如下:

(1)"货币资金"项目 = "库存现金"20 000 + "银行存款"1 800 000 + "其他货币资金"80 000 = 1 900 000(元)。

(2)"应收票据及应收账款"项目 = "应收票据"期末余额150 000 + "应收账款"期末明细借方余额1 200 000(700 000 + 500 000) – "坏账准备"贷方余额6 000 = 1 344 000(元)。

(3)"预付款项"项目 = "预付账款"期末借方余额60 000 + "应付账款"期末明细借方余额0 = 60 000(元)。

(4)"其他应收款"项目 = "其他应收款"期末余额2 000 + "应收股利"8 000 = 10 000(元)。

(5)"存货"项目 = "在途物资"85 000 + "原材料"270 000 + "库存商品"400 000 + "生产成本"60 000 = 815 000(元)。

(6)"长期股权投资"项目 = "长期股权投资"期末余额500 000 – "长期股权投资减值准备"4 000 = 496 000元。

(7)"固定资产"项目 = "固定资产"期末余额1 500 000 – "累计折旧"贷方余额50 000 = 1 450 000(元)。

(8)"应付票据及应付账款"项目 = "应付票据"期末余额400 000 + "应付账款"贷方余额1 200 000 + "预付账款"明细贷方余额10 000 = 1 610 000(元)。

(9)"预收账款"项目 = "预收账款"期末余额20 000 + "应收账款"明细贷方余额200 000 = 220 000(元)。

(10)"其他应付款"项目 = "其他应付款"期末余额5 000 + "应付股利"期末余额8 000 = 13 000(元)

(11)"长期借款"项目 = "长期借款"期末余额500 000 – 长期借款中于一年内到期的借款100 000 = 400 000(元)。

根据上述资料,编制该公司2019年12月31日的资产负债表,如表10-3所示。

表10-3 资产负债表

会企01表

编制单位:南方股份有限公司　　　　2019年12月31日　　　　单位:元

资产	期末余额	年初余额	负债和所有者权益(或股东权益)	期末余额	年初余额
流动资产:		略	流动负债:		略
货币资金	1 900 000		短期借款	100 000	
交易性金融资产			交易性金融负债		
应收票据及应收账款	1 344 000		应付票据及应付账款	1 610 000	
预付款项	60 000		预收款项	220 000	
其他应收款	10 000		合同负债		
存货	815 000		应付职工薪酬	100 000	
合同资产			应交税费	155 000	

续表

资产	期末余额	年初余额	负债和所有者权益（或股东权益）	期末余额	年初余额
持有待售资产			其他应付款	13 000	
一年内到期的非流动资产			持有待售负债		
其他流动资产			一年内到期的非流动负债	100 000	
流动资产合计	4 129 000		其他流动负债		
非流动资产：			流动负债合计	2 298 000	
债权投资			非流动负债：		
其他债权投资			长期借款	400 000	
长期应收款			应付债券		
长期股权投资	496 000		长期应付款		
其他权益工具投资			预计负债		
其他非流动金融资产			递延收益		
投资性房地产			递延所得税负债		
固定资产	1 450 000		其他非流动负债		
在建工程	300 000		非流动负债合计	400 000	
生产性生物资产			负债合计	2 698 000	
油气资产			所有者权益（或股东权益）：		
无形资产	800 000		实收资本（或股本）	3 000 000	
开发支出			其他权益工具		
商誉			其中：优先股		
长期待摊费用			永续债		
递延所得税资产			资本公积	500 000	
其他非流动资产			减：库存股		
非流动资产合计	3 046 000		其他综合收益		
			盈余公积	200 000	
			未分配利润	777 000	
			所有者权益（或股东权益）合计	4 477 000	
资产总计	7 175 000		负债和所有者权益（或股东权益）总计	7 175 000	

第三节 利润表

一、利润表概述

利润表又称损益表，是反映企业在一定会计期间经营成果的报表。通过利润表可以反映企业在一定会计期间收入、费用、利润（或亏损）的金额和构成情况，帮助财务报表使用者全面了解企业的经营成果，分析企业的获利能力及盈利增长趋势，从而为其做经济决策提供依据。

利润表包括的项目主要有营业收入、营业成本、税金及附加、销售费用、管理费用、研发费用、财务费用、资产减值损失、信用减值损失、其他收益、投资收益、公允价值变动收益、资产处置收益、营业利润、营业外收入、营业外支出、利润总额、所得税费用、净利润、其他综合收益的税后净额、综合收益总额、每股收益等。

二、利润表的结构

利润表的结构有单步式和多步式两种。单步式利润表是将当期所有的收入列在一起，所有的费用列在一起，然后将两者相减得出当期净损益。我国企业的利润表采用多步式格式，即通过对当期的收入、费用项目按性质加以归类，按利润形成的主要环节列示一些中间性利润指标，分步计算当期净损益，以便财务报表使用者理解企业经营成果的不同来源。

利润表一般由表头、表体两部分组成。表头部分应列明报表名称、编制单位名称、编制日期、报表编号和计量单位。表体部分是利润表的主体，列示了形成经营成果的各个项目和计算过程。

为了使财务报表使用者通过比较不同期间利润的实现情况，判断企业经营成果的未来发展趋势，企业需要提供比较利润表。为此，利润表还需就各项目再分为"本期金额"和"上期金额"两栏分布填列。我国企业利润表的格式一般如表10-4所示。

表10-4　利润表　　　　　　　　　　　　　　会企02表

编制单位：　　　　　　　　　　年　月　　　　　　　　　　　　单位：元

项目	本期金额	上期金额
一、营业收入		
减：营业成本		
税金及附加		
销售费用		
管理费用		
研发费用		
财务费用		
其中：利息费用		
利息收入		
资产减值损失		
信用减值损失		
加：其他收益		
投资收益（损失以"-"号填列）		
其中：对联营企业和合营企业的投资收益		
公允价值变动损益（损失以"-"号填列）		
资产处置收益（损失以"-"号填列）		

续表

项目	本期金额	上期金额
二、营业利润（亏损以"-"号填列）		
加：营业外收入		
减：营业外支出		
三、利润总额（亏损总额以"-"号填列）		
减：所得税费用		
四、净利润（净亏损以"-"号填列）		
五、其他综合收益的税后净额		
（一）以后不能重分类进损益的其他综合收益		
（二）以后将重分类进损益的其他综合收益		
六、综合收益总额		
七、每股收益		
（一）基本每股收益		
（二）稀释每股收益		

三、利润表的编制方法

（一）利润表编制的步骤

我国企业利润表的编制主要分五个步骤完成。

（1）以营业收入为基础，减去营业成本、税金及附加、销售费用、管理费用、研发费用、财务费用、资产减值损失、信用减值损失，加上其他收益、投资收益（或减去投资损失）、公允价值变动收益（或减去公允价值变动损失）、加上资产处置收益（或减去资产处置损失），计算出营业利润。

（2）以营业利润为基础，加上营业外收入，减去营业外支出，计算出利润总额。

（3）以利润总额为基础，减去所得税费用，计算出净利润（或净亏损）。

（4）以净利润（或净亏损）为基础，计算每股收益。

（5）以净利润（或净亏损）和其他综合收益为基础，计算综合收益总额。

利润表各项目均需填列"本期金额"和"上期金额"两栏，其中"上期金额"栏内各项数字，应根据上年同期利润表的"本期金额"栏内所列数字填列。"本期金额"栏内各期数字，除"基本每股收益"和"稀释每股收益"项目外，其他应当按照相关科目的发生额分析填列。如"营业收入"项目，根据"主营业务收入""其他业务收入"科目的发生额分析计算填列；"营业成本"项目，根据"主营业务成本""其他业务成本"科目的发生额分析计算填列。

（二）利润表各项目的填报说明

（1）"营业收入"项目，反映企业经营主要业务和其他业务所确认的收入总额。本项目应根据"主营业务收入"和"其他业务收入"科目的发生额分析填列。

（2）"营业成本"项目，反映企业经营主要业务和其他业务所发生的成本总额。本项目应根据"主营业务成本"和"其他业务成本"科目的发生额分析填列。

（3）"税金及附加"项目，反映企业经营业务应负担的消费税、城市建设维护税、教育费附加、资源税、土地增值税及房产税、车船税、城镇土地使用税、印花税等相关税费。本项目应根据"税金及附加"科目的发生额分析填列。

（4）"销售费用"项目，反映企业在销售商品过程中发生的包装费、广告费等费用和为销售本企业商品而专设的销售机构的职工薪酬、业务费等经营费用。本项目应根据"销售费用"科目的发生额分析填列。

（5）"管理费用"项目，反映企业为组织和管理生产经营发生的管理费用。本项目应根据"管理费用"的发生额分析填列。

（6）"研发费用"项目，反映企业进行研究与开发过程中发生的费用化支出。该项目应根据"管理费用"科目下的"研发费用"明细科目的发生额分析填列。

（7）"财务费用"项目，反映企业筹集生产经营所需资金等而发生的筹资费用。本项目应根据"财务费用"科目的发生额分析填列。其中："利息费用"项目，反映企业为筹集生产经营所需资金等而发生的应予以费用化的利息支出，该项目应根据"财务费用"科目的相关明细科目的发生额分析填列。"利息收入"项目，反映企业确认的利息收入，该项目应根据"财务费用"科目的相关明细科目的发生额分析填列。

（8）"资产减值损失"项目，反映企业各项资产发生的减值损失。本项目应根据"资产减值损失"科目的发生额分析填列。

（9）"信用减值损失"项目，反映企业计提的各项金融工具减值准备所形成的预期信用损失。该项目应根据"信用减值损失"科目的发生额分析填列。

（10）"其他收益"项目，反映计入其他收益的政府补助等，本项目应根据"其他收益"科目的发生额分析填列。

（11）"投资收益"项目，反映企业以各种方式对外投资所取得的收益。本项目应根据"投资收益"科目的发生额分析填列。如为投资损失，本项目以"－"号填列。

（12）"公允价值变动收益"项目，反映企业应当计入当期损益的资产或负债公允价值变动收益。本项目应根据"公允价值变动损益"科目的发生额分析填列。如为净损失，本项目以"－"号填列。

（13）"资产处置收益"项目，反映企业出售划分为持有待售的非流动资产（金融工具、长期股权投资和投资性房地产除外）或处置组（子公司和业务除外）时确认的利得或损失，以及处置未划分为持有待售的固定资产、在建工程、生产性生物资产及无形资产而产生的处置利得或损失；债务重组中因处置非流动资产产生的利得或损失、非货币性资产交换中换出非流动资产产生的利得或损失也包括在本项目内。本项目应根"资产处置损益"科目的发生额分析填列；如为处置损失，以"－"号填列。

（14）"营业利润"项目，反映企业实现的营业利润。如为亏损，本项目以"－"号填列。

（15）"营业外收入"项目，反映企业发生的除营业利润以外的收益，主要包括债务重组利得、与企业日常活动无关的政府补助、盘盈利得、捐赠利得（企业接受股东或股东的子公司直接或间接的捐赠，经济实质属于股东对企业的资本性投入的除外）等。本项目应根据"营业外收入"科目的发生额分析填列。

(16)"营业外支出"项目,反映企业发生的与经营业务无直接关系的各项支出,主要包括债务重组损失、公益性捐赠支出、非常损失、盘亏损失、非流动资产毁损报废损失等。本项目应根据"营业外支出"科目的发生额分析填列。

(17)"利润总额"项目,反映企业实现的利润。如为亏损,本项目以"-"号填列。

(18)"所得税费用"项目,反映企业应从当期利润总额中扣除的所得税费用。本项目应根据"所得税费用"科目的发生额分析填列。

(19)"净利润"项目,反映企业实现的净利润。如为亏损,本项目以"-"号填列。

(20)"其他综合收益的税后净额"项目,反映企业根据企业会计准则规定未在损益中确认的各项利得和损失扣除所得税影响后的净额。

(21)"综合收益总额"项目,反映企业净利润与其他综合收益(税后净额)的合计金额。

(22)"每股收益"项目,包括"基本每股收益"和"稀释每股收益"两项指标,反映普通股或潜在普通股已公开交易的企业,以及正处在公开发行普通股或潜在普通股过程中的企业的每股收益信息。

四、利润表的编制举例

【例10-2】 南方股份有限公司为增值税一般纳税人制造业企业,假设该公司2019年12月有关损益类账户的发生额如表10-5所示。

表10-5 利润表有关损益类账户的发生额　　　　　　　　　　元

账户名称	借方发生额	贷方发生额
主营业务收入		12 500 000
其他业务收入		250 000
投资收益		10 000
营业外收入		250 000
主营业务成本	8 500 000	
其他业务成本	160 000	
税金及附加	550 000	
销售费用	500 000	
管理费用	1 100 000	
财务费用	1 000 000	
营业外支出	100 000	
所得税费用	275 000	

根据上述资料,计算各项目内容如下:

营业收入 = 12 500 000 + 250 000 = 12 750 000(元)

营业成本 = 8 500 000 + 160 000 = 8 660 000(元)

营业利润 = 12 750 000 - 8 660 000 - 550 000 - 500 000 - 1 100 000 - 1 000 000 + 10 000
　　　　 = 950 000(元)

利润总额 = 950 000 + 250 000 - 100 000 = 1 100 000(元)

净利润 = 1 100 000 - 275 000 = 825 000(元)

编制利润表，如表10-6所示。

表10-6 利润表　　　　　　　　　　　　　　　　　　　　　　　会企02表

编制单位：南方股份有限公司　　　　2019年12月　　　　　　　　　　　　单位：元

项目	本期金额	上期金额（略）
一、营业收入	12 750 000	
减：营业成本	8 660 000	
税金及附加	550 000	
销售费用	500 000	
管理费用	1 100 000	
研发费用		
财务费用	1 000 000	
其中：利息费用		
利息收入		
资产减值损失		
信用减值损失		
加：其他收益		
投资收益（损失以"－"号填列）	10 000	
其中：对联营企业和合营企业的投资收益		
公允价值变动损益（损失以"－"号填列）		
资产处置收益（损失以"－"号填列）		
二、营业利润（亏损以"－"号填列）	950 000	
加：营业外收入	250 000	
减：营业外支出	100 000	
三、利润总额（亏损总额以"－"号填列）	1 100 000	
减：所得税费用	275 000	
四、净利润（净亏损以"－"号填列）	825 000	
五、其他综合收益的税后净额		
（一）以后不能重分类进损益的其他综合收益		
（二）以后将重分类进损益的其他综合收益		
六、综合收益总额		
七、每股收益		
（一）基本每股收益		
（二）稀释每股收益		

第四节 现金流量表和所有者权益变动表

一、现金流量表

(一) 现金流量表的概念与作用

1. 现金流量表的概念

现金流量表是反映企业一定时期内经营活动、投资活动和筹资活动对其现金及现金等价物所产生影响的财务报表,用来揭示企业经营活动、投资活动和筹资活动所引起的各种现金流入、流出与净流量的情况。

2. 现金流量表的作用

企业编制现金流量表的目的是,为财务报表使用者提供企业在一定时期内现金及现金等价物流入、流出与净流量的情况,以便财务报表使用者能够更好地了解和评价企业获取现金及现金等价物的能力,并据以预测未来的现金流量。现金流量表的作用主要有以下几个方面:

(1) 现金流量表可以帮助财务报表使用者分析企业现金流入和流出的原因。现金流量表将现金流量划分为经营活动、投资活动和筹资活动三个方面的现金流量,并按照流入现金和流出现金项目分别反映。如企业当期从银行借入200万元,偿还利息1万元,在现金流量表的筹资活动产生的现金流量中分别反映借款200万元,支付利息1万元。因此,通过现金流量表能够反映企业现金流入与流出的原因。即现金是从哪里来的,又流到哪里去了。这些信息是资产负债表和利润表所不能提供的。

(2) 现金流量表可以提供企业收益质量方面的相关信息。利润表所列示的利润,反映了企业在一定期间的经营成果。但是,净利润是根据权责发生制原则编制出来的,它含有那些销售已经实现,但尚未收到货款的销售收入,并没有直接体现企业已实现的利润中哪些是已经收到货款的,哪些是尚未收到货款的,这不利于企业对现金的充分利用——有些企业虽然有很好的净利润,但还是由于资金周转问题而破产、倒闭。现金流量表中经营活动产生的现金流量很好地揭示了那些已收到货款的销售,通过它和净利润的比较,可以判断企业收益的质量,从而提高企业现金的利用效率。

(3) 现金流量表能够说明企业偿还债务和支付股利的能力。企业一定期间获得的利润并不代表其真正具有偿还或支付能力。在某些情况下,虽然企业利润表反映的经营业绩很可观,但企业还是不能偿还到期债务;还有些企业虽然利润表上反映的经营成果并不可观,但却有足够的偿债能力。通过现金流量表可以使投资者、债权人等了解企业获得现金的能力和现金偿付的能力,为筹资提供有用的信息,也使有限的资源流向了最能产生效益的地方。

(4) 现金流量表能够帮助财务报表使用者分析企业未来获取现金的能力。现金流量表反映了企业一定期间内现金流入与流出的整体情况,说明企业现金从哪里来,又用到哪里去。现金流量表中的经营活动产生的现金流量,代表企业运用经济资源创造现金流量的能力,便于投资者分析企业一定期间内产生的净利润与经营活动产生的现金流量的差异;投资活动产生的现金流量,代表企业运用资金产生现金流量的能力;筹资活动产生的现金流量,代表企业筹资获得现金流量的能力。通过现金流量表及其他财务信息,可以分析企业未来获取或支付现金的能力。

(二) 现金流量表的内容与格式

1. 现金流量表的内容

(1) 现金的内容。现金流量表中使用的"现金"概念,包括库存现金、银行存款、其他货币资金和现金等价物;而现金等价物主要是指企业持有的期限短、流动性强、易于转换为已知金额现金、价值变动风险很小的投资。现金等价物虽然不是现金,但其支付能力与现金的差别不大,可视为现金。如企业为保证支付能力,手持必要的现金,为了不使现金闲置,可以购买短期债券,在需要现金时,随时可以变现。其中,期限较短,一般是指从购买日起,三个月内到期。例如,可在证券市场上流通的三个月内到期的短期债券投资等。通常三个月内到期或清偿的国库券、可转让定期存单及银行承兑汇票等皆可列为现金等价物。企业应当根据具体情况确定现金等价物的具体范围,按照一致性原则的要求确定划分标准。

(2) 经营活动产生的现金流量。对企业而言,经营活动的业务主要包括购买原材料、对原材料进行加工生产产品,最后进行产品销售。经营活动既有企业现金(现金收入)的增加,也有现金(现金流出)的减少。

经营活动产生的现金流入主要包括销售商品、提供劳务收到的现金以及收到的税费的返还。

经营活动产生的现金流出主要包括购买原材料支付的现金,为工人支付工资,支付广告费、办公费等的现金,这些都是经营活动产生的现金流出。较之于投资、筹资活动所产生的现金流量,对企业而言,经营活动所产生的现金流量更为重要。

(3) 投资活动产生的现金流量。投资活动中的投资是广义的概念,既包括对外投资,也包括对内投资。对外投资主要是指不包括现金等价物在内的投资和处置活动;对内投资主要是指企业长期资产如固定资产、无形资产的购建和处置活动。

投资活动产生的现金流入主要包括投资股票收到的股利、投资债券收到的利息、收回投资收到的现金,以及处置长期资产收到的现金。例如,公司购买国债每年收到的利息收入,国债到期收回本金时收到的现金。

投资活动产生的现金流出主要包括购买股票、债券等付出的现金,购买厂房和设备等支付的现金。

(4) 筹资活动产生的现金流量。筹资活动是指企业筹集资金的活动。企业筹资来源有两个,即吸收投资者的投资和向银行等金融机构借入的款项。所以,企业的筹资活动具体是指企业吸收投资者投资、发行股票、向银行借款和发行企业债券,以及企业支付股利、偿还利息和到期偿还本金等活动。

筹资活动产生的现金流入包括企业收到投资者投入的资金、向银行贷款借入的资金。例如,企业发行股票筹集资金,购买股票的投资者通过证券公司支付的投资款已经划到企业账上。

筹资活动产生的现金流出包括企业向投资者支付利息、支付股利以及到期偿还债务本金,如企业每年向股东支付现金股利的现金流出。

2. 现金流量表的格式

现金流量表分为主表和补充资料，其主表的基本格式如表10-7所示。

表10-7 现金流量表　　　　　　　　　　　　　　　　　　　　会企03表

编制单位：　　　　　　　　　　　年　月　　　　　　　　　　　　　　　元

项目	本期金额	上期金额
一、经营活动产生的现金流量：		
销售商品、提供劳务收到的现金		
收到的税费返还		
收到其他与经营活动有关的现金		
经营活动现金流入小计		
购买商品、接受劳务支付的现金		
支付给职工以及为职工支付的现金		
支付的各项税费		
支付其他与经营活动有关的现金		
经营活动现金流出小计		
经营活动产生的现金流量净额		
二、投资活动产生的现金流量：		
收回投资收到的现金		
取得投资收益收到的现金		
处置固定资产、无形资产和其他长期资产收回的现金净额		
处置子公司及其他营业单位收到的现金净额		
收到其他与投资活动有关的现金		
投资活动现金流入小计		
购建固定资产、无形资产和其他长期资产支付的现金		
投资支付的现金		
取得子公司及其他营业单位支付的现金		
支付其他与投资活动有关的现金		
投资活动现金流出小计		
投资		
三、筹资活动产生的现金流量：		
吸收投资收到的现金		
其中：子公司吸收少数股东投资收到的现金		
取得借款收到的现金		

续表

项目	本期金额	上期金额
发行债券收到的现金		
收到其他与筹资活动有关的现金		
筹资活动现金流入小计		
偿还债务支付的现金		
分配股利、利润或偿付利息支付的现金		
其中：子公司支付给少数股东的股利、利润		
支付其他与筹资活动有关的现金		
筹资活动现金流出小计		
筹资活动产生的现金流量净额		
四、汇率变动对现金及现金等价物的影响		
五、现金及现金等价物净增加额		
加：期初现金及现金等价物余额		
六、期末现金及现金等价物余额		

二、所有者权益变动表

（一）所有者权益变动表概述

所有者权益变动表是指反映构成所有者权益各组成部分当期增减变动情况的报表。

通过所有者权益变动表，既可以为财务报表使用者提供所有者权益总量增减变动的信息，也能为其提供所有者权益增减变动的结构性信息，特别是能够让财务报表使用者理解所有者权益增减变动的根源。

（二）所有者权益变动表的结构

在所有者权益变动表上，企业至少应当单独列示反映下列信息的项目：

（1）综合收益总额；

（2）会计政策变更和差错更正的累积影响金额；

（3）所有者投入的资本和向所有者分配的利润等；

（4）提取的盈余公积；

（5）实收资本、其他权益工具、资本公积、盈余公积、未分配利润的期初和期末余额及其调节情况。

所有者权益变动表以矩阵的形式列示：一方面，列示导致所有者权益发生变动的交易或事项，即所有者权益变动的来源，对一定时期所有者权益的变动情况进行全面反映；另一方面，按照所有者权益各组成部分（即实收资本、其他权益工具、资本公积、库存股、其他综合收益、盈余公积、未分配利润）列示交易或事项对所有者权益各部分的影响。所有者权益变动表的基本格式如表10-8所示。

表 10-8 所有者权益变动表

编制单位：　　　　　　　　　　　　　　　　　　　　年度　　　　　　　　　　　　　　　　　　　　会企04表
单位：元

项目	本年金额								上年金额							
	实收资本（或股本）	资本（或股本）溢价	减：库存股	其他综合收益	盈余公积	未分配利润	其他	所有者权益合计	实收资本（或股本）	资本（或股本）溢价	减：库存股	其他综合收益	盈余公积	未分配利润	其他	所有者权益合计
一、上年年末余额																
加：会计政策变更																
前期差错更正																
二、本年年初余额																
三、本年增减变动金额（减少以"-"号填列）																
（一）综合收益总额																
（二）所有者投入和减少资本																
1. 所有者投入资本																
2. 股份支付计入所有者权益的金额																
3. 其他																
（三）利润分配																
1. 提取盈余公积																
2. 对所有者（或股东）的分配																
3. 其他																
（四）所有者权益内部结转																
1. 资本公积转增资本（或股本）																
2. 盈余公积转增资本（或股本）																
3. 盈余公积弥补亏损																
4. 其他																
四、本年年末余额																

第五节　财务报表附注

一、财务报表附注概述

附注是对资产负债表、利润表、现金流量表和所有者权益变动表等报表中列示项目的文字描述或明细资料，以及对未能在这些报表中列示项目的说明等。附注主要起到两个方面的作用：

（1）附注的披露，是对资产负债表、利润表、现金流量表和所有者权益变动表列示项目含义的补充说明，以帮助财务报表使用者更准确地把握其含义。例如，通过阅读附注中披露的固定资产折旧政策的说明，使用者可以掌握报告企业与其他企业在固定资产折旧政策上的异同，以便进行更准确的比较。

（2）附注提供了对资产负债表、利润表、现金流量表和所有者权益变动表中未列示项目的详细或明细说明。例如，通过阅读附注中披露的存货增减变动情况，财务报表使用者可以了解资产负债表中未单列的存货分类信息。

通过附注与资产负债表、利润表、现金流量表和所有者权益变动表列示项目的相互参照关系，以及对未能在财务报表中列示项目的说明，可以使财务报表使用者全面了解企业的财务状况、经营成果和现金流量以及所有者权益的情况。

二、财务报表附注的主要内容

附注是财务报表的重要组成部分。根据企业会计准则的规定，企业应当按照如下顺序披露附注的内容：

（1）企业的基本情况，包括以下几种：
①企业注册地、组织形式和总部地址；
②企业的业务性质和主要经营活动；
③母公司以及集团最终母公司的名称；
④财务报告的批准报出者和财务报告批准报出日，或者以签字人及其签字日期为准；
⑤营业期限有限的企业，还应当披露有关营业期限的信息。
（2）财务报表的编制基础。
（3）遵循企业会计准则的声明。
（4）重要会计政策和会计估计。
（5）会计政策和会计估计变更以及差错更正的说明。
（6）报表重要项目的说明。企业应当按照资产负债表、利润表、现金流量表、所有者权益变动表及其项目列示的顺序，对报表重要项目的说明采用文字和数字描述相结合的方式进行披露。
（7）或有和承诺事项、资产负债表日后非调整事项、关联方关系及其交易等需要说明的事项。
（8）有助于财务报表使用者评价企业管理资本的目标、政策及程序的信息。

企业应当在附注中披露在资产负债表日后、财务报告批准报出日前提议或宣布发放的股利总额和每股股利金额（或向投资者分配的利润总额）。

本章小结

本章介绍了会计核算的基本方法——编制财务会计报告，目的是让学习者明确财务会计报告的有关理论，掌握财务报表的结构和基本编制方法。

财务会计报告是指企业对外提供的反映企业某一特定日期财务状况和某一会计期间经营成果、现金流量等会计信息的文件。一套完整的财务会计报告包括资产负债表、利润表、现金流量表、所有者权益（或股东权益）变动表、会计报表附注和财务情况说明书。

资产负债表是反映企业某一特定日期全部资产、负债和所有者权益及其构成情况的报表，它是一张静态的报表。我国资产负债表的格式是账户式。其基本结构是左方反映资产情况，右方反映负债及所有者权益情况，其中资产及负债各项目按流动性排列。它的编制根据总分类账户的期末余额填列，有的可以直接填列，有的需要整理、汇总、计算后填列。

利润表是反映企业在某一时期内经营成果的报表，它是一张动态的报表。利润表的格式一般采用多步式，分步计算营业利润、利润总额及净利润等。其基本结构分为四段。它的编制根据收入、费用类账户的净发生额和其他有关资料填列。

现金流量表是反映企业在某一会计年度内，现金流入与流出情况的报表，它也是一张动态的报表。现金流量表的基本内容分为三部分：经营活动的现金流量、投资活动的现金流量和筹资活动的现金流量。它的编制根据资产负债表、利润表及其他有关账簿分析、汇总后填制。

课后思考与练习

一、单项选择题

1. 按经济业务内容分类，资产负债表属于( )。
   A. 财务状况报表　　　　　　　B. 经营成果报表
   C. 费用成本报表　　　　　　　D. 对外报表

2. 下列项目中，正确反映资产负债表中的"所有者权益"项目的排列顺序是( )。
   A. 实收资本、盈余公积、资本公积、未分配利润
   B. 实收资本、资本公积、盈余公积、未分配利润
   C. 未分配利润、盈余公积、资本公积、实收资本
   D. 盈余公积、资本公积、实收资本、未分配利润

3. 编制利润表的主要依据是( )。
   A. 资产、负债及所有者权益各账户的本期发生额
   B. 各资产、负债及所有者权益账户的期末余额
   C. 各损益类账户的本期发生额
   D. 各损益类账户的期末余额

4. 资产负债表是根据( )会计等式编制的。
   A. 资金占用 = 资金来源
   B. 资产 = 负债 + 所有者权益

C. 资金占用+费用成本=资金来源+收入

D. 收入-费用=利润

5. 资产负债表的项目中需要根据几个总账账户汇总填列的是( )。
   A. 固定资产　　B. 货币资金　　C. 累计折旧　　D. 应交税费

6. 利润表通常把利润分解为( )。
   A. 营业利润、利润总额、净利润　　B. 毛利、营业利润、利润总额
   C. 营业收入、营业利润、净利润　　D. 毛利、营业利润、应税利润额

7. 1—11月份的资产负债表中的"未分配利润"项目，应根据( )填列。
   A. "利润分配"账户余额
   B. "本年利润"账户余额
   C. "盈余公积"账户余额
   D. "本年利润"账户余额和"利润分配"账户余额

8. 按我国会计准则规定，资产负债表采用( )。
   A. 账户式　　B. 混合式　　C. 多步式　　D. 报告式

9. 下列各会计报表中，属于反映企业对外静态报表的是( )。
   A. 资产负债表　　B. 利润表　　C. 现金流量表　　D. 所有者权益变动表

10. "预收账款"账户明细账中若有借方余额，应将其计入资产负债表中的( )项目。
    A. 应收票据及应收账款
    B. 预付账款
    C. 其他应收款
    D. 应付账款

二、多项选择题

1. 下列报表中，属于对外报表的有( )。
   A. 资产负债表　　B. 利润表　　C. 现金流量表　　D. 制造成本表

2. 利润表是( )。
   A. 根据有关账户发生额编制的　　B. 动态报表
   C. 静态报表　　　　　　　　　　D. 反映财务状况的报表
   E. 反映经营成果的报表

3. 在资产负债表中，根据若干总账账户期末余额计算填列的项目有( )。
   A. 存货　　B. 货币资金　　C. 短期借款　　D. 应付职工薪酬

4. 利润表中的营业收入项目，包括( )的金额。
   A. 营业外收入　　B. 其他业务收入　　C. 投资收益　　D. 主营业务收入

5. 资产负债表中的存货项目，应依据( )总账账户的期末余额合计填列。
   A. 原材料　　B. 生产成本　　C. 工程物资　　D. 库存商品

6. 编制会计报表的基本要求有( )。
   A. 数字真实　　B. 计算准确　　C. 内容完整　　D. 报送及时

7. 编制资产负债表时下列( )账户的信息需根据其明细账户余额分析填列。
   A. 应收账款　　B. 应付账款　　C. 预付账款　　D. 预收账款

8. 会计报表信息的使用者包括( )。
   A. 投资人　　B. 债权人　　C. 企业经营管理者　　D. 审计人员

9. 资产负债表中的货币资金项目反映（　　）账户中期末余额合计数。
   A. 应收账款　　　B. 库存现金　　　C. 银行存款　　　D. 其他货币资金
10. 资产负债表中"应收票据及应收账款"项目填列需考虑以下（　　）。
    A. "应收账款"明细账其中的贷方余额
    B. "预收账款"明细账其中的贷方余额
    C. "应收账款"明细账其中的借方余额
    D. "预收账款"明细账其中的借方余额

三、判断题

1. 资产负债表是反映企业在某一特定日期全部资产、负债和所有者权益情况的报表，应按月编制。（　　）
2. 目前国际上比较普遍的利润表格式主要有多步式和单步式两种，为简明清晰起见，我国企业采用的是单步式利润表。（　　）
3. 我国的资产负债表各项目是按照流动性排列的。（　　）
4. 企业的中期财务报表是指半年度财务报表。（　　）
5. 购买固定资产的支出属于经营活动现金流量。（　　）
6. 损益表能够反映出企业的偿债能力和支付能力。（　　）
7. 利润表中各项目应根据各有关账户的余额填列。（　　）
8. 为了及时提供会计信息、保证会计信息的质量，会计报表中的项目与会计科目是完全一致的，并以会计科目的本期发生额或余额填列。（　　）
9. 编制会计报表是为了满足会计信息使用者（包括本企业内部管理者和员工、投资者、债权人、潜在的投资者和债权人、上级主管部门、政府部门等）对会计信息的需求。（　　）
10. 资产负债表是动态报表，利润表是静态报表，前者主要反映一个企业的财务状况及偿债能力，后者主要反映企业的获利能力。（　　）

四、简答题

1. 什么是财务报告？财务报告的基本内容有哪些？
2. 财务报告列报的基本要求有哪些？
3. 资产负债表的期末数填列方式有哪些？
4. 资产负债表里的"应收票据及应收账款"项目的填列需要考虑哪些影响因素？
5. 多步式利润表的利润指标有哪些？分别应怎样计算？
6. 企业财务会计报告的附注包括哪些内容？

五、计算题

某公司2019年损益账户全年发生额数据如表10-9所示。

表10-9　某公司损益账户全年发生额　　　　　　　　　　　　　　　　　　元

主营业务收入	188 000	其他业务收入	20 000	营业外支出	1 000
主营业务成本	76 000	其他业务成本	15 000	销售费用	10 000
营业外收入	2 000	管理费用	19 000	财务费用	2 000
所得税费用	21 000	税金及附加	18 000		

要求：列式计算该公司 2019 年的以下指标：

(1) 营业利润；
(2) 利润总额；
(3) 净利润。

六、业务题

1. S 公司 2019 年年末部分账户余额如表 10-10 所示。

表 10-10　S 公司 2019 年年末部分账户余额　　　　　　　　　　　　　　万元

账　户	期末余额	账　户	期末余额
库存现金	15	生产成本	60
银行存款	120	债权投资 其中：一年内到期的投资	20 12
其他货币资金	15	短期借款	40
应收账款（总账） ——甲公司（明细借方余额） ——乙公司（明细借方余额） ——丙公司（明细贷方余额）	50 22 35 7	应付账款（总账） ——X 公司（明细借方余额） ——Y 公司（明细借方余额）	80 90 10
预付账款（总账） ——A 公司（明细借方余额） ——B 公司（明细贷方余额）	20 25 5	预收账款（总账） ——C 公司（明细贷方余额） ——D 公司（明细贷方余额） ——E 公司（明细借方余额）	25 16 12 3
坏账准备（贷方余额） ——应收账款	2	长期借款 其中：一年内到期的借款	40 25
原材料	200	实收资本	500
库存商品	300	资本公积	60
在途物资	40	利润分配（借方余额）	10

要求：根据上述资料填列表 10-11 中的有关项目。

表 10-11　资产负债表部分项目计算表

资产负债表项目	计算过程
货币资金	
应收票据及应收账款	
预付款项	
存货	
一年内到期的非流动资产	
债权投资	
短期借款	
应付票据及应付账款	

续表

预收款项	
一年内到期的非流动负债	
长期借款	
实收资本	
资本公积	
未分配利润	

2. W公司为增值税一般纳税人，2019年12月有关资料如表10-12所示。

资料一：12月1日有关账户余额如下：

表10-12　W公司12月1日账户期初余额表　　　　　　　　　　　元

会计科目	借方	贷方	会计科目	借方	贷方
库存现金	4 500		短期借款		1 520 000
银行存款	600 000		应付账款		465 300
应收账款	200 000		应交税费		50 000
其他应收款	800		应付票据		70 000
原材料	900 000		实收资本		2 000 000
库存商品	600 000		资本公积		300 000
生产成本——A产品	300 000		盈余公积		150 000
固定资产	3 000 000		本年利润		300 000
累计折旧		1 000 000	利润分配	250 000	

资料二：W公司12月份发生下列经济业务：

（1）1日，从南方公司购入甲材料1 000千克，每千克20元，增值税税率13%，货款及税款约定以商业汇票结算方式结算，另用现金支付材料运费1 000元，运费的增值税额为90元。

（2）2日，上述甲材料验收入库，结转其采购成本。

（3）3日，从仓库领用甲材料直接用于生产产品，其中A产品耗用8 000元，B产品耗用6 000元。B产品本月新投产。

（4）5日，从银行提取现金16 000元，准备发放工资。

（5）6日，以现金16 000元发放11月职工工资。

（6）8日，车间管理人员出差回来报销差旅费1 000元，原预支800元。

（7）9日，向红星公司销售A产品一批，价款400 000元，增值税税率13%，货款及税款已收到并存入银行。

（8）10日，以现金支票支付销售产品过程中的广告费2 500元，增值税额150元。

（9）12日，结转已售A产品的实际成本200 000元。

（10）13日，出售一批不需要用的材料，价款20 000元，增值税税率为13%，款项已存入银行；该材料购进时，实际成本为12 000元。

（11）20日，用转账支票支付本月的短期借款利息600元。

第十章　财务报告

续表

(12) 31日，计算并分配本月应付职工工资15 000元，其中：生产A产品工人工资6 000元，B产品工人工资4 000元；车间管理人员工资2 000元，行政管理人员工资3 000元。

(13) 31日，月末计提固定资产折旧费。其中：车间用的固定资产折旧6 000元，管理部门使用的固定资产折旧2 000元。

(14) 31日，按生产工人工资的比例分配本月制造费用，并将"制造费用"总额结转入"生产成本"账户。

(15) 31日，A、B两种产品完工入库，结转A、B两种产品的实际生产成本。

(16) 31日，按规定计算本月已销A产品应交纳的消费税，按销售收入的10%计算。

(17) 31日，期末盘点发现多出材料费1 000元，经查属于收发计量错误造成。

(18) 31日，结转本月各项收入、费用至"本年利润"账户。

(19) 31日，按利润总额的25%计算应交所得税，并结转本年利润。

(20) 31日，按净利润的10%提取法定盈余公积金，并按净利润的10%向投资者分配股利。

要求：

① 根据上述经济业务编制相应的会计分录。

② 编制该企业的资产负债表（表10-13）和利润表（表10-14）。（资产负债表年初余额略，利润表上期金额略）

表10-13　资产负债表

编制单位：W公司　　　　　　　　　　2019年12月31日　　　　　　　　　　元

资产	期末余额	年初余额	负债和所有者权益（或股东权益）	期末余额	年初余额
流动资产：			流动负债：		
货币资金			短期借款		
交易性金融资产			交易性金融负债		
应收票据及应收账款			应付票据及应付账款		
预付款项			预收款项		
其他应收款			合同负债		
存货			应付职工薪酬		
合同资产			应交税费		
持有待售资产			其他应付款		
一年内到期的非流动资产			持有待售负债		
其他流动资产			一年内到期的非流动负债		
流动资产合计			其他流动负债		
非流动资产：			流动负债合计		
债权投资			非流动负债：		
其他债权投资			长期借款		

续表

资产	期末余额	年初余额	负债和所有者权益（或股东权益）	期末余额	年初余额
长期应收款			应付债券		
长期股权投资			长期应付款		
其他权益工具投资			预计负债		
其他非流动金融资产			递延收益		
投资性房地产			递延所得税负债		
固定资产			其他非流动负债		
在建工程			非流动负债合计		
生产性生物资产			负债合计		
油气资产			所有者权益（或股东权益）：		
无形资产			实收资本（或股本）		
开发支出			其他权益工具		
商誉			其中：优先股		
长期待摊费用			永续债		
递延所得税资产			资本公积		
其他非流动资产			减：库存股		
非流动资产合计			其他综合收益		
			盈余公积		
			未分配利润		
			所有者权益（或股东权益）合计		
资产总计			负债和所有者权益（或股东权益）总计		

表 10-14 利润表

编制单位：W公司　　　　　　2019年12月　　　　　　元

项目	本期金额	上期金额
一、营业收入		
减：营业成本		
税金及附加		
销售费用		
管理费用		
研发费用		
财务费用		
其中：利息费用		
利息收入		

续表

项目	本期金额	上期金额
资产减值损失		
信用减值损失		
加：其他收益		
投资收益（损失以"－"号填列）		
其中：对联营企业和合营企业的投资收益		
公允价值变动损益（损失以"－"号填列）		
资产处置收益（损失以"－"号填列）		
二、营业利润（亏损以"－"号填列）		
加：营业外收入		
减：营业外支出		
三、利润总额（亏损总额以"－"号填列）		
减：所得税费用		
四、净利润（净亏损以"－"号填列）		
五、其他综合收益的税后净额		
（一）以后不能重分类进损益的其他综合收益		
（二）以后将重分类进损益的其他综合收益		
六、综合收益总额		
七、每股收益		
（一）基本每股收益		
（二）稀释每股收益		

七、案例分析题

一天，王总监突然找到吴会计，说手里有些闲钱，准备购买某一上市公司的股票，但对于该上市公司提供的财务报表，无论如何都看不懂，希望他替自己分析一下。

问题：

(1) 该上市公司应提供哪些财务报表？

(2) 通过每个报表，能了解到什么信息？

第十一章

会计核算组织程序

★学习目标

通过本章的学习，应该了解会计核算组织程序的定义及作用；熟悉不同会计核算组织程序的步骤、优缺点及适用范围；掌握四种会计核算组织程序的基本内容。

★案例导入

李娟2009年创办了明华商贸有限责任公司，开始规模较小，注册资本30万元，主要从事商品批发与零售业务，记账一直采用记账凭证核算组织程序。随着经济业务的发展，到2019年，公司注册资本已经扩大到3 000万元，每年销售额达到3亿元，这时会计人员提出采用汇总记账凭证核算组织程序记账。

该公司现在使用记账凭证核算组织程序，准备更换为汇总记账凭证核算组织程序。

思考：记账凭证核算组织程序是什么？汇总记账凭证核算组织程序又是什么？

第一节　会计核算组织程序概述

一、会计核算组织程序的含义及意义

（一）会计核算组织程序的含义

会计核算组织程序也称账务处理程序或会计核算形式，是指在会计循环中，会计主体采用的会计凭证、会计账簿、财务报表的种类和格式与一定的记账程序有机结合的方法和步骤。

1. 会计循环

会计过程是指在一定的会计期间，对于企业发生的经济业务，会计工作从处理原始凭证开始，根据审核后的原始凭证或原始凭证汇总表填制记账凭证，根据审核无误的记账凭证登记账簿直至编制财务报表的一个核算过程。随着企业经营活动的持续进行，这个过程循环往复，周而复始，称为会计循环。

会计循环过程中的内容可概括为：①根据原始凭证填制记账凭证，按照复式记账法为经济业务编制会计分录，并将会计分录通过记账凭证体现出来；②根据编制的记账凭证登记有关账户，包括日记账、明细分类账和总分类账；③根据分类账户的记录，编制调整（结账）前试算表；④按照权责发生制的要求，编制调整分录并予以过账；⑤编制结账分录并登记入账，结清损益类账户和利润账户；⑥根据全部账户数据资料，编制结账后试算表；⑦根据账户的数据资料，编制财务报表，包括资产负债表、利润表等。这七个环节全面地反映了一个会计主体在一定会计期间内的会计核算工作的全部内容，构成了一个完整的会计循环。其中，前三个环节属于会计主体日常的会计核算工作内容；后四个环节属于会计主体在会计期末的会计核算工作内容。会计循环过程如图 11-1 所示。

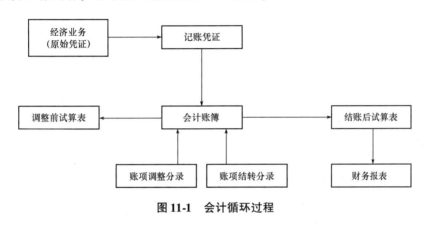

图 11-1　会计循环过程

2. 记账程序

记账程序是指企业在会计循环中，利用不同种类和格式的会计凭证、会计账簿和财务报表对发生的经济业务进行记录和反映的具体做法。

会计凭证、会计账簿和财务报表是会计用来记录和储存会计信息的重要载体。在实务中企业所使用的会计凭证（特别是记账凭证）、会计账簿和财务报表种类繁多，格式也不尽相同。通常，企业应当根据选定的业务处理程序和方法，选择一定种类和格式的会计凭证、会计账簿和财务报表。这也就决定了不同企业所选择的会计凭证、会计账簿和财务报表会有所不同。因此，对其所发生的经济业务如何进行具体处理，特别是如何在有关的总分类账户中进行登记，就有着不同的做法。也就是说，即使是对于同样内容的经济业务进行账务处理，记账程序也各不相同。这个程序在不同的企业是通过采用不同的组织方法来完成的。

综上所述，会计核算组织程序就是指在会计循环中，会计主体所采用的会计凭证、会计账簿和财务报表的种类和格式与一定的记账程序有机结合的方法和步骤。

（二）会计核算组织程序的意义

不同的会计核算组织程序，有不同的方法、特点和适用范围。因此，为了提高会计核算工作的质量和效率，每个单位的财会部门都必须根据会计制度的要求，结合本单位的实际情况和具体条件，科学地建立和正确地选择适当的会计核算组织程序。合理的会计核算组织程序对于科学组织会计核算工作，充分发挥会计的职能，有着十分重要的意义和作用。

1. 有利于提高会计核算工作效率

科学的会计核算组织程序，要求合理确定账簿凭证的种类、格式以及各种凭证之间、各种账簿之间、凭证与账簿之间的相互联系和登记顺序。这对于保证会计核算工作的质量，简化核算手续，提高工作效率，具有重要意义。

2. 有利于提高会计信息质量

科学的会计核算组织程序，要求以原始凭证作为信息的主要来源，而且须经审核，这有利于保证信息的真实性。此外，科学的会计核算组织程序要求信息的传递、加工、存储和输出讲究方式方法，这有利于保证信息的及时性和明晰性。

3. 有利于降低会计核算工作成本

科学的会计核算组织程序，要求讲求经济效益。根据"效益大于成本"的原则设计会计核算组织程序，这样能够在一定程度上降低会计核算工作的成本，节约会计核算方面的支出。

4. 有利于加强会计监督

科学的会计核算组织程序，要求含有审查、核对、清查等环节，这有利于保证经济业务的合法性、合理性和有效性，保证国家财产的安全与完整。

二、会计核算组织程序的设计原则

设计会计核算组织程序要体现科学性、实用性、效益性的原则。既要注重各核算环节的相互联系、相互制约，又要注重核算效益，以适当的人力、物力、财力达到最佳的核算效果。

（一）结合实际，满足需要

企业应充分考虑自身经济活动的性质、经济管理的特点、规模的大小、经济业务的繁简程度以及会计机构与人员的设置等因素，使会计核算组织程序与本企业会计核算工作需要相适应。一般来说，企业的经济活动内容较庞杂，规模较大，经济业务较多，其会计核算组织程序相对也较复杂，反之则较简单。

（二）保证质量，提高效率

会计核算组织程序的目的是要保证准确、及时、完整地提供企业系统的会计信息，以满足不同的会计信息使用者做出合理决策的需要。因此，会计核算组织程序应保证会计信息质量，从而提高会计工作的效率。

（三）力求简化，降低成本

在满足会计核算工作需要，保证会计核算工作质量，提高会计核算工作效率的前提下，企业应力求简化会计核算组织程序，节省会计核算时间，降低会计核算成本。

三、会计核算组织程序的种类

会计核算组织程序有多种组合方式，目前被企业广泛采用的会计核算组织程序有以下几种形式：

（1）记账凭证核算组织程序。

（2）科目汇总表核算组织程序。

（3）汇总记账凭证核算组织程序。
（4）日记总账核算组织程序。

各种会计核算组织程序的区别（即各自的特点）主要表现在登记总账的依据和方法不同。各会计核算组织程序的基本流程如图11-2所示。

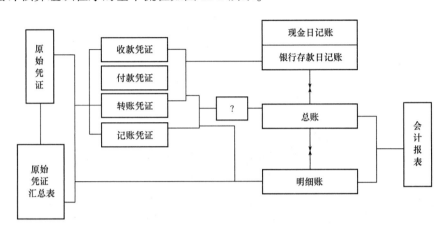

图11-2　会计核算组织程序的基本流程

第二节　记账凭证核算组织程序

一、记账凭证核算组织程序的基本内容

（一）记账凭证核算组织程序的定义

记账凭证核算组织程序是指根据经济业务发生以后所填制的各种记账凭证直接逐笔地登记总分类账，并定期编制会计报表的一种账务处理程序。

（二）记账凭证核算组织程序下的凭证、账簿的种类与格式

在记账凭证核算组织程序下，记账凭证的设置一般采用收款凭证、付款凭证、转账凭证，也可以采用通用记账凭证。会计账簿一般设置序时账簿、总分类账簿和明细分类账簿。其中，序时账簿是指现金日记账和银行存款日记账，账页格式一般采用三栏式的格式；总分类账簿简称总账，应包括企业核算所需要的全部账户，并为每一账户开设账页，用以分类、系统地反映每一类经济业务，其账页格式也应采用三栏式；明细分类账簿简称明细账，根据企业的需要来设置，用以详细、具体地反映企业一些重要的经济业务，其账页格式可以采用三栏式、数量金额式、平行式、多栏式等。

（三）记账凭证核算组织程序下账务处理的基本步骤

在记账凭证核算组织程序下，对记账凭证不做任何加工，直接依据记账凭证登记总账。即登记明细账、日记账与总账的依据是一样的，都是记账凭证。记账凭证核算组织程序流程如图11-3所示。

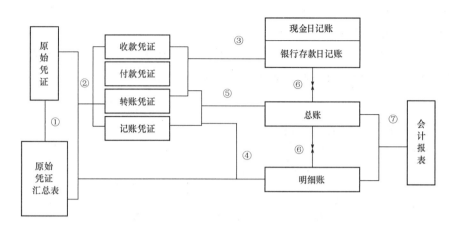

图 11-3 记账凭证核算组织程序的流程

记账凭证核算组织程序的主要处理过程包括：

①根据审核后的原始凭证编制原始凭证汇总表。（该步骤可有可无，因为有的原始凭证可以直接据以编制记账凭证；有的原始凭证可以先汇总，再据以编制记账凭证，如领料单）

②根据原始凭证或原始凭证汇总表编制各种记账凭证（如收款凭证、付款凭证和转账凭证，也可以采用通用记账凭证）。

③根据现金和银行存款的收、付款凭证或通用记账凭证登记现金和银行存款日记账。

④根据记账凭证及有关的原始凭证或原始凭证汇总表登记各种明细账。

⑤根据记账凭证序时登记总账。

⑥将现金日记账、银行存款日记账与总账定期核对相符；将明细分类账与总账定期核对相符。

⑦根据核对相符的总账和明细账（当然账证、账实也要相符）编制会计报表。

二、记账凭证核算组织程序的特点、优缺点及适用范围

（一）记账凭证核算组织程序的特点

记账凭证核算组织程序的特点是：直接根据各种记账凭证逐笔登记总分类账。即在登记总账时，对记账凭证不需经过任何加工，直接根据每张记账凭证所列账户的名称、方向和金额逐笔登记总账。因为根据记账凭证登记总账是这种会计核算组织程序区别其他会计核算组织程序的最主要的特点，所以称之为记账凭证核算组织程序。它是会计核算程序中一种最基本的核算程序，其他各种会计核算程序都是在这个基础上发展和演变而来的。

（二）记账凭证核算组织程序的优缺点及适用范围

1. 记账凭证核算组织程序的优点

（1）记账凭证核算组织程序，登记总账工作是根据记账凭证直接完成的，在总分类账里能够详细地反映企业的经济业务活动情况。

（2）总分类账的记账方法比较简单，易于掌握，账簿与凭证之间的关系清晰明了，便于错账的查找与更正，使用方便。

2. 记账凭证核算组织程序的缺点

（1）该核算组织程序登记总账的次数比较频繁，登记总账的业务量比较繁重，经济业务较多的单位，登记总账的工作量大，且不便于对会计工作进行分工。而且由于每笔经济业务都依据同样的记账凭证既登记总账，又登记明细账或日记账，造成简单的重复登记。

（2）该账务处理程序需要占用大量的总账账页，总账一般采取订本式，需要为每一个账户预留账页。由于在设置账户时很难预先估计每个账户将要登记的页数，给预留账页带来很大的困难。预留账页过多将带来浪费，预留账页过少则难以保证同类信息的连续登记。

3. 记账凭证核算组织程序的适用范围

这种核算程序主要适用于单位生产经营规模较小，业务量少，每期处理的会计凭证不多的小型会计主体。

第三节 科目汇总表核算组织程序

一、科目汇总表核算组织程序的基本内容

（一）科目汇总表核算组织程序的定义

科目汇总表核算组织程序是指根据各种记账凭证先定期（或月末一次）按会计科目汇总编制科目汇总表，然后根据科目汇总表登记总分类账，并定期编制财务报表的账务处理程序。

（二）科目汇总表核算组织程序下的凭证、账簿的种类与格式

科目汇总表核算组织程序并没有改变记账凭证核算程序下有关会计凭证和会计账簿的设置。记账凭证可以采用通用或专用记账凭证，设置三栏式的现金和银行存款日记账；设置三栏式的总分类账，并按每一个总账科目开设账页；明细分类账格式，按其所反映的经济内容，可开设三栏式、多栏式和数量金额式等账页。

（三）科目汇总表的编制方法

科目汇总表又称记账凭证汇总表，是以列表的方式定期反映记账凭证所涉及的全部会计科目的累计借方发生额和累计贷方发生额的一种工具。由于编制科目汇总表的目的是用来登记总账，为了后期登总账方便，科目汇总表里的科目应该保持一定的排列顺序，科目汇总表的会计科目的排列顺序一般应与总账的账户保持对应关系，而总账账簿是后期编制会计报表的依据，总账各账户的开设，也应该考虑后期编制会计报表的方便，一般与报表项目的排列顺序保持一致。例如，资产负债表是第一号报表，资产负债表中的项目按流动性排列。在总账里设置账户时，资产负债表相关的账户排在前面，利润表相关的账户排在后面，而资产账户，流动性项目排在前面，非流动项目排在后面。因此，科目汇总表的会计科目的排列顺序一般是按库存现金、银行存款、其他货币资金、交易性金融资产等顺序排列。这样的排列实质上与会计科目的编号顺序一样。也就是说，在编制科目汇总表时，表中会计科目的排列顺序应按会计科目的编号顺序排列。编制科目汇总表的直接依据是记账凭证，在记账凭证中每一科目的借方发生额或贷方发生额可能不止一笔金额，各科目的金额不宜直接在科目汇总表内填列，需要先在草稿纸上累加每个科目的借方或贷方发生额，将合计数按对应科目填列在

科目汇总表的本期发生额栏内。

科目汇总的时间应根据企业业务量的多少而定，可以是1天、3天、5天、7天、10天、半月或一个月。其基本格式如表11-1、表11-2所示。

表11-1　科目汇总表（格式1）　　　　　　　　　　　　　第　号
年　月　日至　日　　　　　　　　　附单据　张

会计科目	借方发生额	贷方发生额	账页
合计			

表11-2　科目汇总表（格式2）　　　　　　　　　　　　　第　号
年　月　日至　日　　　　　　　　　附单据　张

会计科目	1—10日		11—20日		21—30日		合计		总账页数
	借方	贷方	借方	贷方	借方	贷方	借方	贷方	
合计									

（四）科目汇总表核算组织程序下账务处理的基本步骤

科目汇总表核算程序与记账凭证核算程序的不同之处在于，它不是根据记账凭证直接登记总账，而是根据记账凭证先编制科目汇总表，然后根据科目汇总表登记总账，其他环节基本相同。科目汇总表核算组织程序的流程如图11-4所示。

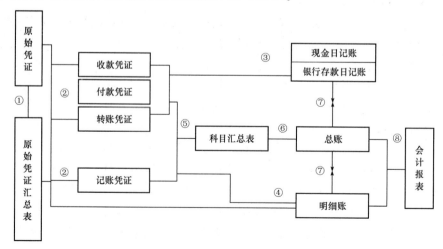

图11-4　科目汇总表核算组织程序的流程

其主要处理过程包括以下内容：

（1）根据原始凭证编制原始凭证汇总表。（有些会计主体没有此步骤）

（2）根据原始凭证或原始凭证汇总表编制各种记账凭证（包括收款凭证、付款凭证、转账凭证，也可以是通用记账凭证）。

（3）根据现金和银行存款的收、付款凭证或通用记账凭证登记现金和银行存款日记账。

（4）根据记账凭证及有关的原始凭证或原始凭证汇总表登记各种明细账。

（5）根据记账凭证定期编制科目汇总表。

（6）根据科目汇总表登记总账。

（7）将现金日记账、银行存款日记账与总账定期核对相符；将明细分类账与总账定期核对相符。

（8）根据核对相符的总账和明细账（要求账证、账实也要核对相符）编制会计报表。

二、科目汇总表核算组织程序的优缺点及适用范围

科目汇总表核算组织程序是在记账凭证核算程序的基础上演变而来的，是为了克服记账凭证核算程序的缺点而设计的。该核算组织程序的特点是定期地将记账凭证进行汇总，编制科目汇总表，并据以登记总账。根据科目汇总表登记总账是这种核算程序的显著特点，除登记总账环节与记账凭证核算程序不同以外，其他环节均相同。

（一）科目汇总表核算组织程序的优点

（1）科目汇总表核算组织程序由于是根据科目汇总表来登记总账，所以大大减少了登记总账的工作量，这就使会计核算的工作量从总体上得到了简化，有利于保证总账登记的正确性。

（2）通过编制科目汇总表，可以对本期发生额进行试算平衡，保证核算资料的正确性，便于对资金运动进行分析。

（二）科目汇总表核算组织程序的缺点

由于科目汇总表本身不能反映科目对应关系，据此登记总账，也难以看到账户与账户之间的对应关系，所以不便于根据账簿记录来分析检查经济业务的来龙去脉，使复式记账法的优点在这里得不到体现，给对账工作带来一定困难。不便于检查分析经济活动情况。

（三）科目汇总表核算组织程序的适用范围

这种核算组织程序，主要适用于日常经济业务较多，处理会计凭证数量较多的单位，一般适用于业务量较大的会计主体。但是由于该核算组织程序能大大简化登记总账的工作量，受到了众多会计主体的欢迎，所以它是会计实务中应用最广泛的核算组织程序。

三、科目汇总表核算组织程序实例

（一）资料

【例 11-1】 假设某公司为一般纳税人，2020 年 3 月末的资产负债表及 4 月份的经济业务如下：

（1）3 月末的资产负债表（简表）如表 11-3 所示。

表 11-3　资产负债表（简表）

2020 年 3 月 31 日　　　　　　　　　　　　　　　　　　　　　　　元

资产	期末数	负债及所有者权益	期末数
库存现金	2 000	短期借款	20 000
银行存款	20 000	长期借款	60 000
原材料	21 000	实收资本	100 000
生产成本	13 000		
库存商品	24 000		
固定资产原值	139 000		
减：累计折旧	39 000		
固定资产净值	100 000		
合计	180 000	合计	180 000

（2）4 月份的经济业务如下：

①4 月 1 日，购入甲材料 1 000 千克，单价 7 元，共计 7 000 元，增值税进项税额 910 元。材料已验收入库，货款以银行存款支付。

②4 月 6 日，陈晨出差预借差旅费 500 元，以现金支付。

③4 月 10 日，销售 A 产品 300 件，单价 50 元，共计 15 000 元，增值税销项税额 1 950 元。货已发出，价款已收到并存入银行。

④4 月 15 日，为生产 A 产品领用甲材料 200 千克，单价 7 元，共计 1 400 元。

⑤4 月 20 日，陈晨出差归来，报销差旅费 450 元，并交回余款 50 元。

⑥4 月 29 日，以银行存款支付本月的保险费 300 元。

⑦4 月 30 日，结转已售 A 产品成本，已知 A 产品单位成本 20 元。

⑧4 月 30 日，结转本月利润。

（二）按科目汇总表核算组织程序进行会计处理

（1）根据原始凭证或原始凭证汇总表填制收款凭证、付款凭证和转账凭证，格式和内容如表 11-4 至表 11-13 所示。

表 11-4　收款凭证

借方科目：银行存款　　　　　　　　2020 年 4 月 10 日　　　　　　　　收字第 1 号

| 摘要 | 贷方科目 | | 记账 | 金额 |
	一级科目	明细科目		
销售 A 产品 300 件	主营业务收入	A 产品		15 000
	应交税费	应交增值税（销）		1 950
附件　　张	合　　计			￥16 950

会计主管　　　　　　记账　　　　　　出纳　　　　　　审核　　　　　　制单

表 11-5　收款凭证

借方科目：库存现金　　　　　　　　2020 年 4 月 20 日　　　　　　　　收字第 2 号

摘要	贷方科目		记账	金额
	一级科目	明细科目		
陈晨出差归还现金	其他应收款	陈晨		50
附件　张	合　计			￥50

会计主管　　　　　　　记账　　　　　　　出纳　　　　　　　审核　　　　　　　制单

表 11-6　付款凭证

贷方科目：银行存款　　　　　　　　2020 年 4 月 1 日　　　　　　　　付字第 1 号

摘要	借方科目		记账	金额
	一级科目	明细科目		
购入甲材料1 000千克	原材料	甲材料		7 000
	应交税费	应交增值税（进）		910
附件　张	合　计			￥7 910

会计主管　　　　　　　记账　　　　　　　出纳　　　　　　　审核　　　　　　　制单

表 11-7　付款凭证

贷方科目：库存现金　　　　　　　　2020 年 4 月 6 日　　　　　　　　付字第 2 号

摘要	借方科目		记账	金额
	一级科目	明细科目		
陈晨预借差旅费	其他应收款	陈晨		500
附件　张	合　计			￥500

会计主管　　　　　　　记账　　　　　　　出纳　　　　　　　审核　　　　　　　制单

表 11-8　付款凭证

贷方科目：银行存款　　　　　　　　2020 年 4 月 29 日　　　　　　　　付字第 3 号

摘要	借方科目		记账	金额
	一级科目	明细科目		
支付4月保险费	管理费用	保险费		300
附件　张	合　计			￥300

会计主管　　　　　　　记账　　　　　　　出纳　　　　　　　审核　　　　　　　制单

表 11-9　转账凭证

2020 年 4 月 15 日　　　　　　　　　　　　　　　　　　　　转字第 1 号

摘要	会计科目		记账	借方金额	贷方金额
	一级科目	明细科目			
生产领用甲材料 200 千克	生产成本	A 产品（直接材料）		1 400	
	原材料	甲材料			1 400
附件　　张	合　　　　计			¥1 400	¥1 400

会计主管　　　　　　记账　　　　　　出纳　　　　　　审核　　　　　　制单

表 11-10　转账凭证

2020 年 4 月 20 日　　　　　　　　　　　　　　　　　　　　转字第 2 号

摘要	会计科目		记账	借方金额	贷方金额
	一级科目	明细科目			
陈晨报销差旅费	管理费用	差旅费		450	
	其他应收款	陈晨			450
附件　　张	合　　　　计			¥450	¥450

会计主管　　　　　　记账　　　　　　出纳　　　　　　审核　　　　　　制单

表 11-11　转账凭证

2020 年 4 月 30 日　　　　　　　　　　　　　　　　　　　　转字第 3 号

摘要	会计科目		记账	借方金额	贷方金额
	一级科目	明细科目			
结转已售 A 产品的成本	主营业务成本	A 产品		6 000	
	库存商品	A 产品			6 000
附件　　张	合　　　　计			¥6 000	¥6 000

会计主管　　　　　　记账　　　　　　出纳　　　　　　审核　　　　　　制单

表 11-12　转账凭证

2020 年 4 月 30 日　　　　　　　　　　　　　　　　　　　　转字第 4 号

摘要	会计科目		记账	借方金额	贷方金额
	一级科目	明细科目			
结转 4 月收入	主营业务收入			15 000	
	本年利润				15 000
附件　　张	合　　　　计			¥15 000	¥15 000

会计主管　　　　　　记账　　　　　　出纳　　　　　　审核　　　　　　制单

表 11-13　转账凭证

2020 年 4 月 30 日　　　　　　　　　　　　　　　　　　　　　　　　　转字第 5 号

摘要	会计科目		记账	借方金额	贷方金额
	一级科目	明细科目			
结转 4 月费用	本年利润			6 750	
	主营业务成本				6 000
	管理费用				750
附件　张	合　　计			￥6 750	￥6 750

会计主管　　　　　　记账　　　　　　出纳　　　　　　审核　　　　　　制单

（2）根据收款凭证、付款凭证及所附原始凭证登记现金日记账和银行存款日记账，如表 11-14、表 11-15 所示。

表 11-14　库存现金日记账

第　页

2020 年		凭证		摘要	对方账户	收入	支出	金额
月	日	字	号					
4	1			月初余额				2 000
4	6	付	2	陈晨预借差旅费	其他应收款		500	1 500
4	20	收	2	陈晨归还现金	其他应收款	50		1 550
4	30			本月合计		50	500	1 550

表 11-15　银行存款日记账

第　页

2020 年		凭证		摘要	对方账户	收入	支出	金额
月	日	字	号					
4	1			月初余额				20 000
4	1	付	1	购入原材料	原材料		7 000	13 000
4	10	收	1	销售 A 产品	主营业务收入	15 000		28 000
4	29	付	3	支付保险费	管理费用		300	27 700
4	30			本月合计		15 000	7 300	27 700

（3）根据收款凭证、付款凭证转账凭证及所付原始凭证登记部分明细分类账，如表 11-16 至表 11-18 所示。

表 11-16　其他应收款明细分类账

会计科目：陈晨

2020 年		凭证		摘要	借方金额	贷方金额	借或贷	余额
月	日	字	号					
4	6	付	2	陈晨预借差旅费	500		借	500
4	20	收	2	陈晨归还现金		50	借	450
4	20	转	2	陈晨报销差旅费		450	平	0
4	30			本月合计	500	500	平	0

表 11-17　原材料明细分类账

会计科目：甲材料

2020 年		凭证		摘要	收入			发出			借或贷	结存		
月	日	字	号		数量	单价	金额	数量	单价	金额		数量	单价	金额
4	1	付	2	期初余额							借	3 000	7	21 000
4	1	收	2	购进	1 000	7	7 000							28 000
4	15	转	2	领用				200	7	1 400				26 600
4	30			本月合计	1 000	7	7 000	200	7	1 400		3 800	7	26 600

表 11-18　管理费用明细账

第　　页

2020 年		凭证		摘要	借方						余额
月	日	字	号		…	保险费	差旅费	…	…	合计	
4	20	转	2	陈晨报销差旅费			450			450	
4	29	付	3	支付4月保险费		300				300	
4	30	转	5	结转4月费用		300	450			750	

（4）根据记账凭证编制科目汇总表，如表 11-19 所示。

表 11-19　科目汇总表

2020 年 4 月 1—30 日　　　　　　　　　　　　　　　　　　汇字第 4 号

会计科目	本期发生额		总账页数
	借方	贷方	
库存现金	50	500	
银行存款	17 550	8 470	
其他应收款	500	500	
原材料	7 000	1 400	
库存商品		6 000	
应交税费	1 190	2 550	
生产成本	1 400		

续表

会计科目	本期发生额		总账页数
	借方	贷方	
主营业务收入	15 000	15 000	
主营业务成本	6 000	6 000	
管理费用	750	750	
本年利润	6 750	15 000	
合　计	56 190	56 190	

（5）根据科目汇总表登记总分类账，如表11-20至表11-35所示。

表11-20　总分类账（一）

会计科目：库存现金　　　　　　　　　　　　　　　　　　　　　　　　　　　　　　第　　页

2020年		凭证编号	摘要	借方金额	贷方金额	借或贷	余额
月	日						
4	1		期初余额			借	2 000
4	30	科汇4	1—30日科汇	50	500	借	1 550
4	30		本月合计	50	500	借	1 550

表11-21　总分类账（二）

会计科目：银行存款　　　　　　　　　　　　　　　　　　　　　　　　　　　　　　第　　页

2020年		凭证编号	摘要	借方金额	贷方金额	借或贷	余额
月	日						
4	1		期初余额			借	20 000
4	30	科汇4	1—30日科汇	17 550	8 470	借	29 080
4	30		本月合计	17 550	8 470	借	29 080

表11-22　总分类账（三）

会计科目：原材料　　　　　　　　　　　　　　　　　　　　　　　　　　　　　　　第　　页

2020年		凭证编号	摘要	借方金额	贷方金额	借或贷	余额
月	日						
4	1		期初余额			借	21 000
4	30	科汇4	1—30日科汇	7 000	1 400	借	26 600
4	30		本月合计	7 000	1 400	借	26 600

表11-23　总分类账（四）

会计科目：其他应收款　　　　　　　　　　　　　　　　　　　　　　　　　　　　　第　　页

2020年		凭证编号	摘要	借方金额	贷方金额	借或贷	余额
月	日						
4	30	科汇4	1—30日科汇	500	500	平	0
4	30		本月合计	500	500	平	0

表 11-24 总分类账（五）

会计科目：库存商品　　　　　　　　　　　　　　　　　　　　　　　　　　　　　　　　　　　　　第　　页

2020年		凭证编号	摘要	借方金额	贷方金额	借或贷	余额
月	日						
4	1		期初余额			借	24 000
4	30	科汇4	1—30日科汇		6 000	借	18 000
4	30		本月合计		6 000	借	18 000

表 11-25 总分类账（六）

会计科目：应交税费　　　　　　　　　　　　　　　　　　　　　　　　　　　　　　　　　　　　　第　　页

2020年		凭证编号	摘要	借方金额	贷方金额	借或贷	余额
月	日						
4	1		期初余额			平	0
4	30	科汇4	1—30日科汇	1 190	2 550	借	1 360
4	30		本月合计	1 190	2 550	借	1 360

表 11-26 总分类账（七）

会计科目：生产成本　　　　　　　　　　　　　　　　　　　　　　　　　　　　　　　　　　　　　第　　页

2020年		凭证编号	摘要	借方金额	贷方金额	借或贷	余额
月	日						
4	1		期初余额			借	13 000
4	30	科汇4	1—30日科汇	1 400		借	14 400
4	30		本月合计	1 400		借	14 400

表 11-27 总分类账（八）

会计科目：主营业务收入　　　　　　　　　　　　　　　　　　　　　　　　　　　　　　　　　　　第　　页

2020年		凭证编号	摘要	借方金额	贷方金额	借或贷	余额
月	日						
4	30	科汇4	1—30日科汇	15 000	15 000	平	0
4	30		本月合计	15 000	15 000	平	0

表 11-28 总分类账（九）

会计科目：主营业务成本　　　　　　　　　　　　　　　　　　　　　　　　　　　　　　　　　　　第　　页

2020年		凭证编号	摘要	借方金额	贷方金额	借或贷	余额
月	日						
4	30	科汇4	1—30日科汇	6 000	6 000	平	0
4	30		本月合计	6 000	6 000	平	0

表 11-29 总分类账（十）

会计科目：管理费用　　　　　　　　　　　　　　　　　　　　　　　　　　　　第　　页

2020 年		凭证编号	摘要	借方金额	贷方金额	借或贷	余额
月	日						
4	30	科汇 4	1—30 日科汇	750	750	平	0
4	30		本月合计	750	750	平	0

表 11-30 总分类账（十一）

会计科目：本年利润　　　　　　　　　　　　　　　　　　　　　　　　　　　　第　　页

2020 年		凭证编号	摘要	借方金额	贷方金额	借或贷	余额
月	日						
4	30	科汇 4	1—30 日科汇	6 750	15 000	贷	8 250
4	30		本月合计	6 750	15 000	贷	8 250

表 11-31 总分类账（十二）

会计科目：固定资产　　　　　　　　　　　　　　　　　　　　　　　　　　　　第　　页

2020 年		凭证编号	摘要	借方金额	贷方金额	借或贷	余额
月	日						
4	1		期初余额			借	139 000
4	30		本月合计			借	139 000

表 11-32 总分类账（十三）

会计科目：累计折旧　　　　　　　　　　　　　　　　　　　　　　　　　　　　第　　页

2020 年		凭证编号	摘要	借方金额	贷方金额	借或贷	余额
月	日						
4	1		期初余额			贷	39 000
4	30		本月合计			贷	39 000

表 11-33 总分类账（十四）

会计科目：短期借款　　　　　　　　　　　　　　　　　　　　　　　　　　　　第　　页

2020 年		凭证编号	摘要	借方金额	贷方金额	借或贷	余额
月	日						
4	1		期初余额			贷	20 000
4	30		本月合计			贷	20 000

表 11-34 总分类账（十五）

会计科目：长期借款　　　　　　　　　　　　　　　　　　　　　　　　　　　　第　　页

2020 年		凭证编号	摘要	借方金额	贷方金额	借或贷	余额
月	日						
4	1		期初余额			贷	60 000
4	30		本月合计			贷	60 000

表 11-35　总分类账（十六）

会计科目：实收资本　　　　　　　　　　　　　　　　　　　　　　　　　　第　　页

2020年		凭证编号	摘要	借方金额	贷方金额	借或贷	余额
月	日						
4	1		期初余额			贷	10 000
4	30		本月合计			贷	10 000

（6）日记账与总账核对，明细账与总账核对，以保证账账相符。总分类账的本期发生额及余额如表 11-36 所示。

表 11-36　总分类账户的本期发生额及余额

2020 年 4 月 30 日

会计科目	期初余额		本期发生额		期末余额	
	借方	贷方	借方	贷方	借方	贷方
库存现金	2 000		50	500	1 550	
银行存款	20 000		17 550	8 190	29 080	
原材料	21 000		7 000	1 400	26 600	
生产成本	13 000		1 400		14 400	
库存商品	24 000			6 000	18 000	
固定资产原值	139 000				139 000	
累计折旧		39 000				39 000
短期借款		20 000				20 000
应交税费			1 190	2 550		1 360
长期借款		60 000				60 000
实收资本		100 000				100 000
其他应收款			500	500		
管理费用			750	750		
主营业务成本			6 000	6 000		
主营业务收入			15 000	15 000		
本年利润			6 750	15 000		8 250
合　　计	219 000	219 000	56 190	56 190	228 610	228 610

（7）根据总分类账、各明细分类账编制财务报表（略）。

第四节　汇总记账凭证核算组织程序

一、汇总记账凭证核算组织程序的基本内容

（一）汇总记账凭证核算组织程序的定义

汇总记账凭证是对日常会计核算过程中所填制的专用记账凭证，按照凭证的种类，采用

一定的方法定期进行汇总而重新填制的一种记账凭证。汇总记账凭证核算组织程序是指根据各种专用记账凭证定期汇总编制汇总记账凭证，然后根据汇总记账凭证登记总分类账，并定期编制会计报表的一种账务处理程序。它是在记账凭证核算组织程序的基础上发展演变而来的一种会计核算组织程序。

（二）汇总记账凭证核算组织程序下的凭证、账簿的种类与格式

在汇总记账凭证核算组织程序下，记账凭证需采用收款凭证、付款凭证和转账凭证三种专用凭证，同时，还需要使用汇总记账凭证，包括汇总收款凭证、汇总付款凭证、汇总转账凭证，这是汇总记账凭证核算组织程序的独特之处。账簿的设置与科目汇总表核算形式下账簿的设置相同，需设置三栏式现金和银行存款日记账；三栏式总分类账，并按每一账户设置账页；明细账格式根据经济业务的内容不同，采用三栏式、多栏式和数量金额式。

（三）汇总记账凭证的编制方法

汇总记账凭证也是一种记账凭证，它是根据收款凭证、付款凭证和转账凭证定期汇总编制而成。企业各种汇总记账凭证的编制方法如下。

1. 汇总收款凭证的编制方法

汇总收款凭证是对收款凭证进行的汇总。收款凭证的借方科目均是现金或银行存款，根据这一特征：可以把现金收款凭证放到一起，汇总现金科目的借方发生额以及对应科目的贷方发生额，并据以编制汇总收款凭证；可以把银行存款收款凭证放到一起，汇总银行存款科目的借方发生额以及对应科目的贷方发生额，并据以编制汇总收款凭证。汇总收款凭证的表外科目为"库存现金或银行存款"，在列示表内科目时，一般按照总账账户中科目的排列顺序列示，以便后期据以登记总账。

汇总收款凭证的编制依据分别是银收类、现收类记账凭证。汇总收款凭证每次汇总时只需编制两张，汇总时间定期进行，可以是5天、10天、15天，一般根据单位业务量的大小决定。汇总收款凭证的格式如表11-37所示。

表11-37 汇总收款凭证

借方科目：银行存款　　　　　　　2020年4月　　　　　　　　汇收字第　　号

贷方科目	金额			合计	总账页数	
	1—10日收款凭证 第　号至　号	11—20日收款凭证 第　号至　号	21—30日收款凭证 第　号至　号		借方	贷方
合计						

会计主管　　　　　　　记账　　　　　　　审核　　　　　　　制单

2. 汇总付款凭证的编制方法

汇总付款凭证是对付款凭证进行的汇总。付款凭证的贷方科目均是现金或银行存款，根

据这一特征：可以把现金付款凭证放到一起，汇总现金科目的贷方发生额以及对应科目的借方发生额，并据以编制汇总付款凭证；可以把银行存款、付款凭证放到一起，汇总银行存款科目的贷方发生额以及对应科目的借方发生额，并据以编制汇总付款凭证。汇总付款凭证的表外科目为"库存现金或银行存款"，在列示表内科目时，一般按照总账账户中科目的排列顺序列示，以便后期据以登记总账。

汇总付款凭证的编制依据分别是银付类、现付类记账凭证。汇总付款凭证每次汇总时只需编制两张，汇总时间定期进行，可以是 5 天、10 天、15 天，一般根据单位业务量的大小决定。汇总付款凭证的格式如表 11-38 所示。

表 11-38　汇总付款凭证

贷方科目：库存现金　　　　　　　　2020 年 4 月　　　　　　　　汇付字第　　号

借方科目	金　额			合计	总账页数	
	1—10 日收款凭证 第　号至　号	11—20 日收款凭证 第　号至　号	21—30 日收款凭证 第　号至　号		借方	贷方
合计						

会计主管　　　　　　　　记账　　　　　　　　审核　　　　　　　　制单

3. 汇总转账凭证的编制方法

汇总转账凭证是对转账凭证进行的汇总，因为收款凭证的借方是库存现金，或银行存款，因此在编制汇总收款凭证时，可以将借方科目固定下来，将其对应的其他科目一一汇总，汇总付款凭证也同理。但转账凭证本身借方或贷方科目均不固定，可以是除了库存现金、银行存款科目之外的任何一个会计科目，在汇总时不能采用与汇总收款凭证及汇总付款凭证一样的方法。

一般情况下，按照转账凭证的贷方科目进行汇总，即在所有的转账凭证中，将贷方科目相同的凭证放在一起，汇总该科目的贷方发生额及其对应科目的借方发生额。如果某张凭证的贷方科目，在其他凭证上没有与之相同的会计科目，则不需要汇总，而是直接登记总账。这里有一个问题值得注意，一借多贷的转账凭证，应被使用多次，即有一个贷方科目，就有可能参加一次汇总，有两个贷方科目，就有可能参加两次汇总。究竟编制多少张汇总转账凭证，要看所有转账凭证中贷方科目的个数，也就是说其张数是不固定的。若企业编制多借多贷的记账凭证，在汇总时容易带来混乱。因此，采用汇总记账凭证核算组织程序的企业，应当避免编制多借多贷的记账凭证。汇总转账凭证一般按记账凭证上的贷方科目（原材料、固定资产等）设置，按它们相应的借方科目定期汇总，计算出每一个借方科目合计数，填入汇总转账凭证的相应栏次。汇总转账凭证的格式如表 11-39 所示。

表 11-39　汇总转账凭证

贷方科目：原材料　　　　　　　　2020 年 4 月　　　　　　　　汇转字第　　号

借方科目	金　　额			合计	总账页数	
	1—10 日收款凭证 第　号至　号	11—20 日收款凭证 第　号至　号	21—30 日收款凭证 第　号至　号		借方	贷方
合计						

会计主管　　　　　　　记账　　　　　　　审核　　　　　　　制单

汇总记账凭证与科目汇总表都是对记账凭证进行的汇总，都可以简化总分类账的登记工作，但它们的填制方法、产生的结果也不同，所以两者有本质区别。汇总记账凭证是分收款、付款、转账三类凭证汇总，而且要求反映科目与科目之间的对应关系，所以便于了解经济业务的具体内容。而科目汇总表是定期汇总计算每一账户的借方发生额和贷方发生额，并不考虑账户的对应关系，全部账户的借方发生额、贷方发生额可以汇总在一张表内，其结果是根据科目汇总表登记总账不能反映每个账户之间的对应关系，这就不便于了解经济业务的具体内容。

（四）汇总记账凭证编制示例

【例 11-2】　某企业依据 2020 年 4 月 1—10 日发生的现金收款业务编制了以下 6 张记账凭证，现收 1~6 号（以分录代替）：

（1）现收 1 号：

借：库存现金　　　　　　　　　　　　　　　　　　　　　　　300

　　贷：其他应收款　　　　　　　　　　　　　　　　　　　　　　300

（2）现收 2 号：

借：库存现金　　　　　　　　　　　　　　　　　　　　　　4 000

　　贷：其他业务收入　　　　　　　　　　　　　　　　　　　　4 000

（3）现收 3 号：

借：库存现金　　　　　　　　　　　　　　　　　　　　　　600
　　贷：其他业务收入　　　　　　　　　　　　　　　　　　　600

（4）现收 4 号：

借：库存现金　　　　　　　　　　　　　　　　　　　　　　 60
　　贷：其他应收款　　　　　　　　　　　　　　　　　　　　 60

（5）现收 5 号：

借：库存现金　　　　　　　　　　　　　　　　　　　　　　400
　　贷：应收账款　　　　　　　　　　　　　　　　　　　　　400

（6）现收 6 号：

借：库存现金　　　　　　　　　　　　　　　　　　　　　　800
　　贷：其他业务收入　　　　　　　　　　　　　　　　　　　800

10 日，该企业据以编制汇总收款凭证，部分信息如表 11-40 所示。

表 11-40　汇总收款凭证

借方科目：库存现金　　　　　　　2020 年 4 月　　　　　　　汇收字第　1　号

贷方科目	金　额			合计	总账页数	
	1—10 日收款凭证第 1 号至 6 号	11—20 日收款凭证第　号至　号	21—30 日收款凭证第　号至　号		借方	贷方
应收账款	400					
其他应收款	360					
其他业务收入	5 400					
合计	¥6 160					

会计主管　　　　　　　　　　记账　　　　　　　　审核　　　　　　　　　　制单

【例 11-3】 某企业依据 2020 年 4 月 1—10 日发生的银行存款付款业务编制了以下 6 张记账凭证，银付 1~6 号（以分录代替）：

（1）银付 1 号：

借：应付账款　　　　　　　　　　　　　　　　　　　　 1 500
　　贷：银行存款　　　　　　　　　　　　　　　　　　　1 500

（2）银付 2 号：

借：应交税费　　　　　　　　　　　　　　　　　　　　 4 000
　　贷：银行存款　　　　　　　　　　　　　　　　　　　4 000

（3）银付 3 号：

借：固定资产　　　　　　　　　　　　　　　　　　　　50 000
　　贷：银行存款　　　　　　　　　　　　　　　　　　 50 000

（4）银付 4 号：

借：短期借款　　　　　　　　　　　　　　　　　　　　　　　　　3 000
　　　贷：银行存款　　　　　　　　　　　　　　　　　　　　　　　　3 000

（5）银付 5 号：

借：应付账款　　　　　　　　　　　　　　　　　　　　　　　　　10 000
　　　贷：银行存款　　　　　　　　　　　　　　　　　　　　　　　　10 000

（6）银付 6 号：

借：固定资产　　　　　　　　　　　　　　　　　　　　　　　　　3 200
　　　贷：银行存款　　　　　　　　　　　　　　　　　　　　　　　　3 200

10 日，该企业据以编制汇总付款凭证，部分信息如表 11-41 所示。

表 11-41　汇总付款凭证

贷方科目：银行存款　　　　　　　　　2020 年 4 月　　　　　　　　　汇付字第　2　号

借方科目	金　额				总账页数	
	1—10 日收款凭证 第 1 号至 6 号	11—20 日收款凭证 第　号至　号	21—30 日收款凭证 第　号至　号	合计	借方	贷方
固定资产	53 200					
短期借款	3 000					
应付账款	11 500					
应交税费	4 000					
合计	¥71 700					

会计主管　　　　　　　　　记账　　　　　　　　　审核　　　　　　　　　制单

【例 11-4】　某企业依据 2020 年 4 月 1—10 日发生的原材料领用业务编制了以下 3 张转账凭证（以分录代替）：

（1）转字 1 号：

借：生产成本　　　　　　　　　　　　　　　　　　　　　　　　　10 000
　　制造费用　　　　　　　　　　　　　　　　　　　　　　　　　3 000
　　销售费用　　　　　　　　　　　　　　　　　　　　　　　　　2 000
　　　贷：原材料　　　　　　　　　　　　　　　　　　　　　　　　　15 000

（2）转字 8 号：

借：生产成本　　　　　　　　　　　　　　　　　　　　　　　　　40 000
　　制造费用　　　　　　　　　　　　　　　　　　　　　　　　　1 000
　　管理费用　　　　　　　　　　　　　　　　　　　　　　　　　1 000
　　　贷：原材料　　　　　　　　　　　　　　　　　　　　　　　　　42 000

（3）转字 12 号：

借：其他业务成本　　　　　　　　　　　　　　　　　　　　　　　5 000
　　　贷：原材料　　　　　　　　　　　　　　　　　　　　　　　　　5 000

10 日，该企业据以编制汇总转账凭证，部分信息如表 11-42 所示。

表 11-42　汇总转账凭证

贷方科目：原材料　　　　　　　　　　　2020 年 4 月　　　　　　　　　　汇转字第　×　号

借方科目	金　　额			合计	总账页数	
	1—10 日收款凭证 第 1 号至 12 号	11—20 日收款凭证 第　号至　号	21—30 日收款凭证 第　号至　号		借方	贷方
生产成本	50 000					
制造费用	4 000					
其他业务成本	5 000					
销售费用	2 000					
管理费用	1 000					
合计	￥62 000					

会计主管　　　　　　　　　　　记账　　　　　　　　审核　　　　　　　　　　　制单

（五）汇总记账凭证核算组织程序下账务处理的基本步骤

在汇总记账凭证核算组织程序下，对经济业务进行账务处理的过程包括以下内容：

①根据原始凭证编制原始凭证汇总表（该步骤可有可无）。

②根据原始凭证或原始凭证汇总表编制各种记账凭证（包括收款凭证、付款凭证、转账凭证）。

③根据现金和银行存款的收、付款凭证登记现金和银行存款日记账。

④根据记账凭证（包括收款凭证、付款凭证和转账凭证）及有关的原始凭证或原始凭证汇总表登记各种明细账。

⑤根据记账凭证定期编制汇总记账凭证（包括汇总收款凭证、付款凭证和转账凭证）。

⑥根据汇总记账凭证登记总账。

⑦将现金日记账、银行存款日记账与总账定期核对相符；将明细分类账与总账定期核对相符。

⑧根据核对相符的总账和明细账（要求账证、账实也要核对相符）编制会计报表。

汇总记账凭证核算组织程序的流程如图 11-5 所示。

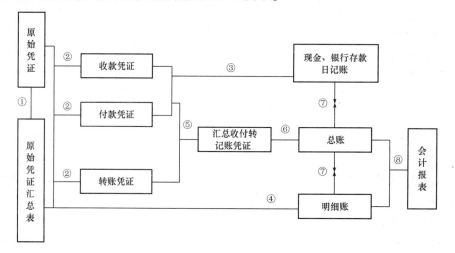

图 11-5　汇总记账凭证核算组织程序的流程

二、汇总记账凭证核算组织程序的优缺点及适用范围

（一）汇总记账凭证核算组织程序的优点

汇总记账凭证核算组织程序与前几种核算程序的区别主要在登记总账环节。在该核算组织程序下，先定期根据记账凭证编制汇总记账凭证，再根据汇总记账凭证登记总账。该核算组织程序的优点主要表现在：

（1）简化了登记总账的工作量，提高了会计核算的工作效率。

（2）由于汇总记账凭证是按会计科目的对应关系进行归类汇总编制的，因而能够明确反映科目之间的对应关系，便于分析检查经济情况，发生差错容易查找，从而克服了科目汇总表核算程序的不足。

（3）编制汇总记账凭证的工作可以多人同时进行，有利于分工合作。

（二）汇总记账凭证核算组织程序的缺点

汇总记账凭证核算组织的主要缺点在于，编制汇总凭证的工作量较大，企业的汇总转账凭证是按每一贷方科目进行的，而不是按经济业务的性质归类汇总的，在汇总时容易出现错漏。

（三）汇总记账凭证核算组织程序的适用范围

汇总记账凭证核算组织程序主要适合生产经营规模较大，业务量多，处理会计凭证较多的企业使用。

第五节　日记总账核算组织程序

一、日记总账核算组织程序的基本内容

（一）日记总账核算组织程序的定义

日记总账核算组织程序是指设置日记总账，根据经济业务发生以后所填制的各种记账凭证直接逐笔登记日记总账，并定期编制财务报表的账务处理程序。

该核算组织程序与其他核算组织程序最大的区别在于，总账的账页格式不再是常规的三栏式，而是多栏式。总分类账设置成兼有日记账与总分类账功能的日记总账。

（二）日记总账核算组织程序下的凭证、账簿的种类与格式

在日记总账核算组织程序下，记账凭证可以采用收款凭证、付款凭证和转账凭证三种专用凭证，也可采用通用记账凭证。账簿的设置与其他核算形式下账簿的设置相同，需设置三栏式或多栏式的现金和银行存款日记账；明细账格式根据经济业务的内容不同，采用三栏式、多栏式和数量金额式。与其他核算程序不同的是，在这种核算组织程序下需要专门设置日记总账，日记总账兼有日记账与总分类账两种功能。日记总账的账页一般设计为多栏式，将可能涉及的所有会计账户，分设专栏集中列示在同一张账页上，每一账户又具体分设借方和贷方两栏。

（三）日记总账的登记方法

日记总账是一种兼具序时账簿和分类账簿两种功能的联合账簿。企业按照时间顺序将发

生的所有经济业务进行序时记录，并根据经济业务的性质和账户的对应关系进行总分类记录。对发生的每一笔经济业务都应分别登记在同一行的有关科目栏的借方栏和贷方栏内，并将发生额记入日记总账的发生额栏内。

日记总账的格式及基本登记方法如图11-6所示。

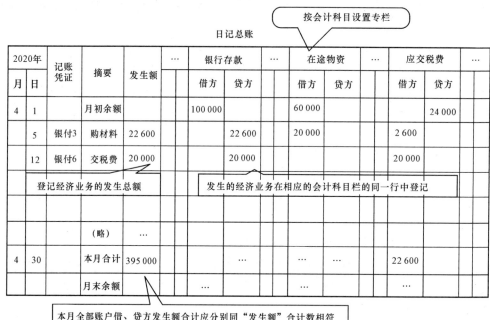

图11-6 日记总账的格式及基本登记方法

（四）日记总账核算组织程序下的账务处理的基本步骤

在日记总账核算组织程序下，对经济业务进行账务处理的过程主要包括：
①根据审核后的原始凭证编制原始凭证汇总表（该步骤可有可无）。
②根据原始凭证或原始凭证汇总表编制通用或专用记账凭证。
③根据现金和银行存款的收、付款凭证登记现金和银行存款日记账。
④根据记账凭证并参考有关的原始凭证或原始凭证汇总表登记各种明细账。
⑤根据记账凭证序时登记总账。
⑥将现金日记账、银行存款日记账与总账定期核对相符；将明细分类账与总账定期核对相符。
⑦根据核对相符的日记总账和明细账（当然账证、账实也要相符）编制会计报表。
日记总账核算组织程序如图11-7所示。

二、日记总账核算组织程序的优缺点及适用范围

（一）日记总账核算组织程序的优点

（1）在日记总账核算组织程序下，日记总账和总分类账结合在一起，并直接根据记账凭证登记总账，这样可以简化登记总分类账的手续。

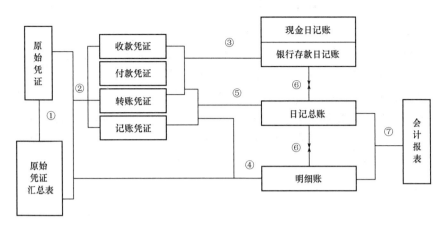

图 11-7 日记总账核算组织程序

（2）不需要汇总就可在日记总账上全面了解各个账户之间的对应关系，便于了解经济业务的来龙去脉、检查登账的正确性、查证经济业务活动，以及可以简化会计报表的编制工作。

（二）日记总账核算组织程序的缺点

（1）在该会计核算组织程序下，对于发生的每笔经济业务都要根据记账凭证逐笔在日记总账中登记，因此势必会增大登记日记总账的工作量。

（2）所有会计科目全部集中于一张账页上，不便于记账的分工。如果企业运用的科目较多，业务量较大，记账容易串行。

（三）日记总账核算组织程序的适用范围

日记总账核算组织程序一般适用于一些经济业务简单、使用会计科目不多的小型企业。但在使用电子计算机进行账务处理的企业，由于账簿的登记等工作由计算机来完成，因而较容易克服这种会计核算组织程序的缺点，因此在一些大中型企业中也可以应用这种核算组织程序。

除了上述记账凭证核算组织程序、科目汇总表核算组织程序、汇总记账凭证核算组织程序、日记总账核算组织程序之外，个别企业还会采用多栏式日记账核算组织程序，该核算程序与其他核算组织程序相比，最主要的特点是将库存现金日记账与银行存款日记账的账页格式设置成多栏式的账页格式，其余各方面与记账凭证核算组织程序是一致的。该核算组织程序适用于规模小，业务量少，运用会计科目少的企业。这里不再详细讨论。

此外，还需要补充说明的是，本章介绍的几种典型的账务核算组织程序都是针对手工记账而言的。手工会计的账务处理流程一般是依次完成凭证、账簿、报表三套会计核算资料的填制，会计人员的工作重点是在填制凭证以后的阶段。要形成会计报表，必须经过填制凭证、过账、结账、试算平衡、对账等诸多程序。而在会计电算化系统中，整个账务处理流程分为输入、处理、输出三个环节，首先将分散于手工会计各个核算岗位的会计数据统一收集后集中输入计算机，此后的各种数据处理工作都由计算机按照会计软件的要求自动完成，不受人工干预。从输入会计凭证到输出会计报表一气呵成，一切中间环节都在机内自动处理，而需要的任何中间资料都可以通过系统提供查询功能得到，整个账务处理流程具有高度的连续性和严密性，呈现出一体化趋势，在手工会计中非常费时、费力编制科目汇总表、分类编制汇总记账凭证的烦琐工作，变成了电算化系统中一个简单的指令或动作。手工记账需要众多人员从事填制凭证、记账、编表等工作，电算化只需要少量的录入人员进行操作就可以了。在电算化环境下，会计工作的重点是在填制凭证环节，这是后续信息加工的基础，之后的登账、编制报表的工作可由电算化程序指令自动完成。因此，手工会计条件下不同会计核算组织程序的划分在电算化环境下已经淡化。但是电算化核算依然有编制科目汇总表，汇总记账凭证的环节，理解会计核算程序的基本流程对于掌握会计核算的整个过程依然有着重要的意义。

本章小结

本章重点介绍了如何使用填制和审核会计凭证、登记账簿，编制财务报表等会计核算方法结合应用的问题，即会计核算组织程序的有关知识，目的是使学习者加深对所学过的会计核算方法的认识，提高综合运用这些会计核算方法的能力。

会计核算组织程序也称账务处理程序或会计核算形式，是指在会计循环中，会计主体采用的会计凭证、会计账簿、会计报表的种类和格式与记账程序有机结合的方法和步骤。由于各单位实际情况不同，会计凭证、账簿组织和记账程序等方面也就有所不同，从而形成了不同的会计核算组织程序。

目前，在会计实践中采用的基本账务处理程序主要有记账凭证核算组织程序、科目汇总表核算组织程序、汇总记账凭证核算组织程序和日记总账核算组织程序四种。其中，前三种程序应用较为普遍。各种账务处理程序既有共同点，又有各自的特点、内容步骤、优缺点和适用范围，其各自特点主要体现在登记总账的依据和程序不同。不同的会计核算组织程序有不同的优缺点，适用于不同的会计主体使用。

课后思考与练习

一、单项选择题

1. 科目汇总表与汇总记账凭证都属于(　　)。
   A. 原始凭证　　　　　　　　　B. 汇总的原始凭证
   C. 汇总的记账凭证　　　　　　D. 转账凭证
2. 各种会计核算程序的主要区别在于(　　)。
   A. 登记总账的依据不同　　　　B. 登记明细账的依据不同
   C. 总账的格式不同　　　　　　D. 编制会计报表的依据
3. 会计核算程序主要解决的是会计核算工作的(　　)。
   A. 记账程序问题　　　　　　　B. 职责分工问题
   C. 技术组织方式问题　　　　　D. 信息质量问题
4. 直接根据记账凭证逐笔登记总分类账，这种会计核算程序是(　　)。
   A. 日记总账核算程序　　　　　B. 通用日记账核算程序

  C. 多栏式日记账核算程序   D. 记账凭证核算程序

5. 科目汇总表核算组织程序的主要缺点是( )。
  A. 能清楚地反映各科目之间的对应关系   B. 便于分析经济业务
  C. 可以看清经济业务活动的来龙去脉   D. 不能反映各科目之间的对应关系

6. 科目汇总表汇总的是( )。
  A. 全部科目的借方发生额   B. 全部科目的贷方发生额
  C. 全部科目的借贷方发生额   D. 全部科目的借贷方余额

7. 使用会计科目少、规模小且业务量少的企业一般采用( )。
  A. 日记总账核算程序   B. 科目汇总表核算程序
  C. 汇总记账凭证核算程序   D. 记账凭证核算程序

8. 汇总转账凭证的编制依据是( )。
  A. 原始凭证   B. 汇总原始凭证
  C. 付款凭证   D. 转账凭证

9. 在记账凭证核算程序下,记账凭证一般采用的格式是( )。
  A. 通用格式   B. 收、付、转三种格式或通用格式
  C. 收付及转账两种格式   D. 专用格式

10. 科目汇总表核算程序一般适用于( )。
  A. 规模较大,业务量较多的企业   B. 规模较小,业务量较多的企业
  C. 规模较小,业务量较少的单位   D. 规模较大,业务量较少的单位

11. 汇总记账凭证核算组织程序登记总账的依据是( )。
  A. 记账凭证   B. 原始凭证
  C. 汇总记账凭证   D. 科目汇总表

12. 下列各种会计核算程序中,最基本的是( )。
  A. 记账凭证会计核算程序   B. 汇总记账凭证会计核算程序
  C. 日记总账会计核算程序   D. 科目汇总表会计核算程序

13. 下列各项中,不能作为登记明细账依据的是( )。
  A. 原始凭证   B. 原始凭证汇总表
  C. 记账凭证   D. 科目汇总表

14. 汇总记账凭证核算组织程序的优点是( )。
  A. 不利于会计分工   B. 在汇总时容易出现错漏
  C. 便于分析经济业务的来龙去脉   D. 编制汇总记账凭证的工作量较大

15. 科目汇总表核算组织程序的缺点有 ( )。
  A. 减轻了登记总账的工作量   B. 可以对本期发生额进行试算平衡
  C. 不便于分析经济业务的来龙去脉   D. 不适合规模大的企业使用

二、多项选择题

1. 会计循环过程包括以下( )核算程序。
  A. 填制会计凭证   B. 登记会计账簿   C. 期末账项调整   D. 编制试算平衡表
  E. 编制会计报表

2. 会计核算程序又可称为( )。

A. 会计核算组织形式　　　　　　B. 会计账务处理程序
C. 会计工作组织形式　　　　　　D. 会计账簿记账程序

3. 科学适用的会计核算组织程序应能够(　　)。
A. 减少会计人员的工作量　　　　B. 不再需要登记总账
C. 节约人力、物力　　　　　　　D. 不再需要编制会计报表
E. 提高会计工作的质量和效率

4. 目前在企业实际工作中常用的会计核算程序有(　　)。
A. 原始凭证汇总表核算程序　　　B. 记账凭证核算程序
C. 科目汇总表核算程序　　　　　D. 汇总记账凭证核算程序
E. 日记总账核算程序

5. 关于各种会计核算组织程序，以下说法中正确的有(　　)。
A. 各种核算组织程序之间存在着不同点
B. 各种核算组织程序存在着相同点
C. 因都属于会计核算组织程序，所以没有区别
D. 其根本区别就在于登记总账的依据和方法不同
E. 不同的核算组织程序适用于不同的单位

6. 企业单位在设计适用的会计核算组织程序时应(　　)。
A. 结合本单位具体情况　　　　　B. 与会计人员的分工记账情况相适应
C. 保证会计信息质量　　　　　　D. 力求简化核算手续
E. 节约时间、降低费用

7. 科目汇总表能够(　　)。
A. 起到试算平衡作用　　　　　　B. 反映各科目借、贷方本期发生额
C. 不反映各科目之间的对应关系　D. 反映各科目的期末余额
E. 反映各科目之间的对应关系

8. 各种会计核算组织程序的相同之处有(　　)。
A. 根据原始凭证编制汇总原始凭证　B. 根据收、付款凭证登记现金日记账
C. 根据总账和明细账编制会计报表　D. 根据记账凭证登记总账
E. 根据原始凭证及记账凭证登记明细账

9. 各种会计核算程序下，登记明细账的依据可能有(　　)。
A. 原始凭证　　B. 记账凭证　　C. 汇总原始凭证　　D. 汇总记账凭证

10. 记账凭证核算程序的缺点主要有(　　)。
A. 不便于分工　　　　　　　　　B. 不易反映账户对应关系
C. 不适用业务简单企业　　　　　D. 不便于试算平衡
E. 登记总账工作量大

11. 汇总记账凭证核算程序的优点主要有(　　)。
A. 反映内容详细　　　　　　　　B. 简化总账登记工作
C. 便于试算平衡　　　　　　　　D. 能反映账户对应关系
E. 有利于分工合作

12. 科目汇总表核算程序的优点主要有(　　)。

A. 手续简便 B. 简化总账登记工作
C. 便于试算平衡 D. 反映内容详细
E. 能反映账户对应关系

13. 在各种会计核算程序中,能够减少登记总账工作量的核算程序是( )。
A. 记账凭证核算程序 B. 科目汇总表核算程序
C. 汇总记账凭证核算程序 D. 日记总账核算程序
E. 以上各种核算程序都可以

14. 采用汇总记账凭证核算程序,平时编制的记账凭证的要求是( )。
A. 收款凭证为一借多贷 B. 付款凭证为多借一贷
C. 转账凭证为一借多贷 D. 转账凭证为多借一贷
E. 收款、付款、转账凭证均可为一借一贷

15. 日记总账核算程序的特点是( )。
A. 设置日记总账 B. 设置明细账
C. 根据记账凭证逐笔登记总账 D. 根据记账凭证逐笔登记日记总账
E. 根据记账凭证登记总账

三、判断题

1. 不论哪种会计核算程序,在编制会计报表之前,都要进行对账工作。 ( )
2. 同一个企业可以同时采用几种不同的会计核算程序。 ( )
3. 由于各企业的业务性质、规模大小、业务繁简各有不同,所以它们所采用的会计核算程序也就有所不同。 ( )
4. 科目汇总表不仅是登记总账的依据,而且根据科目汇总表还可以了解企业资金运动的来龙去脉。 ( )
5. 记账凭证核算组织程序的主要特点是记账凭证分为收、付、转三种。 ( )
6. 各种会计核算程序的相同之处在于其基本模式不变。 ( )
7. 记账凭证核算程序适用于规模较大、业务较多的企业。 ( )
8. 企业选用专用记账凭证,现金日记账与银行存款日记账不论采用三栏式或多栏式,都是根据收款凭证和付款凭证登记的。 ( )
9. 记账凭证是登记各种账簿的唯一依据。 ( )
10. 根据多栏式日记账登记总分类账的会计核算程序,叫作日记总账核算程序。( )
11. 各种会计核算程序的主要区别是登记总分类账的依据和方法不同。 ( )
12. 科目汇总表可以反映科目之间的对应关系。 ( )
13. 不论采用哪种会计核算程序,都必须设置日记账、总分类账和明细分类账。( )
14. 不同会计核算组织程序下编制会计报表的依据是相同的。 ( )
15. 在汇总记账凭证核算程序下,根据汇总收款凭证和汇总付款凭证登记日记账。
( )

四、简答题

1. 什么是会计核算组织程序?会计核算组织程序的基本流程是怎样的?
2. 典型的会计核算组织程序有哪些?它们的共同点以及区别在哪里?
3. 记账凭证核算组织程序的流程是怎样的?它有哪些优缺点?它的适用范围是什么?

4. 科目汇总表的编制方法是怎样的？汇总记账凭证应如何编制？
5. 科目汇总表核算组织程序的流程是怎样的？它有哪些优缺点？它的适用范围是什么？
6. 汇总记账凭证核算组织程序的流程是怎样的？它有哪些优缺点？它的适用范围是什么？

五、业务题

1. 美达多公司为增值税一般纳税人，适用税率13%。采用记账凭证核算程序，有关资料如下：

（1）2020年5月31日有关账户余额如表11-43所示。

表11-43 账户余额表 元

会计科目	借方	贷方	会计科目	借方	贷方
库存现金	4 500		短期借款		1 520 000
银行存款	300 000		应付账款		464 500
应收账款	200 000		应交税费		50 000
原材料	900 000		应付股利		70 000
库存商品	600 000		实收资本		2 000 000
生产成本	300 000		盈余公积		150 000
固定资产	3 000 000		本年利润		300 000
累计折旧		1 000 000	利润分配	250 000	

（2）该企业6月份发生下列经济业务：

①1日购进甲材料150千克，单价400元，增值税税率13%。材料验收入库，货款以银行存款支付。

②4日购进乙材料200千克，单价150元，增值税税率13%。材料验收入库，货款尚未支付。

③14日仓库发出原材料，发料汇总表如表11-44所示。

表11-44 发出材料计算单 元

项目	甲材料	
	数量	金额
制造产品耗用：	100	40 000
A产品	60	24 000
B产品	40	16 000
行政管理部门耗用	10	4 000
合计	110	44 000

④17日用现金支付行政管理部门日常的零星开支2 000元。

⑤18日从银行提取现金50 000元准备发放工资。

⑥18日用现金50 000元发放工资。

⑦24日用银行存款8 000元支付水电费，增值税税率13%。其中A产品生产耗用4 000元，B产品生产耗用2 500元，车间耗用1 500元。

⑧25日销售A产品100件，货款200 000元，增值税税率13%。货款与税款已收到并

存入银行。

⑨26 日销售 B 产品 200 件，货款 160 000 元，增值税税率 13%。已部分收款 60 000 元存入银行，其余部分尚未收回。

⑩27 日用银行存款支付广告费用 3 000 元，另支付增值税税款 180 元（广告公司增值税率 6%）。

⑪30 日分配本月工人工资，其中 A 产品生产工人工资 30 000 元，B 产品生产工人工资 15 000 元，行政管理人员工资 5 000 元。

⑫计提本月固定资产折旧，其中生产 A 产品用固定资产负担 3 000 元、生产 B 产品用固定资产负担 2 000 元，行政管理部门负担 1 000 元。

⑬30 日结转本月完工产品成本，其中 A 产品完工 120 件，总成本 180 000 元；B 产品完工 140 件，总成本 144 000 元。

⑭30 日计算本月应缴纳的消费税 36 000 元。

⑮30 日结转已销 A、B 产品的成本。

⑯30 日结转本月各项收入、费用至"本年利润"账户。

⑰30 日经计算本月应交所得税费用 9 375 元，并结转至"本年利润"账户。

⑱30 日经计算本月提取的盈余公积金 2 812.5 元，应分给投资者的利润 2 812.5 元。

要求：

（1）根据上述经济业务填制相应的专用记账凭证。

（2）根据收、付款凭证逐日逐笔登记库存现金、银行存款日记账。

（3）根据原始凭证、记账凭证登记原材料明细账。

（4）根据记账凭证逐笔登记总分类账。

（5）编制总分类账户发生额及余额试算平衡表。

六、案例分析题

张三于 2020 年 5 月 1 日用银行存款 100 000 元作为投资创办了 A 企业，主要经营各种熟食的批发与零售。6 月 1 日，张三以每月 10 000 元的租金租用了一个店面作为经营场地。由于张三不懂会计，他除了将所有的发票等单据都搜集保存起来外，没有做任何其他记录。据汇总分析，公司业务比较简单，包括购入熟食两批，零售熟食 20 次、支付 5 名店员工资、支付装修费、水电费，购买经营设备 5 套。

要求：

（1）请替张三设计一套适合的会计账务处理程序。

（2）回答张三的这种做法对吗？

主要参考文献

[1] 朱小平,周华,秦玉熙.初级会计学[M].第10版.北京:中国人名大学出版社,2019.
[2] 陈国辉.基础会计[M].第6版.大连:东北财经大学出版社,2018.
[3] 张捷,刘英明.基础会计[M].北京:中国人民大学出版社,2019.
[4] 财政部.企业会计准则[M].北京:经济科学出版社,2019.
[5] 全国人大常委会.中华人民共和国会计法[M].北京:立信会计出版社,2018.
[6] 平淮.会计基础工作规范详解与实务[M].北京:人民邮电出版社,2018.
[7] 财政部会计资格评价中心.初级会计实务[M].北京:经济科学出版社,2018.
[8] 柯与珍.会计基础与操作[M].北京:经济科学出版社,2019.